"十四五"普通高等教育本科部委级规划教材

中国轻工业"十四五"规划立项教材

U0747430

外贸单证理论与实务

主　编◎许晓冬　梁　婷

副主编◎原亚丽　吴　宏　陈晓琳

中国纺织出版社有限公司

内 容 提 要

国际贸易中，单证操作正确与否直接关系到企业能否安全收汇，进而影响企业的发展。近年来，国际贸易单证方面的教材很多，但多重理论、轻实践，重文字描述、轻单证操作，不能适应新时代的社会需求。

鉴于此，本书依据国际贸易实务流程与结算条件设定章节顺序，整体结构清晰、逻辑严谨，突出对单证作用的理解与议付单证的缮制方法。本书还通过一笔业务、一套单证将国际贸易流程前后贯通。

本书服务对象以国际贸易、国际商务、跨境电商专业的本科、高职高专学生及社会学者为主。考虑到留学生和双语课程的开设，本书在每章的最后插入英文内容，以满足国外学生和开设双语课程的需求。

图书在版编目（CIP）数据

外贸单证理论与实务 / 许晓冬，梁婷主编；原亚丽，吴宏，陈晓琳副主编. -- 北京：中国纺织出版社有限公司，2024.1

"十四五"普通高等教育本科部委级规划教材

ISBN 978-7-5229-1250-9

Ⅰ.①外… Ⅱ.①许…②梁…③原…④吴…⑤陈… Ⅲ.①进出口贸易—原始凭证—高等学校—教材 Ⅳ.①F740.44

中国国家版本馆CIP数据核字（2023）第237897号

责任编辑：曹炳镝 段子君 李立静 责任校对：王花妮
责任印制：储志伟

中国纺织出版社有限公司出版发行
地址：北京市朝阳区百子湾东里 A407 号楼 邮政编码：100124
销售电话：010—67004422 传真：010—87155801
http://www.c-textilep.com
中国纺织出版社天猫旗舰店
官方微博 http://weibo.com/2119887771
三河市宏盛印务有限公司印刷 各地新华书店经销
2024 年 1 月第 1 版第 1 次印刷
开本：787×1092 1/16 印张：17
字数：278 千字 定价：68.00 元

高等院校"十四五"部委级规划教材

经济管理类委员会

主　任：

前言

国际商务单证实务课程，2015 年获评"辽宁省精品资源共享课"、2020 年获评"辽宁省一流课程"。2020 年，其配套教材《国际商务单证实务》获中国轻工业"十三五"规划教材立项，并被评为第三届中国轻工业优秀教材二等奖。当前，国际贸易发展瞬息万变，中国的国际地位举足轻重。国际贸易单证工作是对外贸易基础性工作，体现了从业人员的基本技能；国际贸易单证工作又是外贸工作的重要环节，国际贸易单证的操作正确与否直接关系到企业能否安全收汇，进而影响企业发展。近年来，国际贸易单证方面的教材很多，但现存的同类教材多重理论、轻实践，重文字描述、轻单证操作，造成学生理论联系实际能力薄弱，远远不能适应新时代的社会需求。

本教材在编写过程中，对比以往同类教材，在教学内容、服务对象、编写方式上都做了新的尝试。

在教学内容设计上，本书除了具有单证特色的理论，还通过一笔业务、一套单证将国际贸易流程前后贯通。因此，教材整体结构上分为导论与十个章节。十个章节分别对应相关议付单证，章节的编排顺序依据国际贸易实务流程与结算条件设定，并在商务单证与贸易实务相重合的地方作了调整，重在突出对单证作用的理解与议付单证的缮制方法。

教材服务对象以国际贸易、国际商务、跨境电商专业的本科、高职高专学生及社会学者为主。近年来，许多东南亚、非洲留学生到中国学习，因此，本教材在每一章的最后插入了英文教学内容，弥补当前留学生教材少的缺陷。同时，为培养国际化人才，多所高校开设了双语课程，而当前双语课程的教材数量较少，选择面不宽，为充分发挥教材服务专业的职能及考虑到教材服务的受众体，本教材采用中文为主、英文为辅的编写方式，以满足国内外学生的需求。

本教材在每个章节的关键知识点位置放置了视频二维码，方便学生有针对性地学习教材内容。另外，本教材最后增加了部分习题，该习题紧跟贸易发展趋势，对考取单证员、报关员、外销员、报检员等职业资格有很大帮助。

本书由大连工业大学管理学院许晓冬老师、上海商学院梁婷老师、西安培华学院原亚丽老师、浙江财经大学经济学院吴宏老师和东北大学工商管理学院陈晓琳老师共同编写完成。感谢大连工业大学管理学院研究生陈子豪、张田田、田丽满、王硕、黄楠，中南财经政法大学工商管理学院博士秦续天对全书进行的校对。

本教材在编写过程中，获得了 2022 年第一批中国轻工业"十四五"规划教材项目、2023 年大连工业大学本科教材立项、虚拟仿真实验一流课程项目、创新创业教育示范课程建设立项、校企合作共建课程立项、课程思政示范项目等教学项目的支持。本教材在编写过程中参阅了大量国内外论著、教材及研究成果，在此对这些专家、学者表示诚挚的感谢。由于时间仓促，加之知识、能力和经验有限，教材中的错误之处恐难避免，敬请各位专家、学者及广大读者批评指正，使本教材更加完善。

许晓冬

2023 年 11 月

目录

第五章　报检单证

第六章　保险单证

第七章　原产地证

第八章　进出口货物报关单

第九章　汇票

第十章　其他单证制作

附录　知识延伸

导论　国际贸易单证概述

扫码获得本章 PPT

【学习目标】

　　了解国际贸易单证的基本分类、国际贸易单证的改革和发展；熟悉国际贸易单证工作的意义、国际贸易单证工作的基本要求；掌握国际贸易单证的基本概念。

【重点难点】

　　1. 单证内涵、分类

　　2. 国际贸易单证工作的基本要求

第一节 国际贸易单证的内涵与分类

在国际贸易中，买卖双方订立合同是依据商品的基本属性及合同的各项交易条件达成协议。在履行合同的过程中，我们处理的不是实际商品，而是支持商品流转过程的各种单证。和国内交易不同的是，国际贸易的卖方不是直接将货物交付买方，而是使用一整套单证来代表货物进行交易。单证的流转是不以货物完好为前提，卖方只要提交了符合信用证要求的所有单证，就可以得

扫码学习单证的内涵
与分类视频

到议付，买方只要拿到代表货物所有权的提单就可以提货。从某种意义上说，国际贸易处理的并不是实实在在的货物，而是一系列单证。即从合同的签订到装运货物、保险、出关等一系列环节都与单证的制作与交接、传递有关。单证的正确、完整与否直接关系到卖方是否能按时收汇，这直接影响出口企业的经济效益。

一、国际贸易单证的内涵

广义的国际贸易单证（International trade Documents），是指在国际贸易结算中使用的单证、文件与凭证，在国际货物的交付、运输、保险、商检、报关以及结汇等环节所处理的各种证明文件。而狭义的国际贸易单证是指单证和信用证，本教材要讲解的是狭义的国际贸易单证。

其中，出口单证是指在出口贸易中使用的各种单证和证书。在出口业务中，进出口贸易合同签订后，在合同履行过程的每一个环节都有相应的单证缮制、组合及运行。出口单证贯穿于企业对出口产品的备货、出入境检验检疫、租船订舱、报关、保险、结汇等出口业务的全过程。

二、国际贸易单证的分类

国际贸易中涉及的单证比较多，不同的贸易方式与结算方式，买卖双方提交的单证也不同。常见的单证有商业单据、运输单据、保险单证和官方单据。

1. 根据贸易双方涉及的单证分类

（1）进口单证：包括进口许可证、信用证、进口报关单、进口合同、保险单等。

（2）出口单证：包括商业发票、汇票、原产地证、出口许可证、包装单证、货

运单证、检验检疫证等。

2. 根据单证的性质分类

（1）金融单证：包括汇票、本票、支票。

（2）商业单证：包括商业发票、运输单证及其他非金融类单证。

3. 根据单证的用途分类

（1）资金单证：包括汇票、本票、支票。

（2）商业单证：包括商业发票、形式发票、装箱单等。

（3）货运单证：包括海运提单、海运单、空运单等。

（4）保险单证：包括保险单、预保单、保险证明等。

（5）官方单证：包括海关发票、领事发票、普惠制原产地证、商检证书等。

（6）附属单证：包括装运通知、船籍证明、受益人证明等。

4. 根据业务环节分类

根据业务环节可将单证分为托运单证、结汇单证、进口单证。

第二节　国际贸易单证工作的意义与基本要求

一、国际贸易单证工作的意义

1. 国际贸易单证是国际结算的基本工具

国际贸易主要表现为单证的买卖。在信用证业务中，各有关当事人处理的是单证而不是有关的货物、服务或其他行为。如以 CIF 贸易条件成交的合同为例，卖方凭单交货，买方凭单付款，遵循单证和付款对流的原则。尽管在国际贸易中买卖的是货物、服务等，但是在款项的结算中，单证是基础和依据。

扫码学习单证工作的意义视频

2. 国际贸易单证是履行合同的必要手段之一

买卖合同的履行主要取决于两方面，即卖方交货与买方付款。而在国际货物交易中，由于买卖双方相隔遥远，在大多数情况下，货物与货款的对流并非直接进行，而是通过单证交换的手段进行。国际贸易中使用的单证有两类属性，一类具有货物属性，比如提单是物权凭证、保险单是承担货物在运输过程中的风险的说明等；另一类具有货币属性，比如汇票、本票和支票直接代表货币，信用证为付款的承诺。每种单证都有其特定的功能，它们的签发、组合、流转、交换和应用反映了合同履行的进程，也反映了买卖双方权责的产生、转移和终止。由此可见，单证是完成国际贸易程序不可缺少的手段之一。

3. 企业经营效益的重要体现

在国际贸易业务中，单证工作是为贸易全过程服务的。贸易合同的内容、信用证条款、货源衔接、商品品质、交货数量、运输的安排以及交单议付等业务管理上的问题，最后都会在单证工作上集中反映出来。单证工作是外贸企业经营管理中的一个非常重要的环节，单证工作的优劣直接关系到外贸企业的经营效益。如果单证管理工作出现差错，不能及时交单，会使客户延迟付款，造成利息损失；如果单证制作出现差错，就会导致客户（或银行）拒绝付款，从而造成货款难以收回的损失。由此可见，单证就是外汇，单证工作是外贸企业经营管理的重要环节，正确地缮制出口单证是卖方安全收汇的基础。

4.政策性很强的涉外工作

国际贸易单证的缮制、流转、交换和使用，不仅反映了合同履行的进程，还体现了国际贸易货物交接过程中所涉及的有关当事人的权、责、利关系。当发生争议时，它又是处理索赔和理赔的依据。例如，货物在运输途中发生保险责任范围内的事故而受损，而向保险公司提出索赔，此时，保险单就是索赔的依据；在计算赔偿金额时，发票是赔偿的依据。因此，它是重要的涉外法律文件。

同时，国际贸易单证作为涉外商务文件，必然要体现国家的对外政策，因此，单证处理必须严格按照国家有关外贸的各项法规和制度办理。例如，进出口许可证关系国家对进出口商品的管理，甚至还会牵涉两国之间的贸易协定。

二、国际贸易单证工作的基本要求

在国际贸易中，制单水平的高低事关出口方能否安全、迅速收汇和进口方能否及时接货。在出口商向银行提交全套单证议付时，银行依据"单单一致、单证相符"的原则进行审核，审核不过将不予付款。另外，出口商在制单过程中还要考虑与货物的一致性，即单证描述要符合商品基本属性。

扫码学习单证工作的基本要求视频

缮制单证必须符合国际贸易惯例和有关法律法规的规定以及进出双方的实际需要，其基本要求是正确、完整、及时、简洁和清晰十个字。

（一）正确

单证的正确性是外贸制单工作最基本也是最重要的要求，是单证工作的前提，离开了正确性，其他要求就无从谈起。正确是缮制一切单证的前提，要做到"四个一致"：

1.证、同一致

在以信用证为付款方式的交易中，买方开给卖方的信用证，其基本条款应该与合同内容保持一致，否则卖方应要求买方修改信用证，以维护合同的严肃性。

2.单、证一致

银行在处理信用证业务时应坚持严格相符的原则，卖方提供的单证，即使一字之差，也可成为银行及其委托人拒绝付款的理由。

3.单、单一致

单证之间表面上互不一致者，将被认为表面上不符信用证条款。例如，货运单证上的运输标志（Shipping Mark）如与装箱单上的运输标志存在差异，银行就可拒绝付款，尽管信用证上并没有规定具体的运输标志。

4. 单、货一致

单证必须真实地反映货物，如果单证上的品质、规格、数量与合同、信用证完全相符，而实际发运的货物以次充好或以假乱真，这就有悖于"重合同、守信用"的基本商业准则。尽管在信用证业务中，银行所处理的是单证而不是与单证有关的货物，只要单、证相符，单、单相符，银行就应付款。但如果所装货物不符合合同条款要求，买方在收货检验后仍然有权根据合同向卖方索赔和追偿损失。比如国外开来的信用证商品名称为"apple wine"，但外包装上却写的是"cider"，目的港的海关将很难放行。

另外，值得注意的是处理的单证必须与有关惯例和法规相符合。例如：世界各国银行在信用证业务中，绝大多数在证内注明按照国际商会《跟单信用证统一惯例》第 600 号出版物（简称 UCP 600）来解释。银行在审单时，除非信用证另有特殊规定，都以 UCP 600 作为审单的依据。因此，在缮制单证时，应注意不要与 UCP 600 的规定相抵触。

（二）完整

单证的完整性是指信用证规定的各项单证必须齐全、不可缺少，单证的种类、每种单证的份数和单证本身的必要项目都必须完整，避免单证不符。完整性主要体现在以下三个方面：

1. 单证内容要完整

单证本身的内容（包括单证本身的格式、项目、文字、签章、背书等）必须完备齐全，不得有遗漏，否则就不能构成有效文件。比如，信用证要求提供"manually signed commercial invoice"（手签商业发票），如果出口人在商业发票上只盖章不签字，那么银行会因为单证与信用证要求不符而拒付。

2. 单证种类要完整

在国际贸易中，卖方在交银行议付时提交的单证往往是成套的，这意味着不是一个单证。各种所需单证必须齐全、不得短缺。例如，在 CIF 交易中，卖方除提交发票、提单、保险单等相关单证外，还必须提交一些附属单证，如检验证书、箱单、原产地证、受益人证明等，以保证全套单证的完整性。在信用证结算中，卖方提交的单证务必须完全与信用证的要求相符。

3. 单证的份数要完整

在信用证中往往对一些重要单证有份数上的要求，提供的单证的份数要避免多或是少。比如信用证规定："SIGNED COMMERCIAL INVOICE IN TRIPRICATE"表示卖方所提供的签署的商业发票是三份。

（三）及时

国际贸易单证在制作过程中往往有时间上的要求，同时一些单证彼此间有次序上的先后。因此这里的及时包含以下三个方面：

1. 及时制单

在国际商务活动中，不同的环节要缮制不同的单证，及时制单是保证货物托运工作顺利开展和各个相关部门有效衔接的前提。因此，各类单证必须有一个合理可行的出单日期。比如信用证规定："SHIPPMENT DURING JULY"意味着卖方的最晚装运期是 7 月，提单最晚的出单日期应该是 7 月 31 日，汇票应在提单签发后或同时出单，但不能晚于议付有效期。汇票应在提单签发后、议付有效期前制作好。其他相关单证要在提单签发前做好。

2. 及时交单

在货物出运后，出口商应立即备妥所有单证及时交单结算，早出运、早交货、早结算可以加速货物和资金的流通，这符合买卖双方的共同利益。在信用证支付方式下，出品商必须在信用证规定的交单日期和信用证的有效期内到银行交单议付。如果信用证没有规定交单日期，则根据 *UCP 600* 的规定，将该交单期理解为运输单证出单日期后 21 天内，但无论如何必须在信用证的有效期内。超过交单期提交单证，将招致银行的拒付，给出口商带来损失。例如信用证中规定："DOCUMENTS TO BE PRESENTED WITHIN 15 DAYS AFTER THE DATE OF SHIPMENT, BUT WITHIN THE VALIDITY OF THE CREDIT."则意味着，出口商需要在实现装运后的 15 天内去银行议付，而且议付的时间要在信用证有效期内。

3. 注意出单次序

出单时间的先后必须符合进出口的程序，还必须在信用证规定的出单日期内。例如，运输单证的签单日期不能早于发票、装箱单、检验证书、保险单证的签发日期，否则就不符合逻辑，将被银行拒绝。同时，运输单证的日期不应迟于信用证规定的最迟装运日期，同时又必须在信用证有效期内实现。

（四）简洁

单证的内容应力求简洁，避免不必要的烦琐。具体要求单证格式规范化，内容排列行次整齐、字迹清晰，纸面洁净，格式美观等。由于各类单证的性质不同，反映的内容也各有侧重点。例如，商业发票主要反映出运货物的情况，关于货物的名称、规格、成分等内容就要详细描述；装箱单作为商业发票的补充，主要反映货物装箱情况，因此包装材料、包装方式及总件数应详尽列明。

（五）清晰

清晰主要是指单证表面是否清洁、整齐；布局是否美观、大方；单证上的字迹是否清楚、易认；单证的内容有无更改或涂改等。应尽量避免更改单证的内容，如必须更改的，对更改地方要加盖校对图章。对于一些重要的单证如海运提单、汇票，以及单证的主要项目如金额、数量、重量等不宜改动，如有差错，需要重新制单。

第三节　国际贸易单证的发展趋势

一、国际贸易单证的简化

国际贸易的程序非常烦琐，单证的种类很多，形式各异，据联合国有关机构的统计，全世界每年耗于单证的经济支出达几十亿美元，人力的消耗更是不可胜计。美国的国际贸易单证委员会曾在这方面做过调查，过去出口一批货物要缮制 46 种单证，正副本一共 360 份。制单需 36.5 小时，仅单证费用一项，就要占货物价值的 7.5%。在我国进出口贸易中，各专业进出口公司以及航运、保险、银行、商检、海关等机构业务量高度集中，单证分别缮制、层层复核、往返流转，不仅费时费力，还容易发生差错，影响货物的快速流通和货款的及时结算。综合国内、国外的情况，可见传统的贸易程序和单证方式已经不适应时代的要求，单证形式的简化及单证实现电子化成为必然趋势。

二、国际贸易单证的电子化——EDI 无纸贸易

在制单的过程中，我们往往在一些不同的单证上填写共同的信息，比如出口商的名称、商品名称、数量、装货港、目的港等，每份单证都要填写、每份单证都要审核，这无形中增加了工作量和企业成本。单证的电子化可以很好地解决这个问题。电子数据交换（Electronic Data Interchange，EDI）是将贸易、运输、保险、银行和海关等行业的信息，用一种国际公认的标准格式，通过计算机通信网络，使各有关部门、公司与企业之间进行数据交换与处理，并完成以贸易为中心的全部业务过程，也被俗称为"无纸交易"。由于使用 EDI 能有效地减少直到最终消除贸易过程中的纸面单证，减少差错率，是值得推广使用的新方法。

三、单证标准化

单证的电子化就是对传统单证从内容和形式上提出了更高的要求。因此，单证的标准化势在必行。联合国于 1960 年成立了简化贸易单证和单证标准化的联合国欧洲经济委员会（United Nations Economic Commission for Europe，UNECE），1972 年更名为国际贸易程序化工作组，专门负责这方面工作。目前的单证标准化主要体现在

两个方面：一是使用标准的单证格式，二是推广使用国际标准代号和代码。比如运输标志的标准中规定包含四个内容：收货人代码、目的地、参考号、箱（货）号（见下例）；国家和地区代码由两个英文字母组成，如美国为 US、英国为 GB、中国为 CN 等；地名代码由 5 个英文字母组成，前两个字母代表国名，后三个字母代表地名，如美国纽约为 USNYC、中国上海为 CNSHG 等；货币代号由 3 个英文字母组成，前两个字母代表国名，后一个字母代表货币，如美元为 USD、人民币为 CNY 等；标准化日期代码写法，如 2020 年 10 月 15 日为 2020-10-15 等。

例：标准化运输标志

标准化运输标志：

· SBK........ 收货人代号

· 1234........ 参考号（运单号等）

· NAGOYA JAPAN........ 目的地

· NO.1/100........ 件数代号

Summary: the General View of Documents

A document is an official paper that serves as proof or evidence of something. Documents lie at the heart of all international trade transactions. Most international trades are done on the basis of delivery against documents and payment against documents. *Uniform Customs and Practice for Documentary Credits* (*ICC No.600*) (*UCP 600*) provides that: "Banks deal with documents and not with goods, services or performance to which the documents may relate."

Role of International Trade Documents

For different departments (customs, banks, exporters, importers, insurance companies, governments, etc.) ,international trade documents have different roles. However, there is one same point, international trade documents provide proof of ownership of goods at any time and place throughout the transaction and are very important to all the departments.

To the exporter, documents provide an accounting record of a transaction, a receipt for goods shipped, the means for export clearance of the goods, as well as information and instructions to the many individuals, companies and governmental agencies that transport, handle, or inspect the shipment.

To the importer, documents provide an accounting record of a transaction, assurances that the goods ordered are the goods shipped, and the means for clearing goods through customs at the country of destination.

To the shipping company and freight forwarder, documents provide an accounting record of a transaction, instructions on where and how to ship the goods, and a statement giving instructions for handling the shipment.

To the bank, documents provide instructions and accounting tools for collecting and disbursing payments.

To the country of export and its regulatory agencies, documents provide a means of evaluating risks, valuing a shipment and tracing the point of loss in a coverage claim.

To the country of import and its regulatory agencies, documents provide proof of the right to import, statistical and census information regarding the goods imported, evidence that the goods imported will not harm the health and safety of its citizens, and an accounting tool for assessing duties and fees.

Significance of International Trade Documents

Documents are an indivisible part of international trade. The major purpose of documents is to provide a specific and complete description of the goods so that they can be correctly processed for transport, insurance, payment, customs clearance, etc. Without documents, there will be no possibility of transactions.

The importance of documents, in a sense, can be amplified by saying that in some international transactions the exchange of documents takes priority over the exchange of goods. This is well illustrated in those contracts signed under the trade terms such as FOB/ FCA, CFR/CPT and CIF/CIP, where the delivery of goods from the seller to the buyer is symbolized by the handover of title documents, rather than the actual delivery of physical goods. As these types of transactions take a large portion of the total volume of trade, the importance of documents hence can not be underestimated.

Without proper documents, neither sellers can send goods out of their countries and collect payments, nor can buyers receive their goods. A smooth transaction heavily relies on the correct preparation and presentation of relevant documents at different stages. It is crucial for both the seller and the buyer to acquire sufficient documents skills to be qualified practitioners. In the meantime, compared with importers, exporters are more susceptible to the impact of documents. It is an essential condition for exportation in the first place. In order to get through the mandatory supervision and control of the customs, presentation of required documents is the prerequisite. Lack of necessary documents or presentation of wrongly–made documents is among the most common reasons for delayed release of cargos from the customs. This also applies to importers when they are handling the import customs formalities.

In addition, documents serve as the proof of fulfillment of contract for the sellers. Most of the obligations listed on the sales contract could be reflected on the certain content of the document. A bill of lading, for example, indicates the details of the seller's performance of transportation. Sometimes the buyer requires some documents to ensure that the goods delivered are what he expects. A certificate of quality may be required to guarantee the quality of the product. As a result, by evidence of documents, exporters prove that they have delivered the right goods at the right time to the right place in the right manner. Furthermore, in most cases, exporters have to use documents in their collection of payment. If we recall the payment issues, one thing is obvious that most of the popular payment terms ask for documents, especially a bill of lading as title documents. Unable to provide the required documents, the exporter will have trouble in Collecting payment for the goods he delivered.

Main Kinds of International Trade Documents

There are several kinds of documents used in international trade. In many cases, documents issued by one entity (e. g. the bill of lading issued by a shipping or logistics company) may be required by more than one entity (e. g. the importer, the customs authority of the country of import) .The following is a brief summary of the kinds of international trade documents.

Transaction Documents

They are the documents the buyer and the seller generate to form the basis of their agreement to sell and purchase specific goods under specific terms and conditions. Transaction documents include the letter of inquiry, request for proposal, proposal, letter of intent, purchase order, contract of sale, proforma invoice and commercial invoice. Not all transactions require each of these documents.

Transport Documents

They are the documents issued by the logistics company as a receipt and contract for carriage of the goods to the stated destination. These organizations also issue insurance and inspection certificates. All international transactions involving the transport of goods require some form of bill of lading.

Import Documents

These documents are required by the customs authority of the country of import and vary greatly from one country to another. The minimum document requirement is an entry form and a commercial invoice. However, many other forms may be required, especially if the imported merchandise is sensitive (e. g. animals, weapons, drugs, food) , if the importer is requesting special tariff treatment under an import program (e. g. GSP, NAFTA)or if the import comes from certain countries.

Import documents generally include import licenses and permits, commercial invoices, bills of lading, certificates of origin, import declarations, and inspection certificates. In certain counties, consular invoices, insurance certificates, international exchanges documents and bank drafts may be required .

Banking Documents

These documents are required by the banks. Banking documents include the application for letter of credit or documentary collection, collection order, draft or acceptance, order to open an L/C documentary, L/C advice, order amendment, amendment notification, order of assignment. Related documents include those which make part of a document package required by the importer to clear the goods in the country of destination.

Special Documents

Special documents are documents required by the importing or exporting country for special commodities. They include export license for natural resources, import license for important goods (weapons, ammunition, etc.), documents relevant with quota. Documents related to specialized goods and trade sensitive countries provide the greatest challenge to traders.

Basic Requirements for International Trade Documents

So far, there has been no well-established standard for documents in international trade. In addition, document requirements may differ from transaction to transaction and from country to country, largely. The differences mainly lie in areas such as the types needed, content and languages used, etc. Whatever differences there might be, generally speaking, documents for every transaction should meet such basic requirements as correctness, completeness, conciseness, cleanness and promptness.

第一章　订立与履行合同

扫码获得本章PPT

【学习目标】

熟悉合同的内容与形式；掌握合同签署的条件；熟悉出口、进口合同履行的主要环节。

【重点难点】

1. 合同签署
2. 合同条款

第一节　书面合同的签订

在交易磋商过程中，一方发盘被另一方接受以后，交易即告成立，买卖双方就构成了合同关系。一方缮制好合同，打印两份，在合同上签字盖章后传递给另一方。另一方签字盖章后返回一份。买卖双方各执一份成为履行合同及发生争议后处理争议的依据。

扫码学习书面合同的
签订视频

一、书面合同的形式

在国际贸易中，书面合同的形式没有特定的限制。双方当事人可采用"合同"（Contract）、"确认书"（Confirmation）、"协议"（Agreement），也可采用"备忘录"（Memorandum）等。此外，"定单"（Order）、"委托订购单"（Indent）等也有使用。

我国外贸企业采用的书面合同，主要是"合同"和"确认书"。各外贸企业一般都备有固定的格式，达成交易后，按双方商定的条件逐项填写即可。"合同"和"确认书"虽然在格式、条款项目的设立和措词上有所不同，但两者的法律效力是相同的。

（一）合同

1. 出口合同（Export Contract）

出口合同是对外贸易企业和外商经过贸易磋商活动就某项商品达成交易后所签订的书面契约。合同明确规定了交易双方的权利和义务，其把双方确认的具体交易条件用文字格式固定下来。出口合同是我国涉外经济合同之一，是具有法律效力的文件，也是对外贸易重要的单证之一。出口合同一经签订，双方必须严肃履行。

对外贸易各专业公司所使用的出口合同格式不尽相同，其中有合同、售货合同、销售合同（Sales Contract）等多种名称和式样。销售合同如表1-1所示。实际业务中，买方有时会在双方谈妥交易的所有条件后，直接给卖方发一份定单。对成交数额或成交批量较大的商品出口或成套机械设备的出口，均应制作正式的出口合同或销售合同；成交数额不大或出口批量小的一般商品出口则多采用销售确认书等。

表1-1　销售合同

销售合同
SALES CONTRACT

合同号：

CONTRACT NO：

日期：

DATE：

签约地点：

SIGNED AT：

卖方（Seller）：_____

地址（Address）：_____

电话（Tel）：_____ 传真（Fax）：_____

电子邮箱（E-mail）：_____

买方（Buyer）：_____

地址（Address）：_____

电话（Tel）：_____ 传真（Fax）：_____

电子邮箱（E-mail）：_____

买卖双方同意就成交下列商品订立条款如下：

The undersigned Sellers and Buyers have agreed to close the following transactions according to the terms and conditions stipulated below：

1. 货物名称及规格（Name of Commodity and Specification）：

2. 数量（Quantity）：

3. 单价（Unit Price）：

4. 金额（Amount）：

5. 总值（Total Value）：

数量及总值均有____% 的增减，由卖方决定。

With____% more or less both in amount and quantity allowed at the Seller's option.

6. 包装（Packing）：

7. 装运期限（Time of Shipment）：

收到可以转船及分批装运之信用证_____天内装出。

Within_____days after receipt of L/C allowing transhipment and partial shipment.

8. 装运口岸（Port of Loading）:

9. 目的港（Port of Destination）:

10. 付款条件：开给我方100%不可撤销、即期付款及可转让、可分割之信用证，并须注明可在上述装运日期后15天内在中国议付有效。

Terms of Payment: By 100% confirmed, Irrevocable, Transferable and Divisible Letter of Credit to be available by sight draft and to remain valid for negotiation in China until the 15th day after the aforesaid Time of Shipment.

11. 保险（Insurance）:

12. 装船标记（Shipping Mark）:

13. 双方同意以装运港中国进出口商品检验局签发的品质（重量）检验证书作为信用证项下议付所提出单证的一部分。买方有权对货物的品质和数量（重量）进行复验，复验费由买方负担。如发现品质和/或数量（重量）与合同不符，买方有权向卖方索赔，但须提供经卖方同意的公证机构出具的检验报告。

It is mutually agreed that the Inspection Certificate of Quality（Weight）issued by the China Import and Export Commodity Inspection Bureau at the port of shipment shall be part of the documents to be presented for negotiation under the relevant L/C. The buyers shall have the right to reinspect the Quality and Quantity（Weight）of the cargo. The reinspection fee shall be borne by the Buyers. Should the Quality and/or Quantity（Weight）be found not in conformity with that of the contract, the Buyers are entitled to lodge with the Sellers a claim which should be supported by survey reports issued by a recognized Surveyor approved by the Sellers.

14. 备注（Remarks）:

（1）买方须于____年____月____日前开到本批交易的信用证（或通知卖方进口许可证号码），否则，售方有权不经通知取消本确认书，或接受买方对本合同未执行的全部或一部，或对因此遭受的损失提出索赔。

The buyers shall have the covering Letter of Credit reach the Sellers（or notify the Import License Number）before _____, otherwise the Sellers reserve the right to rescind without further notice or to accept whole or any part of this Sales Confirmation not fulfilled by the Buyers, or to lodge a claim for losses this sustained of any.

（2）凡以CIF条件成交的业务，保额为发票的110%，投保险别以本售货确认书中所开列的为限。买方要求增加保额或保险范围，应于装船前经售方同意，因此而增加的保险费由买方负责。

For transactions concluded on C.I.F. basis, it is understood that the insurance amount will be for 110% of the invoice value against the risks specified in the Sales Confirmation. If additional Insurance amount or coverage is required, the Buyers must have the consent of the Sellers before Shipment and the additional premium is to be borne by the Buyers.

（3）品质数量异议：凡属品质异议，买方须于货到目的口岸之日起 3 个月内提出索赔，凡属数量异议，买方须于货到目的口岸之日起 15 日内提出索赔。对所装运物所提任何异议属于保险公司、轮船公司及其他有关运输机构或邮递机构所负责者，售方不负任何责任。

Quality/Quantity Discrepancy: In case of quality discrepancy, claim should be filed by the Buyers within 3 months after the arrival of the goods at port of destination, while of quantity discrepancy, claim should be filed by the Buyers within 15 days after the arrival of the goods at port of destination. It is understood that the Sellers shall not be liable for any discrepancy of the goods shipped due to causes for which the Insurance Company, Shipping Company, other transportation organization or Post Office are liable.

（4）本确认书所述全部或部分商品，如因人力不可抗拒的原因，以致不能履约或延迟交货，卖方概不负责。

The Sellers shall not be held liable for failure or delay in delivery of the entire lot or a portion of the goods under this Sales Confirmation on consequence of any Force Majeure incidents.

（5）买方开给售方的信用证上请填注本确认书号码。

The buyers are requested always to quote THE NUMBER OF THIS SALES CONFIRMATION in the Letter of Credit to be opened in favour of the Sellers.

（6）仲裁：凡因本合同引起的或与本合同有关的争议，均应提交中国国际经济贸易仲裁委员会华南分会，按照申请仲裁时该会实施的仲裁规则进行仲裁。仲裁裁决是终局的，对双方均有约束力。

Arbitration: Any dispute arising from or in connection with this Sales Confirmation shall be submitted to China International Economic and Trade Arbitration Commission（CIETAC）, South China Sub-Commission for arbitration in accordance with its rules in effect at the time of applying for arbitration. The arbitral award is final and binding upon both parties.

（7）本合同用中英文两种文字写成，两种文字具有同等效力。本合同共____份，自双方代表签字（盖章）之日起生效。

This Contract is executed in two counterparts each in Chinese and English, each of which shall be deemed equally authentic. This Contract is in_____copies, effective since being signed/sealed by both parties.

卖方：_____   买方：_____

（签字）   （签字）

Seller：_____   Buyer：_____

（Signature）   （Signature）

出口合同的主体即合同的基本条款主要包括商品名称、品质规格、货号、数量、价格条件和货币、单价、金额、包装条款、装运条款、保险条款、付款条件和商检条款、索赔条款、异议条款以及不可抗力和仲裁条款等。其他如合同的转让、合同的修改与变更通知条款以及有些适用于本合同规定的如货款结算前货物所有权的规定、保证和担保的规定、货币保值的规定以及合同签订后增加的费用负担的分摊规定等，均列为主体部分的一般条款，作为对合同的补充和说明。

出口合同的圆满执行，除了及时组织货源，主要靠运输和结汇单证来实现。而运输和制单工作能否顺利进行，又与合同条款的订立有着密切的关系。在签订合同时除了应该考虑买方的要求，还要认真考虑我方履约的可能性。出口合同的正确签订是顺利组织出口运输和制单结汇的基本保证。

2. 进口合同（Import Contract）

进口合同又称"购货合同"（Purchase Contract），是订购进口商品应签订的合同。进口合同的形式分条款式和表格式，一般由买方根据交易磋商的具体情况拟定条款式或填写固定格式的书面合同，经卖方核对无误后签字生效，其内容与出口合同大致相似。

（二）确认书

确认书是一种简略的合同形式，其内容较销售合同简单。确认书虽与正式合同在格式、条款项目的说明上有繁简之分，在措词上两者也有所不同，但作为契约主体的交易条件都应是完整、明确、一致的，而且确认书经交易双方签字后就具有与合同同等的法律效力。

确认书一般适用于金额不大、批数较多的出口商品交易。外贸企业单位均有自印的固定格式的确认书，经过磋商达成交易后，由业务人员将双方给妥的各项条件逐项填入，经双方负责人签字，即成为具有约束力的法律文件，双方据以遵守执行。

从国际贸易的双方来说，确认书有销售确认书（Sales Confirmation）和购货确认书（Purchase Confirmation）。销售确认书（Sales Confirmation）是买卖双方通过交易磋商达成交易后，由卖方出具并经双方确认的列明达成交易条件的书面证明，如表 1–2 所示。经买卖双方签署的确认书是法律上有效的文件，对买卖双方具有同等的约束力。销售确认书在国际贸易中常简写为"S/C"。

表1-2　销售确认书

销售确认书
SALES CONFIRMATION

卖方 SELLER		编号 NO.	
		日期 DATE	
买方 BUYER		地点 SIGNED IN	

买卖双方同意就以下条款达成交易：
This contract is made by and agreed between the BUYER and SELLER , in accordance with the terms and conditions stipulated below.

1. 品名及规格 Commodity & Specification	2. 数量 Quantity	3. 单价及价格条款 Unit Price & Trade Terms	4. 金额 Amount

允许 With		溢短装，由卖方决定 More or less of shipment allowed at the sellers' option	
5. 总值 Total Value			
6. 包装 Packing			
7. 唛头 Shipping Marks			
8. 装运期及运输方式 Time of Shipment & means of Transportation			
9. 装运港及目的地 Port of Loading & Destination			
10. 保险 Insurance			
11. 付款方式 Terms of Payment			
12. 备注 Remarks			

The Buyer （signature）	The Seller （signature）

二、书面合同的基本内容

在国际贸易的实际业务中，买卖双方通常需要将双方磋商的内容签订成固定格式的书面合同。正式书面合同的内容随其使用的形式和名称的不同而不同，但其基本内容大体相同，一般可分为约首、本文和约尾三个部分。

约首是合同的序言部分，包括合同的名称、编号、缔约依据、缔约日期、缔约地点、当事人名称和地址等。本文是合同的主体，列明合同的各项交易条款，包括货物的名称、品质、数量、包装、价格以及交货、支付、保险、商品检验、索赔、不可抗力、仲裁等条款。凡可适用于各笔交易的共同性条款，通常以"一般交易条件"（General Terms and Conditions）的形式事先印制在合同的背面。约尾是合同的尾部，主要是合同的份数、合同所使用的文字效力、缔约人的签字等。有的合同还在尾部订明生效条件以及合同适用的法律和惯例等。

书面合同的内容应符合我国的政策、法律、国际贸易惯例和有关国际条约的规定和要求，并做到内容完备，条款明确、严谨，前后衔接一致，与双方当事人通过发盘和接受所取得的协议相符。

三、合同条款

（1）品质条款（Quality Clause）：包括品名、规格及约定品质的决定方式及其时间和地点。

（2）数量条款（Quantity Clause）：包括数量单位、交付数量的决定时间和地点，以及溢短装数量的解决办法等。

（3）价格条款（Price Clause）：包括价格种类、结构、使用货币计算单位以及币值或价格变动风险的归宿等。

（4）包装条款（Packing Clause）：包括包装的方式、方法，包装的材料以及唛头等。

（5）交货条款（Delivery Clause）：包括交货时间、地点，交货方式、交货通知等。

（6）支付条款（Payment Clause）：包括支付方式、支付工具以及支付时间等。

（7）保险条款（Insurance Clause）：包括由何方保险，投保险别、金额，货币约定保险人等。

（8）检验条款（Inspection Clause）：包括项目、检验时间与地点、检验机构、检验方法、检验效力及费用的负担等。

（9）索赔条款（Claim Clause）：包括索赔的期限及通知方法、应提出的证明文件、索赔货物和付款的关系以及解决索赔的基本原则。

（10）仲裁条款（Arbitration Clause）：包括范围、地点、仲裁机构及其费用的负担等。

（11）不可抗力条款（Force Majeure Clause）：包括不可抗力事故的原因、通知时间和方法、应提出的文件以及免责事项等。

（12）违约及解除契约条款（Breach and Cancellation of Contract Clause）：包括违约的处理方法、解约事由和解约后的赔偿等。

（13）其他条款（Miscellaneous Clause）：依据契约的性质和具体情况，可以包括进出口许可证条款、税捐条款、通知条款、唯一合同条款以及合同能否转让及其条件等条款。

四、合同填制

1. 合同号码（Contract No.）

合同号码有时写在合同标题之后，即"Contract"的后面，有时写在其右下方。如果此项空白，就应该由合同撰写人在"No."之后填写按照本公司的规定为合同所编写的序号。

2. 买卖双方（Sellers / Buyers）

合同最上端填写撰写人的名称与地址，"TO"后面填写对方的名称与地址。注意不可将买卖双方的名称和地址颠倒。

3. 商品名称（Commodity）

在填写商品名称时，要注意名称中每个单词的第一个字母要大写。例如：

中文	英文
天空牌羊毛衫	Blue Sky Woolen Sweaters
工作服	Work Clothes
羊毛手工地毯	Hand-made Woolen Carpets

4. 规格（Specifications）

注意不同的商品有不同的规格，不同的商品规格也有不同的表达方法。例如：

中文	英文
货号 1234	Art. No. 1234
5675 型	Type No. 5675 / Model No.5675
颜色红、蓝均衡搭配	Colors：red and blue equally assorted
每打尺码搭配为小 3，中 6，大 3	S/3, M/6 and L/3 per dozen
500 克听装	In cans of 500 grams

5. 数量（Quantity）

数量通常用数字表示，计量单位用英文单词或缩写。例如：

中文	英文
30 公吨	30 metric tons
100 件	100 pieces
600 打	600 dozen
340 箱	340 cases

6. 单价（Unit Price）

填写单价时要注意完整性。一般包括四个部分：货币单位、价格、计量单位、贸易术语。比如出口女士衬衫，每件 15 美元，采用 CIF 贸易术语，包含佣金 3%，出口到美国纽约，那么价格条款就表示为："USD 15 per piece CIF3% NEW YORK。"

7. 总值（Total Value）

填写总值时，最好用大小写两种写法，即先用数字后用文字。例如，112 600 美元表示为：USD 112 600. 00（Say US Dollars One Hundred Twelve Thousand Six Hundred Only）。

使用文字时要注意三点：

（1）第一个词用 "Say"，最后一个词用 "Only"（没有小数时）。

（2）每个单词的第一个字母大写，或者所有字母都大写。

（3）币别也可写在后面（Say One Hundred Twelve Thousand Six Hundred US Dollars Only）。

8. 包装（Packing）

常见的包装表达法有：

（1）"in..." 用某物包装，用某种形式装货。例如，用纸箱子包装：in cartons；散装：in bulk。

（2）"in... of ...each" 或 " in..., each containing..." 用某物包装，每件装多少。例如，用纸板箱装，每箱装 30 打：in cartons of 30 dozen each。

（3）"in...of...each, ...to..." 用某物包装，每件装多少，若干件装于一大件中。例如，用盒装，每打装一盒，50 盒装一木箱：in boxes of a dozen each，50 boxes to a wooden case。

9. 唛头（Shipping Mark）

唛头也叫运输标志。既可以由卖方选定，也可以由买方选定。合同中往往用 "at one's option" 表示。国际标准唛头包括四个部分：收货人代码、目的港、参考号、箱号或货号。例如：

进口商名称   ORTAI

参考号   TSI0601005

目的港   NEW YORK

箱号   C/NO.1-1231

10. 保险（Insurance）

买卖双方其中一方投保时，往往会按照约定进行投保。在 CIF 合同下，卖方负责保险，按信用证要求投保相应的险别，多保或少保，都会影响合同的履行。投保金额一般为发票金额加成 10%，即按 110% 投保，双方作出规定的除外。

常见的三大基本险别为平安险（Free From Particular Average，FPA），水渍险（With Particular Average，WPA）和一切险（All Risks），其中，一切险包含一般附加险。

11. 装运期（Time of Shipment）

填写这一项要注意有关装运的表达法：

（1）某年某月装运：英文要先写月份后写年份，月份前的介词"in"或"during"加不加均可。例如：2019 年 5 月可写作"in May 2019""May 2019""during May 2019"。某月某日前装运往往用"on or before..."比如，"on or before DEC 20th, 2019"，表示 2019 年 12 月 20 日前装运。

（2）转船：在某地转船用介词短语"with transshipment at..."来表示。例如：2019 年 6 月在香港转船：In June 2019 with transshipment at Hongkong。允许转船的表达为"transshipment allowed"，不允许转船的英文表达法是"transshipment not allowed / not permitted /prohibited"。

（3）分批装运：分批装运需要具体说明分几批、从何时开始、是否每批等量装运、按月分批还是按季度或星期。英文表达法是"in... equal monthly / weekly / quarterly installments（lot）beginning from..."例如：从 8 月开始按月分三批等量装运：in three equal monthly lots beginning from August。允许分批装运的表达为"partial shipment allowed"，不允许分批装运的表达为"partial shipment not allowed/ not permitted /prohibited"。

12. 装卸港（Port of Shipment & Destination）

装卸港包括装运港（Port of Shipment）和目的港（Port of Destination），也可以用介词短语"from...to..."来表示。例如：自大连至大阪：From DALIAN to OSAKA。

13. 支付条件（Terms of Payment）

支付条件是国际贸易中的重要条款，其英文表达要求严谨准确。表示支付方式的短语用介词"by"引导。付款方式一般有：付款交单（payment by document against payment）、承兑交单（payment by document against acceptance）和用信用证支付（payment by letter of credit）。

例如：提单签发后 30 天付款交单，"by D/P at 30 days after B/L date"，即期信用证付款为" by L/C at sight"。

14. 签章

在合同的最下方左右两边买卖双方盖章并签字。

第二节 进出口合同的履行

买卖双方合同的履行过程就是国际贸易单证的流转过程，因此进出口双方在此过程中必须注意加强合作，把各项工作做到精确细致，尽量避免工作脱节、单证不一致的情况发生。现从出口、进口两个方面分别介绍合同的履行程序。

扫码学习进出口合同的履行视频

一、出口合同的履行

目前，我国出口合同大多数为 CIF 合同或 CFR 合同，并且一般采用信用证付款方式，故在履行这类合同时，必须切实做好货（备货、报验）、证（催证、审证、改证）、运（托运、报关、保险）、款（制单结汇）四个基本环节的工作。同时还应密切注意买方的履约情况，以保证合同最终得以圆满履行，如图1-1所示。

1. 签订合同

出口贸易合同通常由卖方根据与买方洽谈的条件，缮制售货确认书（Sales Confirmation），正本一式两份，经买卖双方签章后各执一份，作为合同成立的证据。在函电成交的情况下，由卖方将缮制的售货确认书寄给买方，要求买方签退一份。

2. 备货

卖方根据合同或售货确认书规定，按时、按质、按量准备好应交的货物，如属现货，可以直接通知仓库或供货厂商办理打包、改装、发货等工作；如属期货，应该与供货单位签订购货协议或以要货单形式向生产部门落实生产，以按规定交货。

3. 信用证与出口货源的衔接

我国对外贸易多数以信用证为支付方式。信用证开到后，必须经过审核，如内容与合同条款不符，卖方应尽早提请买方更改信用证条款，待信用证改妥后再安排运输工作，并在出运前办理商检报验手续。

4. 商品检验

凡商品的质量列入国家法定检验范围的和合同或信用证订明须由出口单位提供商品检验局品质检验证明的出口商品，在货物出运前必须向商品检验局申报品质检验，报验的货物应处于打好包、刷好运输标志的状态。商检报验单的格式则由商品检验总局统一制订，申报单位按要求填制。如合同、信用证对检验内容有具体要求，可附合同或信用证副本。检验合格后商品检验局按合同或信用证中的具体要求在检验证书上作相应的表述，以符合单、证一致的要求。

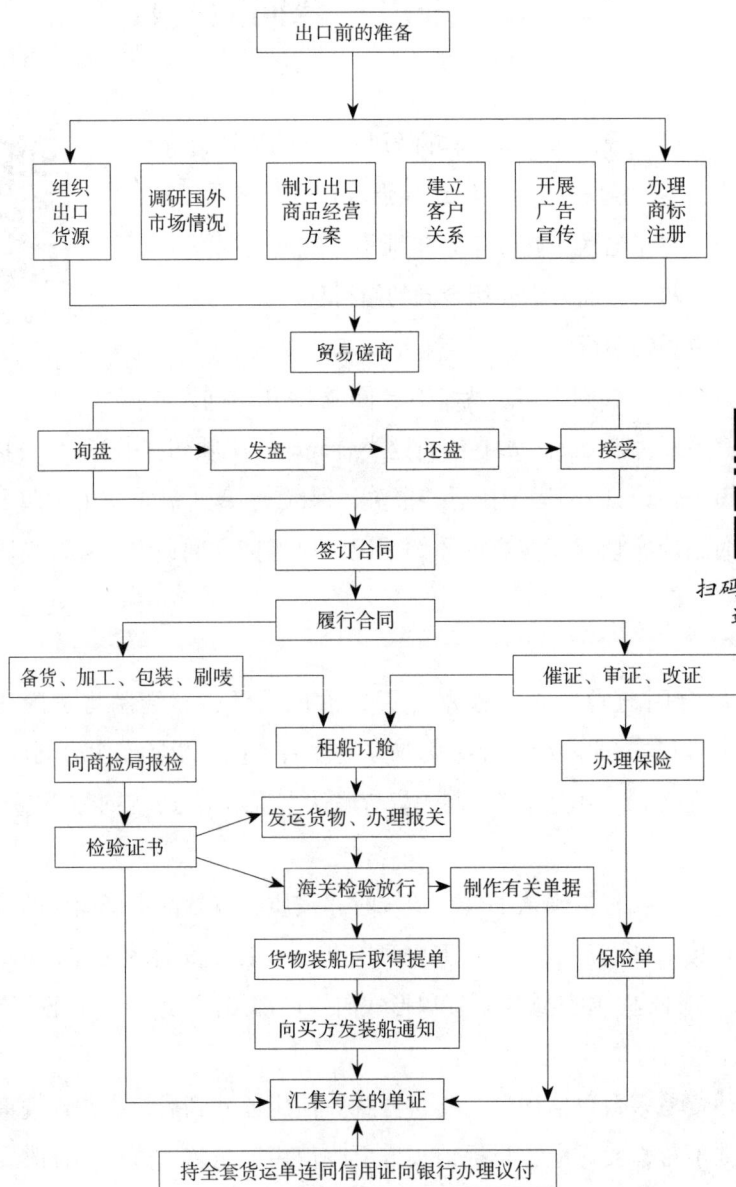

图1-1　海运出口单证工作程序示意图

扫码学习询盘、发盘、还盘、接受视频

5.缮制商业发票和装箱单证

商业发票载有货物的品名、规格、数量、重量、价格、条款，单价和总价等项目，是出口方的销售凭证，也是买卖双方的结算凭证。它在出口单证中居于中心地位，其他单证中的有关项目多以它为依据，例如运输单证有关商品描述的内容就是根据商业发票和装箱单填写的，保险单证中的投保金额也是根据商业发票金额计算出来的。

装箱单是商品发票的补充单证，商业发票中的计价数量或重量，即是装箱单中数量或重量的汇总数。因此，从工作程序上来说，应该是先缮制装箱单证，后缮制商业发票。

6. 缮制出口货物报关单和出口收汇核销单

出口货物报关单是出口报关单位向海关申报出口，请求海关查验、放行的单证，货物出口后有一联（退税联）退回给出口单位，作为出口退税的凭证。留在海关的报关单是海关总署编制出口统计数字的基础资料。

出口收汇核销单是海关凭以受理报关、外汇管理部门凭以核销收汇的凭证，它的作用是加强出口收汇管理以防止国家出口外汇的流失。核销单的格式由国家外汇管理局统一制发，每份有一存根联。核销单及其存根联上都编有顺序号码、盖有外汇管理局监督收汇章。自1991年1月1日起，出口单位在出口报关时必须将此项单证填交海关，否则海关不受理报关。货物报关后，海关在核销单上加盖"放行"章退给出口单位，出口单位在报关后规定的时间内将核销单存根、出口报关单的副联以及其他需要的单证送外汇管理局存案。待银行收妥该笔外汇后，出口单位凭银行签章的核销单向外汇管理局销案。

7. 托运、订舱、报关

出口单位委托有权受理对外货运业务的单位办理海、陆、空等出口运输业务叫作托运。出口单位直接或通过货运代理公司向承运单位洽订运输工具叫作订舱。托运或订舱需要提供必要的资料，例如货物的名称、标志、件数、毛重、净重、体积、装运期和目的地、可否转运和分批等。

运输工具订妥后在货物装运前须向海关申报出口，这就是报关。报关时须提供出口货物报关单、出口收汇核销单以及装货单等运输单证，有些商品还须提供出口许可证或商检合格单，来料加工、来件装配业务则须提供海关的"登记手册"。

8. 保险

出口贸易如使用CIF价格条款，则应由出口单位办理投保并承担保险费。投保时出口单位须向保险公司填送投保单，保险公司据以缮制和签发保险单。投保手续应在货物离仓向装运场所移动前办理，以避免运输途中货物处于"漏保"的状态。

9. 缮制运输单证

运输单证包括海运提单、陆运和空运运单、邮政运输的包裹收据和汽车运输的承运收据以及多式联运的"联合运输单证"等，这些单证应由承运人缮制，待货物装上运输工具或置于承运人的接管之下，由承运人签发给发货人。

10. 装船通知

按照国际惯例，货物装运后卖方须将装运情况及时通知买方。国际商会《国际贸易术语解释通则》在 FOB、CFR、CIF、FCA、CPT、CIP 等价格条件的卖方责任中都明确规定卖方在货物装运后应无延迟地通知买方。装船通知是卖方的基本义务，使买方及时掌握货运动态，以便对货物的转售、分配、调拨、加工在事先作出适当的安排，对货款的支付及早做好准备。

装船通知一般应采取电讯方式，发出的时间应在货物全部装上运输工具以后。在实际工作中，宁早勿迟，过迟则不仅影响买方接货、付款的准备工作，还有可能贻误买方的及时保险（CFR、FOB、CPT、FCA 等条件下）。如买方因卖方未能及时发出装运通知而蒙受损失，必然会谴责卖方并提出索赔。

11. 审单

尽管各种单证在缮制、签发过程中都经过复核，但在提交银行前仍须把信用证或合同规定的各种出口单证集中起来作一次全面性的审核。审核全套单证是否完备，单单之间、单证之间是否相符，单证份数是否满足信用证要求，单证上的签字盖章是否齐全，等等，以确保单证质量的绝对可靠。

12. 交单、议付、结汇

出口单位将信用证规定的单证及需要的份数在规定的期限内提交议付银行叫作交单。议付银行在保留追索权的条件下购买信用证受益人出具的汇票及其单证叫作议付。出口单位将所得的外汇按照外汇牌价卖给银行叫作结汇。交单、议付、结汇是出口单位通过银行办理国际结算的必要程序，远期汇票须在付款承兑到期后方可收汇，但如银行同意扣息贴现，也可在交单后由银行议付结汇。

二、进口合同的履行

目前我国进口合同大多以 FOB 条件成交，以信用证方式结算货款。履行这类进口合同一般包括：签订贸易合同、开立信用证、租船订舱、装运、办理保险、审单付款、接货报关、检验、索赔等事项，进口商应与各有关部门密切配合，逐项完成，如图 1-2 所示。

```
                    ┌──────────────┐
                    │  进口前的准备  │
                    └──────────────┘
          ┌───────────────┼───────────────┐
          ▼               ▼               ▼
    ┌──────────┐   ┌──────────────┐   ┌──────────┐
    │ 编制进口  │   │  安排订购     │   │ 制订具体  │
    │ 计划报批  │   │ 市场和选择    │   │ 的进口商品 │
    │          │   │ 交易对象      │   │ 经营方案  │
    └──────────┘   └──────────────┘   └──────────┘
          └───────────────┼───────────────┘
                          ▼
                    ┌──────────┐
                    │  贸易磋商  │
                    └──────────┘
                          ▼
    ┌──────┐   ┌──────┐   ┌──────┐   ┌──────┐
    │ 询盘 │→│ 发盘 │→│ 还盘 │→│ 接受 │
    └──────┘   └──────┘   └──────┘   └──────┘
                          ▼
                    ┌──────────┐
                    │  签订合同  │
                    └──────────┘
                          ▼
                    ┌──────────┐
                    │  履行合同  │
                    └──────────┘
          ┌───────────────┴───────────────┐
          ▼                               ▼
    ┌──────────┐                     ┌──────────┐
    │  租船订舱  │                     │  申请开证  │
    └──────────┘                     └──────────┘
          ▼                               ▼
    ┌──────────┐                     ┌──────────────┐
    │ 发催装通知 │                     │  银行审单付款  │
    └──────────┘                     └──────────────┘
          ▼                               ▼
    ┌──────────┐      ┌──────────┐   ┌──────────┐
    │  办理保险  │─────→│  货物装船  │   │ 买汇、赎单 │
    └──────────┘      └──────────┘   └──────────┘
                          ▼
                    ┌──────────┐
                    │  报检     │
                    └──────────┘
                          ▼
                    ┌──────────┐
                    │  报关     │
                    └──────────┘
                          ▼
                    ┌──────────┐
                    │ 拨交、结算 │
                    └──────────┘
```

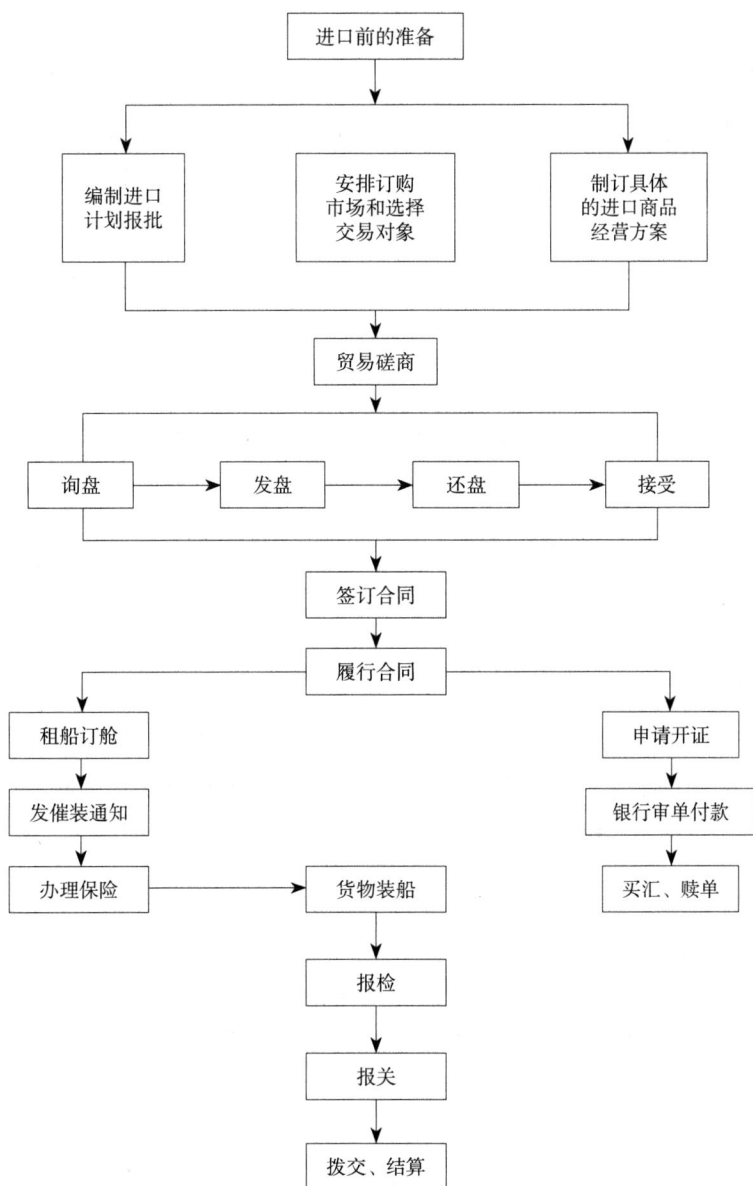

图1-2 海运进口单证工作程序示意图

1. 签订贸易合同

进口贸易多数须先向有关机关申请进口许可证。取得许可证后才能对外正式签约。进料加工、来料加工及补偿贸易等的进口货物也须向有关管理机构提出申请，批准后向海关备案，然后对外签订合同。

2. 开证

以信用证为付款方式的进口贸易，在合同规定的期限内进口单位须按合同条款向开证银行申请开立信用证，并将外汇或外汇额度移存开证银行，经银行审核后将信用证开给卖方。

3. 安排运输工具

大宗商品的进口多采用 FOB 价格条件，应由进口单位负责安排运输工具。例如租用船只或飞机到对方港口或机场接运。租船、租机及订舱工作可委托货运代理公司办理，也可自行联系承运单位办理。运输工具落实后应及时发出到船通知，卖方据此做好发货前的准备工作，并与承运人的当地代理人安排装运事宜。

4. 投保

FOB、CFR、FCA、CPT 价格条件者需要进口单位办理运输保险，卖方有义务在货物发运后将装船通知（Shipping Advice）以电讯方式发给进口单位，进口单位据以缮制投保单向我方保险公司办理保险。

5. 付款赎单

信用证项下的货运单证经进口单位银行审核后送交进口单位，经进口单位审核认可后，银行即对外付款或承兑。托收（例如 D/P）项下的货运单证也由银行转寄给进口单位，但不管是对方的托收银行或是我方的代收银行均不负单证审核之责，进口单位更有必要加强审核。无论是信用证还是托收，就我国的情况来看，进口单位的审核往往是终局性的。经过审核，如发现单证不符或有异状，应通过银行及时提出拒付或拒绝承兑的理由。

6. 进口报关

货物运达进口单位指定目的地后，进口单位应迅即缮制"进口货物报关单"、贸易合同、进口发票、装箱单和运输单证等副本向进口地海关申报进口，经海关查验单证和货物相符、核定进口关税、进口单位付清关税及相关税费后即可凭正本运输单收据或有关证明向承运单位或其代理提货。

7. 货物到达后的检验工作

货物到达后，进口单位应抓紧时间做好数量和质量的检验工作，属于国家的法定的检验商品必须由商品检验局检验。在合同索赔有效期内取得商检局检验证书，列入国家规定的动植物检疫范围的进口货物，应申请动植物检疫所进行消毒和检疫。货物卸下后发现有残损的，须及时通知保险公司作残损检验并协商索赔和理赔事宜。

8. 索赔

进口货物经过检验后如发现卖方责任的数量短缺或质量不符等情况，须在合同索赔有效期内向卖方提出索赔，索赔时须提供检验证明书和发票、提单等货运单证的副本。

第三节 合同签订操作实务

一、案例背景

拉夫美特进出口贸易有限公司（LIFEMATE IMPORT AND EXPORT TRADE CO., LTD，以下简称拉夫美特公司）是中国专门出口家具的公司。日本日慧公司（RIHUI CORPORATION）与拉夫美特公司曾经有过多次合作，彼此之间有一定了解。2019年2月2日，日慧公司传真了一份订购四门衣柜（家具编号为 KSHT-KSH-C017-SMYG）的指示书，要求拉夫美特公司于2019年5月1日之前交货，并回寄样品实拍图片和四门衣柜样品进行确认。

二、贸易蹉商

（1）2019年2月2日，日慧公司发给拉夫美特公司的一封询盘邮件：

发件人：Irene Wardow

发送时间：2019-02-02 15：26：35

收件人：Liang Wei

主题：place four-door wardrobe

Dear Sirs:

We are very much interested in importing your four-door wardrobe（KSHT-KSH-C017-SMYG）.

We know that you are the famous manufacturer of the items mentioned above. Therefore we would appreciate your sending the pictures of the four-door wardrobe for us to confirm.

We hope you can deliver the goods before 1, May.

Thank you for your corporation.

Yours faithfully.

（2）2019年2月3日，拉夫美特公司发给日慧公司的一封邮件：

发件人：Liang Wei

发送时间：2019-02-03 08：34：28

收件人：Irene Wardow

主题：RE：place four-door wardrobe

Dear Sirs：

We are very pleased to receive the enquiry of Feb 2nd and enclose our price list giving the details you ask for. Because the market is in great demand, you had better give the best and earliest reply. We also send many pictures of the product that you are interested in by express. We trust you will have confidence when you examine them.

We look forward very much to the pleasure of receiving an order from you.

（3）2019 年 2 月 4 日，日慧公司发给拉夫美特公司的一封邮件：

发件人：Irene Wardow

发送时间：2019-02-04 13：26：30

收件人：Liang Wei

主题：RE：place four-door wardrobe

Dear Sirs：

Thank you for your letter dated Feb 3rd.After careful consideration and comparison with other suppliers, we find your quotation is really higher. We have corporated for several times and want to deal with you continuously. Please think over our suggestion on price. We look forward to receiving your reply.

（4）2019 年 2 月 4 日，拉夫美特公司发给日慧公司的一封邮件：

发件人：Liang Wei

发送时间：2019-02-04 16：36：20

收件人：Irene Wardow

主题：RE：place four-door wardrobe

Dear Sirs：

We have received your letter . We are sorry to tell you that the price is the lowest level which leaves us with only the smallest profit. As you know, wages and materials have risen considerably these days. Considering we are old friends, we have given the best price to you .

（5）2019 年 2 月 5 日上午，拉夫美特公司在收到日慧公司确认回复以后，通知工厂根据日慧公司的指示，提供样品邮寄日慧公司进行确认。

（6）2019 年 2 月 7 日，日慧公司收到拉夫美特公司寄去的四门衣柜的样品及木材样品。

（7）2019年2月9日，日慧公司确认样品及其规格合格，要求拉夫美特公司尽快寄送合同。

三、签订合同

2019年2月12日，经过双方的多次磋商，最终以每件9342元人民币（123245.4日元）的价格成交。日慧公司要求拉夫美特公司根据该报价单制作销售合同并传真其会签。销售合同如表1-3所示。

表1-3　销售合同

SALES CONFIRMATION				
卖方 SELLER：　拉夫美特进出口贸易有限公司		编号 NO.：		LM12-19
		日期 DATE：		Feb.12, 2019
买方 BUYER：　RIHUI CORPORATION		地点 SIGNED IN：		DALIAN
买卖双方同意就以下条款达成交易： This contract is made by and agreed between the BUYER and SELLER, in accordance with the terms and conditions stipulated below.				
1. 商品号 Art No.	2. 品名及规格 Commodity & Specification	3. 数量 Quantity （pcs）	4. 单价及价格条款 Unit Price & Trade Terms（￥JPY）	5. 金额 Amount （￥JPY）
1 TOTAL	LIFEMATE FOUR-DOOR WARDROBE 2.05m * 2.3m * 0.68m/pc	15 15	123245.4	1848681.00 1848681.00
允许 With	溢短装，由卖方决定 More or less of shipment allowed at the sellers' option			
6. 总值 Total Value		1848681.00JPY		
7. 包装 Packing		PACKED IN CARTONS		
8. 唛头 Shipping Marks		N/M		
9. 装运期及运输方式 Time of Shipment & means of Transportation		APR.12, 2019 BY SEA		
10. 装运港及目的地 Port of Loading & Destination		DALIAN TO TOKYO		
11. 保险 Insurance　由卖方按发票金额110% 投保一切险及战争险，按一九八一年一月一日中国人民保险公司海运货物保险及战争险条款负责 Insurance to be effected by the sellers for 110% of Invoice against All Risks and War Risk as per Ocean Marine Cargo and War Clauses of People's Insurance Company of China dated 1/1/1981				
12. 付款方式 Terms of Payment		L/C		
The Buyer　RIHUI CORPORATION		The Seller　拉夫美特进出口贸易有限公司		

Summary： Contract

Definition of business contract

Business contract is the lawful agreement showing the conclusion of a business drafted by and between the buyer and the seller, whereby the buyer agrees to buy and the seller agrees to sell the goods on the terms and conditions they negotiated.

The format and contents of contract

Contract is a very complicated document. However, there is no definite requirement for the format of contract in international trade. The usual format of contract which the seller and the buyer usually use consists of oral form, written form and electronic form. No matter which kind of contract, it can be generally divided into three parts：

The beginning part of contract, which usually includes the following elements：

◆ Name of contract;

◆ No. of contract;

◆ Two parties' names, addresses, telephone No, fax No, E-mail, etc.;

◆ Date and place of issue.

The body part of contract, which mainly includes the following terms：

◆ Description of the commodity—name, specifications, quantity, package etc.;

◆ Shipment clauses—port of shipment /destination, time of shipment,means of transport, etc.;

◆ Insurance clauses if necessary;

◆ Payment terms—time of payment, means of payment;

◆ Inspection clauses;

◆ Discrepancy and claim;

◆ Arbitration.

The end part of contract, which usually includes the following elements :

◆ Copies of contract;

◆ Language in use;

◆ Date and place of signature;

◆ The signature of two parties.

The types of contract

There are five well-known types of contract, they are contract, confirmation, agreement, memorandum and order.

Contract

Purchase contract is a written agreement offered by the buyer and is the legally binding document that sets forth the terms of the sale, establishes the rights and obligations of the two parties involved.

Sales Contract is a written agreement offered by the seller that clearly states the rights and responsibilities of both parties to a transaction.

Confirmation

It is a contract in a simplified form. Confirmation can either be "sales confirmation" or "purchase confirmation" according to whether it is made by a seller or a buyer. It has all terms of deal as listed in the contract except the clauses referring to claims, force majeure and arbitration.

Agreement

It is the synonym of contract in law binding both parties.

Memorandum

It is a kind of lawful document signed by the seller and buyer having the same lawful restraint as contract. Memos are seldom used in trade in China.

Order

It is a kind of commodity order document drafted by the buyer. Order usually contains the name of commodity required by buyers and the terms and conditions accepted by the sellers.

The main contents of the contract

Quality clause

It is not only the principal part for describing goods, but also the main evidence examining the condition of commodities during delivery. This part usually includes the goods description such as the name of goods, quality, specifications, etc.

For example :

S324 15cm Christmas Bear with cap and gloves, as per the sample dispatched by the seller on 20 Oct, 2020.

Chinese Grey Ducks Down with 19% down content, 2% more or less allowed.

Sesame seeds

Moisture (max) 8%

Admixture (max) 7%

Oil Content (min) 50% (should the oil content of the goods actually shipped be 1% higher or lower, the price will be accordingly increased or decreased by 1%) .

Quantity clause

It includes weight (net weight, gross weight, conditioned weight, theoretical weight) , numbers (e. g. piece, set, dozen, gross, ream) , length (e. g. meter, foot, yard) , area (e. g. square meter, square foot, square yard) , volume (e. g. cubic meter, cubic foot, cubic yard, cubic inch) , capacity (litre, gallon, bushel) , etc. In contract, "more or less" and "about, circa or approximate" are allowed to avoid disputing because quite often the shipment is over-delivered under-delivered, esp. for the trading of bulk goods.

For example :

CHINESE RICE 20000 metric tons, 5% more or less at seller' s option.

CHINESE PEANUT 500 metric tons, gross for net, 5% more or less at seller' s option at contract price.

Package clause

This part usually includes the mode of packing, the packing material, packing cost and packing mark, etc.

For example :

In cartons of 20 kilos net each.

In cartons of 25kgs net each, 20 cartons on a pallet, 20 pallets in a FCL container.

To be packed in poly bags, 25 pounds in a bag, 4 bags in a sealed wooden case which is lined with metal. The cost of packing is for seller' s account.

Price clause

It usually includes the unite price and total amount. It is composed by quantity unit, unit price, currency and trade terms.

For example :

HKD1000 PER M/T CIFC5 HONGKONG

USD 1000 PER CARTON FOB NANTONG, GROSS FOR NET

USD 85 PER PC CIF NEW YOUK LESS 1% DISCOUNT

Shipment clauses

It usually includes time of delivery, port of loading & port of destination, transshipment, partial shipment and the mode of transportation.

For example :

Shipment on / before/ not later than/ latest on Oct 25.2005 by sea.

Shipment to be effected within 20 days after receipt of L/C. The relevant of L/C must reach the seller not later than 30 days before shipments.

Shipment from Dalian to Genoa during June 2004 with partial shipments allowed, transshipment not permitted.

Insurance clause

It usually includes the risk to be covered, amount insured and the party effecting the insurance.

For example :

◆ Under FOB or CFR, the insurance clauses should be :

Insurance to be covered by the buyer.

Insurance to be effected by the seller on behalf of the buyers for 110% of invoice value against all risks, premium to be for buyer' s account.

◆ Under CIF, the insurance clauses usually contains four aspects, they are : the insurer, amount insured, risks covered, and which Insurance Company' s conditions should be abided by.

For example :

Insurance is to be covered by the seller for 110% of the invoice value against all risks and war risk as per or subject to ocean marine cargo clause of the People' s Insurance Company of China dated 01/01/1981.

Payment clause

This part usually includes the time of payment and means of payment.

For example :

The buyer should pay 50% of the sales proceeds in advance by M/T to reach the seller not later than Oct. 25, 2020.

The buyer should pay 100% of the contract value by T/T upon the receipt of the original Bill of Lading sent by the sellers.

The buyer shall open through a bank acceptable to the seller a L/C to reach the seller 30 days before the month of shipment, stipulating that 50% of the invoice value available against clean draft at sight while the remaining 50% on D/P at sight. The full set of the shipping documents of 100% invoice value shall accompany the collection items and shall only be released after full payment of the invoice value. If the buyer fails to pay full invoice value, the shipping documents shall be held by the issuing bank at seller' s disposal.

Inspection clause

This part usually includes how the right of inspection is determined, the time, place and organization of inspection.

For example :

After arrival of the goods at the port of destination, the buyer shall apply to CIQ for a preliminary inspection of the goods in respect of their quality, specifications and quantity/weight. If any discrepancies are found by CIQ regarding the specifications or the quantity/weight or both, except those for which either the insurance company or the shipping company is responsible, the buyer shall, within 120 days discharge of the goods at the port of destination, have the right either to reject the goods or to claim against the seller on the strength of the inspection certificate issued by CIQ.

Claim clause & arbitration clause

For example :

In case the seller is liable for the discrepancies and a claim is made by the buyer within the period of claim or quality guarantee period stipulated in this contract, the seller shall settle the claim upon the agreement of the buyer in the following ways :

◆ Agree to the rejection of the goods and refund to the buyer the value of the goods so rejected in the same currency as contracted herein, and to bear all direct losses and expenses in connection there with including interest accrued, banking charges, storage, stevedore charges, and all other necessary expenses required for the custody and protection of the rejected goods.

◆ Devaluate the goods according to the degree of inferiority, extent of damage and amount of losses sustained by the buyer.

◆ Replace the defective goods with new ones that conform to the specifications, quality and performance as stipulated in this contract, and bear expenses incurred to and direct losses sustained by the buyer. The seller shall, at the same time, guarantee the quality of the replacement goods for a further period of 12 months as specified in this contract.

All disputes arising in connection with this contract or the execution there of shall be settled amicably through negotiation. In case no settlement can be reached, the case under dispute shall be submitted to China International Economic and Trade Arbitration Commission for arbitration. The arbitral award is final and binding upon both parties. Arbitration fee shall be borne by the losing party.

第二章　开立信用证

扫码获得本章 PPT

【学习目标】

了解信用证的种类及信用证的一般业务程序、《跟单信用证统一惯例》、信用证的格式与内容；掌握信用证的审核与修改。

【重点难点】

1. 信用证的内容
2. 信用证的结算程序
3. 信用证的审核与修改

第一节 信用证概述

一、信用证的定义

信用证（Letter of Credit，L/C）是银行根据开证申请人的请求和指示，向受益人开具的有一定金额并在一定期限内凭规定的单证承诺付款的书面文件。换句话说，即开证银行根据进口商的要求，向出口商开出的有条件的付款承诺，出口商提供信用证规定的汇票和单证，开证银行保证付款。简而言之，信用证是一种银行开立的有条件的承诺付款的书面文件。

扫码学习信用证
视频

信用证属于银行信用，是银行信用介入国际货物买卖货款结算的产物。它的出现不仅在一定程度上解决了买卖双方之间互不信任的矛盾，还能使双方在使用信用证结算货款的过程中获得银行资金融通的便利，从而促进了国际贸易的发展。与托收和汇款相比，信用证更能保障买卖双方的利益，因而被广泛应用于国际贸易之中，成为当今国际贸易中的主要结算方式。

为了保持和提高信用证这种国际结算方式在国际贸易结算中的地位、规范信用证的结算规则，国际商会根据近 20 年来信用证使用发展情况，对国际结算中广为使用的《跟单信用证统一惯例》国际商会第 500 号出版物（*UCP 500*）进行修订，新修订的版本是国际商会第 600 号出版物（*UCP 600*），自 2007 年 7 月 1 日起实施。目前，*UCP 600* 已经成为最成功和最被广泛接受的国际银行和商业统一惯例。

二、信用证的特点

1. 信用证是独立文件

信用证虽以贸易合同为基础，但它一经开立，就成为独立于贸易合同之外的另一种契约。贸易合同是买卖双方之间签订的契约，只对买卖双方有约束力；信用证则是开证行与受益人之间的契约，开证行和受益人以及参与信用证业务的其他银行均应受信用证的约束，但这些银行当事人与贸易合同无关，故信用证不受合同的约束。对此，*UCP 600* 第四条 a 款明确规定：信用证与其可能依据的销售合约或其他合约是性质上不同的业务。即使信用证中包含关于该合约的任何援引，银行也与该合约完全无关，并不受其约束。

2. 开证行是第一性付款人

信用证支付方式是一种银行信用，由开证行以自己的信用作出付款保证，开证行提供的是信用而不是资金，其特点是在符合信用证规定的条件下，首先由开证行承担付款的责任。根据 *UCP 600* 第七条规定，信用证是一项约定，根据此约定，开证行依照开证申请人的要求和指示，在规定的单证符合信用证条款的情况下，向受益人或其指定人付款，或支付或承兑受益人开立的汇票；也可授权另一银行进行该项付款，或支付、承兑或议付该汇票。但后一种情况并不能改变开证行作为第一性付款人的责任。

3. 信用证业务处理的是单证

根据 *UCP 600* 第五条规定：银行处理的是单据，而不是单据可能涉及的货物、服务或履约行为。信用证业务所处理的是一种纯粹的单证业务，只要单证表面上符合信用证的规定和要求，开证行就应承担付款、承兑或议付的责任，即使收到货物后发现不符合合同要求，也只能由开证人根据买卖合同向有关方面索赔。换言之，如果买方收到的货物完全符合合同的规定，但受益人所提交的单证不符合信用证的要求，银行完全有理由拒付。总之，信用证业务的特点就是"一个原则，两个只凭"。"一个原则"就是严格相符的原则；"两个只凭"就是银行只凭信用证，不问合同；只凭单证，不管货物。

三、信用证的种类

信用证可根据其性质、期限、流通方式等特点加以划分，常见的有以下十二种。

1. 不可撤销信用证（Irrevocable L/C）

不可撤销信用证指信用证一经开出，在有效期内，未经受益人及有关当事人的同意，开证行不得片面修改和撤销。只要受益人提交了符合信用证条款的单证，开证行就必须履行付款义务。

2. 可撤销信用证（Revocable L/C）

可撤销信用证指开证行开出信用证后，不必征得受益人或有关当事人的同意，有权随时撤销或修改的信用证。这种信用证对受益人的收款没有保障，对出口人极为不利，因此实际业务中，受益人一般不接受这种信用证。

3. 保兑信用证（Confirmed L/C）

保兑信用证指开证行开出的信用证由另一家银行对开证行的付款承诺再次进行保证的信用证。对信用证加具保兑的银行，叫保兑行。

4. 跟单信用证（Documentary L/C）

跟单信用证指开证行凭跟单汇票或仅凭单证履行付款义务的信用证。国际贸易中所使用的信用证大部分是跟单信用证。

5. 即期信用证（Sight L/C）

即期信用证指信用证内规定只要受益人提交了符合信用证条款的跟单汇票或单证，开证行或付款行立即履行付款义务的信用证。即期信用证是单到付款，其特点是出口人收汇迅速、安全，所以在国际贸易中大多数出口商愿意采用这种信用证。

6. 远期信用证（Usance L/C）

远期信用证指开证行或付款行在信用证中保证，在收到符合信用证的单证时，在规定的期限内付款的信用证。

远期信用证又可分为以下三种，即：

（1）银行承兑远期信用证（Banker's Acceptance Credit），指以开证行或其指定银行作为远期汇票付款人的信用证。

（2）延期付款信用证（Deferred Payment Credit），指在信用证上规定，开证行或付款行在收到符合信用证规定的单证后若干天，或货物装船后若干天付款的信用证。

（3）假远期信用证（Usance Credit Payable at Sight），其实质是远期信用证、即期付款。其特点是，信用证规定受益人开立远期汇票，由付款行负责承兑和贴现，承兑费用和贴现利息由进口人承担。这种信用证从表面看是远期信用证，但受益人却能即期十足地收回款项。因而被称为"假远期信用证"。该信用证对出口方来说类似于即期信用证，但对进口方来说，要承担贴现息和承兑费用，故又称为"买方远期信用证（Buyer's Usance Credit）。"

7. 可转让信用证（Transferable Credit）

可转让信用证是指受益人(第一受益人)可要求被授权付款、承担延期付款责任、承兑或议付的银行（转让行），或在自由议付信用证下被特别授权的转让行，将信用证的全部或部分交一个或几个其他受益人（第二受益人）使用的信用证。

8. 循环信用证（Revolving Credit）

循环信用证是指受益人在一定时间内使用了规定的金额后，其金额又恢复到原金额，直至达到规定的时间、次数或金额为止的信用证。

9. 对开信用证（Reciprocal Credit）

对开信用证指交易的双方都对其进口部分以对方为受益人所开立的信用证。

10. 对背信用证（Back to Back Credit）

对背信用证是指信用证的受益人要求通知行或其他银行以原证为基础另开一张内容近似的新证给实际供货人，这另开的新证被称为对背信用证。

11. 预支信用证（Anticipatory Credit）

预支信用证指开证行授权代付行（通常是通知行）向受益人预支信用证金额的全部或一部分，由开证行偿还并负担利息。一般信用证是卖方先交货、买方收单后付款，而预支信用证则是买方先付款、卖方后交单，等日后受益人交单时扣除预支的货款及利息。预支信用证适用于货源紧缺的商品。

12. 备用信用证（Standby Credit）

备用信用证又称担保信用证（Guarantee Credit），是指开证行开给受益人的一种有条件的保证付款的书面文件。其主要内容是在信用证中规定，在开证申请人未能履行投标人的职责，或未能按时偿还贷款或货款时，开证行负责为其支付。如开证申请人履行了信用证中规定的上述某项义务，则该信用证就不起作用，所以其被称作备用信用证。

第二节　信用证的当事人及结算程序

一、信用证的当事人

1. 开证申请人（Applicant）

开证申请人，又称开证人（Opener），是指向银行申请开立信用证的人，一般为进口人，是买卖合同的买方。

2. 开证行（Issuing Bank，Opening Bank）

开证行是指接受开证人的申请、开立信用证的银行，一般是进口地的银行，开证人与开证行的权利和义务以开证申请书为依据，开证行承担保证付款的责任。

3. 受益人（Beneficiary）

受益人是指信用证上所指定的有权使用该证的人，一般是出口商，即买卖合同的卖方。

4. 通知行（Advising Bank，Notifying Bank）

通知行是接受开证银行的委托，将信用证通知受益人的银行。一般为出口地的银行，是开证行的代理行。通知行负责将信用证通知受益人、鉴别信用证的表面真实性，并不承担其他义务。

5. 议付行（Negotiating Bank）

议付行是指愿意买入或贴现受益人交来的跟单汇票的银行。因此，又称购票银行、贴现银行或押汇银行，一般是出口人所在地的银行。议付行可以是信用证条款中指定的银行，也可以是非指定银行，由信用证条款决定。

6. 付款行（Paying Bank，Drawee Bank）

付款行是指开证行指定信用证项下付款或充当汇票付款人的银行。它一般是开证行，有时是代开证行付款的另一家银行。付款行通常是汇票的受票人，所以也称之为受票银行。付款人和汇票的受票人一样，一经付款，就对受款人无追索权。

7. 偿付行（Reimbursing Bank）

偿付行是指受开证行的授权或指示，对有关代付行或议付行的索偿予以照付的银行。偿付行偿付时不审查单证，不负单证不符的责任，因此，偿付行的偿付不视作开证行终局的付款。

8. 保兑行（Confirming Bank）

保兑行是指应开证行的请求在信用证上加具保兑的银行。保兑行在信用证上加具保兑后，就对信用证独立承担付款责任。在实际业务中，保兑行一般由开证行请求通知行兼任，或由其他资信良好的银行充当。

二、信用证支付方式的一般结算程序

采用信用证方式结算货款，从进口人向银行申请开立信用证，一直到开证行付款后收回垫款，须经过多道环节，办理各种手续；对于不同类型的信用证，其具体做法亦有所不同。这里从信用证支付方式的一般结算程序来分析，其基本环节大体经过申请、开证、通知、议付、索偿、付款、赎单等。现以国际贸易结算中最为常用的不可撤销的跟单议付信用证为例，介绍其一般操作程序，如图 2-1 所示。

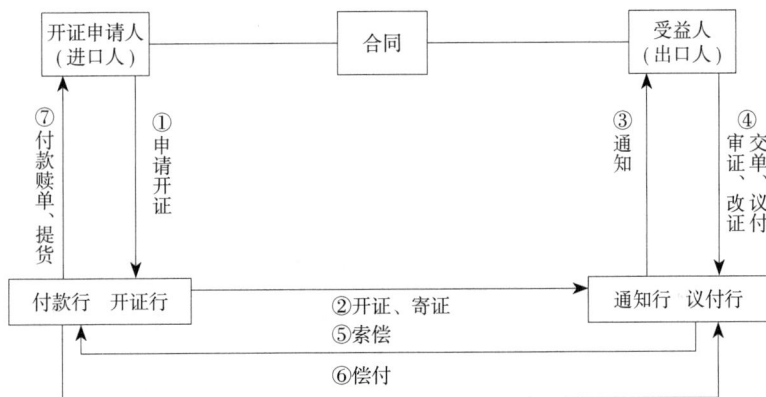

图2-1 不可撤销的跟单议付信用证流程

1. 进口人申请开立信用证

一般情况下，进口人应在规定的时间内，按合同规定的内容向开证行申请开立信用证。开证人申请开证时，应填写开证申请书（Application for Letter of Credit），其格式如表 2-1 所示。开证申请书是开证银行开立信用证的依据。开证申请书的内容包括两个部分：正面是要求开立信用证的内容，即开证人按合同要求开证行在信用证上列明的条款，也是开证行凭以向受益人或议付行付款的依据。反面是开证人对开证行所作的声明，其基本内容是承认在其付清货款前，银行对单证及其所代表的货物拥有所有权；承认银行可以接受"表面上合格"的单证，对于伪造单证、货物与单证不符等，银行概不负责；开证人保证单证到达后，要如期付款赎单，否则，开证行有权没收开证人所交的押金和抵押品等。同时，开证人应向开证行交纳一定比率的押金及开证手续费（一般为 1.5‰）。

表2-1　开证申请书

IRREVOCABLE DOCUMENTARY CREDIT APPLICATION

To：BANK OF CHINA　　　　　　　　Date：

Beneficiary （full name and address）	L/C No. Ex Card No. Contract. No.
	Date and place of expiry of the credit

Partial shipments ☐ allowed ☐ not allowed	Transshipment ☐ allowed ☐ not allowed	☐ Issue by airmail　　☐ With brief advice by 　　　　　　　　　　　　　teletransmission ☐ Issue by express delivery ☐ Issue by teletransmission （which shall be the operative 　instrument）

Loading on board/dispatch taking in charge at/from not later than for transportation：	Amount （both in figures and words）
Description of goods Packing：	Credit available with ☐ by sight payment　☐ by acceptance　☐ by negotiation ☐ by deferred payment at 　against the documents detailed herein ☐ and beneficiary's draft for　% of the invoice value 　at 　on ☐ FOB　　☐ CFR　　☐ CIF or other terms

Documents required：　（marks with X）
1. （　　） Signed Commercial Invoice in　copies indicating L/C No. and Contract No.
2. （　　） Full set of clean on board ocean Bills of Lading made out to and blank endorsed, marked
　"freight [ ] to collect / [ ] prepaid [ ] showing freight amount" notifying
3. （　　） Air Waybills showing "freight [ ] to collect/ [ ] prepaid [ ] indicating freight amount" and consigned to
4. （　　） Memorandum issued by　consigned to
5. （　　） Insurance Policy/Certificate in copies for　% of the invoice value showing claims payable in China
　in currency of the draft, blank endorsed, covering　（[ ] Ocean Marine Transportation / [ ] Air Transportation/
　[ ] Over Land Transportation）All Risks, War Risks.
6. （　　） Packing List/Weight Memo in　copies issued by the quantity / gross and the weights of each packing and
　packing condition as called by the L/C.
7. （　　） Certificate of Quantity / Weight in　copies issued by an independent surveyor at loading port,
　indicating the actual surveyed quantity / weight of shipped goods as well as the packing condition.
8. （　　） Certificate of Quality in　copies issued by[ ] manufacturer / [ ] public recognized surveyor / [ ].
9. （　　） Beneficiary's certified copy of cable dispatched to the accountees within　hours after shipment
　advising[ ] name of vessel / [ ] flight No. / [ ] wagon No., date quantity, weight and value of shipment.
10. （　　） Beneficiary's Certifying that extra copies of the documents have been dispatched according to the contract terms.
11. （　　） Shipping Co's Certificate attesting that carrying vessel is chartered or booked by accountee or their shipping
　agents:
12. （　　） Other documents，if any:

Additional instructions：
1. （　　） All banking charges outside the opening bank are for beneficiary' s account.
2. （　　） Documents must be presented with　days after the date of issuance of the transport documents but
　with the validity of this credit.
3. （　　） Third party as shipper is not acceptable. Short Form/Blank back B/L is not acceptable.
4. （　　） Both quantity and amount　% more or less are allowed.
5. （　　） Prepaid freight drawn in excess of L/C amount is acceptable against presentation of original charges voucher
　issued by shipping Co.　/ Air Line / or it's agent.
6. （　　） All documents to be forwarded in one cover, unless otherwise started above.
7. （　　） Other terms，if any：

Account No.: 　　Transacted by: 　　Telephone No.:	with　　　　　　　　　　（name of bank） （Applicant:name, signature of authorized person） （with seal）

2. 开证银行开立、寄送信用证

开证行接受开证申请人的开证申请书后，向受益人开立信用证，所开信用证的条款必须与开证申请书所列一致。信用证一般开立正本一份、副本若干份。开证方式有"信开"（Open by Airmail）和"电开"（Open by Telecommunication）两种。信开是指开证时开立正本一份和副本若干份，邮寄给通知行。电开是指开证行将信用证内容加注密押用电报或电传等电信工具通知受益人所在地的代理行，请其转知受益人。电开可分为简电本（Brief）和全电本（Full Cable）。所谓简电本是进口人为了使出口人及早备货、安排运输而将仅有信用证金额、号码、装运期、有效期等少量信用证内容的文字用电讯通知出口人已开证。这种简电本在法律上无效，不能凭此交单付款、承兑或议付。这种简电通知往往注明"详情见航邮件"（Detail Airmail）或类似字样。全电本是指使用电报或电传等电讯工具将信用证的全部条款传达给通知行。

申请人申请开立信用证后，开证行委托通知行将信用证转交给受益人。

3. 通知行通知受益人

通知行收到信用证后，应核对信用证的签字印鉴（信开）或密押（电开），在核对无误后，除留存副本或复印件外，须迅速将信用证交给受益人。如果收到的信用证是以通知行为收件人的，通知行应以自己的通知书格式照录信用证全文通知受益人。

4. 受益人审查、修改信用证，并交单议付

受益人收到信用证后，应立即进行认真审查，主要审核信用证中所列的条款与买卖合同中所列的条款是否相符。如发现有不能接受的内容，应及时通知开证人，请求其修改信用证。修改信用证的传递方式与开证相同。在修改不可撤销信用证时，应注意以下事项：信用证的修改必须征得各有关当事人的同意，方为有效，否则此项修改不能成立，信用证仍以原来的内容为准；如果修改通知涉及两个以上的条款，受益人只能全部接受或全部拒绝，不能接受其中一部分，拒绝其他部分；在同一份信用证中的多处条款的修改，应做到一次性向对方提出；信用证的修改通知书应通过原证的通知行转递或通知。

受益人收到信用证经审查无误，或收到修改通知书确认后，即可根据信用证规定发运货物，在货物发运完毕后取得信用证规定的全部单证。开立汇票和发票，连同信用证正本（如是经修改的信用证，还需连同修改通知书）在信用证规定的交单期或信用证有效期内，递交给信用证规定的银行或与自己有往来的其他银行办理

议付。

议付行在收到单证后应立即按照信用证的规定进行审核，并在收到单证次日起不超过 5 个银行工作日将审核结果通知收益人。在我国出口业务中，使用议付信用证较多。所谓"议付"（Negotiation）是指议付行在审核单证后确认收益人所交单证符合信用证条款规定的情况下，按信用证条款买入收益人的汇票和单证，按照票面金额扣除从议付日到估计收到票款之日的利息，将净数按议付日人民币市场汇价折算成人民币付给信用证的受益人。

议付行办理议付后持有汇票，成为正当持票人，这样银行就取得了单证的所有权。由于是议付行垫付资金，购买汇票和单证，所以又称议付行为"买单"。买单结汇又称"出口押汇"，是议付行向信用证受益人提供的资金融通，可加速资金周转，有利于扩大出口业务。

5. 索偿

索偿是指议付行根据信用证规定，凭单证向开证行或其指定行请求偿付的行为。议付行按信用证要求将单证分次寄给开证行或代付行，并将汇票和索偿证明书分别寄给开证行、付款行或偿付行，以航邮或电报、电传索偿。

6. 偿付

偿付是指开证行或被指定的代付行或偿付行向议付行进行付款的行为。开证行收到议付行寄来的汇票和单证后，经检查认为与信用证规定相符，应将票款偿还给议付行。如果信用证指定付款行或偿付行，则由该指定的银行向议付行进行偿付。

7. 开证申请人付款赎单和提货

开证行在向议付行偿付后，立即通知开证申请人付款赎单，开证申请人接到通告后，应立即到开证行检验单证，如认为无误，就应将全部货款和有关费用向银行一次付清而赎回单证。银行则返还在申请开证时开证人所交的押金和抵押品。此时开证申请人与开证行之间因开立信用证而构成的债权债务关系即告结束。如果开证人验单时发现单证不符，亦可拒绝付款赎单。但如果开证申请人凭运输单证向承运人提货，发现货物与买卖合同不符，则与银行无关，只能向受益人、承运人或保险公司等有关责任方索赔。

第三节 信用证的内容

一、信用证的一般内容

每个银行开出的信用证都有不同的格式，但主要内容基本一致，一般包括下列各项：

（1）信用证本身的固有内容：开证行名称、地址，信用证的类型、名称、证号、开证日期、金额，受益人、开证申请人、通知行、有效期、开证文句及兑付方式等。

（2）依据 *UCP 600* 条款的开证文句。

（3）汇票条款：汇票的出票人、付款人、汇票期限、金额等。

（4）单证：商业发票、运输单证、保险单证等。

（5）货物条款：货物描述、包装等。

（6）装运条款：起运港和目的港、分批装运和转运、装运期等。

（7）其他条款。

（8）开证行担保条款。

二、信用证条款的具体内容

1. 开证行名称、地址

这两项内容，如是信开证，在信用证顶部和右下角，一般已印妥；如是电开证，电文开头的发电行即是；如电文由其他银行转发，所转电文的开头应有开证行的名称和地址；如由其他银行转开，转开文句内应述及这两项内容。

2. 信用证的类型

这项内容有不同的表示法，有的在信用证名称前表示，如"不可撤销的"（Irrevocable），"可转让的"（Transferable）等；有的在信用证条款里表示，如即期信用证以汇票的期限来确定，汇票为即期（At sight），则信用证亦为即期；汇票为远期（at...days after /from... ），信用证也为远期；或汇票为远期，但可以即期索汇，而且贴现息由开证人负担，这种信用证为假远期；信用证内包含预支条款的为预支信用证；等等。

3. 信用证名称

一般用"Letter of Credit"表示，简称"Credit""L / C"或"LC"。有的用"DC"表示"跟单信用证"，即"Documentary Credit"的缩写。

4. 信用证号码

这是一项必不可少的内容，许多单证都须引用。一般信用证号放在信用证名称之后，即"Letter of Credit No.…"。如是转开证，要注意区别转开行的证号与原证证号。转开行证号一般在转开文句中述及，原证证号则在原证开头部分注明。另外要注意信用证内不同条款中所援引的信用证号要与信用证本身的证号一致，不一致者，无法确定正确与否，须联系开证行证实。

5. 开证日期

这一日期必须与发电或转开等日期相区别。有的信用证内有明显的开证日期文字标示，如："Date of Issue"或"Issuing Date"等。没有这种文字标示的，如是信开证，一般开证日期与开证地址并列或靠近。电开证有的没有明确的开证日期，而以发电日为开证日。如由其他行转电或转开，则电文开头的日期应为转电日或转开日。电文内可能述及原信用证开证日。

6. 信用证货币和金额

一般信用证货币和金额前都冠以下列文字"for amount""an amount not exceedin""amount maximum""for a sum or sums of"。如是电开证，文字标示一般为"currency code""amount"。

7. 受益人

受益人一般用"beneficiary"表示，有的用"in favor of"表示。

8. 通知行或转递行

通知行为"advising bank"或"notifying bank"，转递行为"transmitting bank"。

9. 开证申请人

开证申请人一般为"applicant"，有的用"accountee""opener""for account of""by order of""order""at request of""you are authorized to draw on"等，这些单词和短语之后都可加开证人名称。

10. 议付行

议付行一般用"avail with by"表示，后面加议付银行名称。

11. 有效期及地址

一般用"expiry"表示期满，或用"expiry date"表示期满日；有效期也可以用"validity""validity date""valid till"等表示。有的在到期日后加地址"date and place of expiry"表示在某日某地到期。

12. 开证文句

一般直叙"We open（issue，establish）Letter of Credit No...."有的无此文句而仅以文字标示列出证号"Letter of Credit No...."

13. 汇票条款

一般信用证列有"beneficiary's draft at sight for full invoice value drawn on issuing bank"，此条款含义如下：

（1）beneficiary's draft（受益人的汇票），表示汇票的出票人是受益人。

（2）at sight（即期），以这种方式表示汇票期限，如规定"at... days after / from..."则表示不同类型的远期。

（3）for full invoice value（全部发票金额），for 后面表示汇票金额。汇票金额可以是全部或百分之百（100%）发票金额，也可以是一定百分比的发票金额（...% of invoice value），或者是一个固定的金额等。

（4）drawn on issuing bank（开给开证行），以这种方式表示汇票付款人，即"drawn on"后面是谁，谁就是付款人。一般以开证行为汇票付款人。

14. 单证条款

即应提供的单证（documents to be presented），主要包括：

（1）商业发票：一般发票条款内注明"Signed Commercial Invoice in... Copies"表示签字的商业发票 ×× 份。有时发票名称仅写"Invoice"，含义不变，但无须签字。有的在此条款后加注"showing..." "indicating..."或"mentioning..."等词，表示发票应显示的内容。

（2）提单：一般提单条款为"full set of clean on board ocean bills of lading made out to order（of...）and blank endorsed, marked 'Freight Prepaid（or Collect）' notifying applicant（or other party）"，意思是全套清洁已装船提单，空白（或以某人为）抬头，空白背书，注明"运费预付（或到付）"通知开证人（或其他方）。此条款包括提单份数、是否清洁、是否已装船、提单名称、抬头、背书、运费、通知方等内容。

（3）保险单或保险凭证：一般此条款为"Insurance Policy or Insurance Certificate in 2 copies for 110% of Invoice Value covering All Risks and War Risks"，意思是保险单或保险凭证一式两份，按发票金额的 110% 投保一切险和战争险。此条款包括单证名称、份数、投保金额、投保险别。一些信用证还可以根据实际需要加列其他内容。如加"negotiable"，可转让的，加"payable at destination"表示在目的港赔付。加"in currency of draft"表示按汇票货币赔付等。如以 FOB 成交，保险应由买方办理，信用

证加 "Insurance to be covered by buyer" 或类似说法。

16. 货物条款

货物条款前一般有 "covering" "evidencing shipment of" 或 "shipment of" 等字样，表示装运什么货物之意。此条款一般包括货名、货量、规格、单价、价格术语、总值、包装等。如 "'LITTLE SWAN' BRAND WASHING MACHINE 1000 SETS USD100/SET CFR VENCOUVER, CANADA IN CONTAINERS ACCORDING TO CONTRACT NO.8989"（小天鹅牌洗衣机 1000 台，每台 100 美元 CFR 加拿大温哥华，集装箱运输，依据合同 8989）。货物条款繁简不一，内容多时可加附页说明，并加注 "as per attached sheets which form an integrate part of this L/C"（货物如附页，此附页构成本信用证不可分割的一部分）。内容少时连货名都没有，而只加注 "as per Contract No..."（货物如……号合同）。

16. 装运条款

此条款主要包括以下内容：

（1）起运港，一般表达方式为 "loading /dispatch /taking/from" 后面接装货港口名称。

为适应现代化运输方式的需要，有的信用证注明 "Loading on board / dispatch / taking in charge from...for transport to..." 表示装船 / 发货 / 负责监管自某地运输至某地，可根据不同的运输方式对号入座。

（2）目的港，一般表达方式为 "for transportation to..." 后面接目的港的名称。

（3）分批装运：一般注明 "partial shipments are permitted / not permitted"，表示允许或不允许分批装运。有的在允许分运后加一些限制性条件，如 "partial shipments are permitted only in two lots"，表示只能分两批；有的分批与装运时间相联系，如 "100 M/T in Jan., 200 M/T in Feb."；有的分批与目的港相联系，如 "50 M/T to London, 70 M/T to Paris."；有的分批与运输方式相联系，如 "one set by air, two units by sea"，"partial shipments allowed only one lot by air and five lots by sea"；还有的分批与单证相联系，如 "partial shipments permitted and a separate set of documents is required for each shipment"；等等。

（4）转运：一般规定 "transshipment is allowed / not allowed" 表示允许或不允许转运。有的规定只允许在某口岸转运，如 "transshipment allowed only in Hongkong"；有的规定只在货装集装箱的情况下允许转运，如 "transshipment is allowed only goods in container"。

（5）装运期：一般表示为 "Latest Date of Shipment / Latest Shipment Date"，有的注有文字标示 "Shipment Latest" 等，都表示最迟装运日。"Shipment... not later than... " 表示装运不能晚于某日。

17. 其他条款

其他条款很多，可根据业务需要或按客户要求加列各种内容，示例如下：

（1）交单期限：如 "The documents must be presented for negotiation within 15 days after the date of issuance of the transport documents but within the validity of the credit"（在信用证有效期内，必须在装运单证签单日后 15 天之内交单议付）。

（2）银行费用：如 "All banking charges outside the issuing bank are for account of beneficiary"（除开证银行之外的费用由受益人负担）。

（3）不符点费用：如 "A fee of USD 30（or equivalent）will be charged for each set of discrepant documents presented which require our obtaining approval from our customer"[提供单证不符的单证，每套将收 30 美元（或等值）费用，单证须经我行征得客户同意]。

（4）寄单条款：如 "All documents must be airmailed to us in two consecutive lots"（全部单证必须连续分两次航寄我行）。如果要求一次寄单则表示为 "in one lot"。

（5）偿付条款：如 "We shall pay you by T / T upon our receipt of complying documents"（收到单证相符的单证后我们将向你办理电汇付款）。

（6）议付行背批条款：如 "The amount of the draft under this credit should be noted by negotiating bank on the reverse hereof"（议付行应将本信用证项下的汇票金额批注在本证背面）。

18. 开证行担保条款

此条款的内容是 "We hereby engage with drawers and /or bona fide holders that draft drawn and negotiated in conformity with the terms of this credit will be duly honored on presentation"（我们在此向出票人及 / 或善意持有人保证按该信用证条款出具和议付的汇票在提示时将被兑付）。

另外，凡承认 "《跟单信用证统一惯例》国际商会第 600 号出版物" 条款的银行，开证时都加注信用证据此开立的内容，表示开证行将以此为原则处理信用证业务，并且发生业务纠纷时也将以此为准则进行解决。此条款的内容是 "This credit is subject to the *Uniform Customs and Practice for Documentary Credit* International Chamber of Commerce, Paris, France Publication No.600 "（本证依据国际商会在法国巴黎制定的《跟单信用证统一惯例》第600号出版物开立）。

三、SWIFT信用证

SWIFT是环球银行间金融电讯协会（Society for Worldwide Interbank Financial Telecomunication）的简称。该组织是一个国际银行同业间非营利性的国际合作组织，专门从事各国之间非公开性的国际间的金融业电讯业务，主要有十大类业务。第一类，客户汇款与支票；第二类，银行头寸调拨；第三类，外汇买卖和存放款；第四类，托收；第五类，证券；第六类，贵金属和辛迪加；第七类，跟单信用证和保函；第八类，旅行支票；第九类，银行账务；第十类，SWIFT系统电报。SWIFT具有安全可靠、高速度、低费用、自动加密押等特点。

凡依据国际商会所制定的电讯信用证格式设计，利用SWIFT网络系统设计的特殊格式，通过SWIFT网络系统传递的信用证的信息，即通过SWIFT开立或通知的信用证称为SWIFT信用证，也称为"环球电协信用证"。凡采用SWIFT信用证，必须遵守SWIFT使用手册的规定，使用SWIFT手册规定的代号（Tag）。现以SWIFT信用证为例介绍其代号。目前开立SWIFT信用证的格式代号为MT700和MT701分别如表2-2、表2-3所示。

表2-2　SWIFT信用证（MT700）

M/O[①]	Tag 代号	Field Name 栏位名称
M	27	Sequence of Total 合计次序[②]
M	40A	Form of Documentary Credit 跟单信用证类别
M	20	Documentary Credit Number 信用证号码
O	23	Reference to Pre-Advice 预通知的编号
O	31C	Date of Issue 开证日期
M	31D	Date and Place of Expiry 到期日及地点
O	51a	Applicant Bank 申请人的银行
M	50	Applicant 申请人
M	59	Beneficiary 受益人
M	32B	Currency Code, Amount 币别代号、金额
O	39A	Percentage Credit Amount Tolerance 信用证金额加减百分比

续表

M/O①	Tag 代号	Field Name 栏位名称
O	39B	Maximum Credit Amount 最高信用证金额
O	39C	Additional Amounts Covered 可附加金额
M	41A	Available With...By... 向……银行押汇，押汇方式为……
O	42C	Drafts at... 汇票期限
O	42A	Drawee 付款人
O	42M	Mixed Payment Details 混合付款指示
O	42P	Deferred Payment Details 延迟付款指示
O	43P	Partial Shipments 分批装运
O	43T	Transshipment 转运
O	44A	Loading on Board/Dispatch/Taking in Charge at/from... 装船 / 发运 / 接管的地点
O	44B	For Transportation to... 装运至……
O	44C	Latest Date of Shipment 最后装运日
O	44D	Shipment Period 装运期间
O	45A	Description of Goods and/or Services 货物描述及 / 或交易条件
O	46A	Documents Required 应具备单证
O	47A	Additional Conditions 附加条件
O	71B	Charges 费用
O	48	Period for Presentation 提示期间
M	49	Confirmation Instructions 保兑指示
O	53A	Reimbursement Bank 清算银行
O	78	Instructions to the Paying/Accepting/Negotiation Bank 对付款 / 承兑 / 议付银行之指示
O	57A	"Advise Through" Bank 收讯银行以外的通知银行
O	72	Sender to Receiver Information 银行间的通知

①M/O为"Mandatory"与"Optional"的缩写，前者指必要项目，后者指任意项目。

②合计次序是指本证的页次，共两个数字，前后各一个，如"1/2"，其中"2"指本证共2页，"1"指本页为第1页。

表2-3 SWIFT信用证（MT701）

M/O①	Tag 代号	Field Name 栏位名称
M	27	Sequence of Total 合计次序②
M	20	Documentary Credit Number 信用证编号
O	45B	Description Goods and/or Services 货物及 / 或劳务描述
O	46B	Documents Required 应具备单证
O	47B	Additional Conditions 附加条件

①M/O为"Mandatory"与"Optional"的缩写，前者指必要项目，后者指任意项目。

②合计次序是指本证的页次，共两个数字，前后各一个，如"1/2"，其中"2"指本证共2页，"1"指本页为第1页。

第四节 信用证的审核与修改

审核信用证是一项很重要的工作。只要受益人接受信用证上的条款，信用证就成为一个独立于合同的"契约"。开证行付款的前提是出口方提供了符合信用证要求的一切单证并正确、准确、按时提交单证，而不管合同的内容、单证的真假、是否交货等情况。如果信用证条款本身存在问题，受益人就不可能提供符合信用证条款的单证，银行也不会付款。

为了确保收汇安全，信用证业务的收益人在收到信用证后，应立即对其进行认真的核对和审查，发现问题后应及时改证。审核信用证是银行和出口企业的共同职责，但它们在审核内容上又各有侧重。银行着重负责审核有关开证行资信、付款责任以及索汇路线等方面的条款和规定；出口企业着重审核信用证的条款是否与买卖合同的规定相一致。以下从两方面分别介绍。

一、银行审证的重点

（1）从政策上审核。主要看来证各项内容是否符合有关国家的方针政策以及是否有歧视性内容。不符合有关国家的方针政策或有歧视性内容，则须根据不同情况与开证行交涉。

（2）对开证行的审核。主要对开证行所在国家的政治经济状况，开证行的资信、经营作风等进行审查。对于资信欠佳的银行应酌情采取适当的保全措施。

（3）对信用证性质与开证行付款责任的审核。在我国的出口业务中，我方不接受带"可撤销"字样的信用证；对于不可撤销的信用证，如附有限制性条款或保留字句，使"不可撤销"名不副实，应提醒对方修改。

（4）信用证的大小写金额是否一致。

（5）开证行的印鉴、密押是否相符。

（6）在我国的进出口业务中，银行应注意审查信用证要求的单据是否符合我国政策。

（7）审核信用证条款之间是否互相矛盾。如 CFR 价格条件，要求出具保险单；信用证号码与汇票号不一致；装运期晚于有效期等。

（8）审核信用证的有效期和地点，如在国外到期则不能接受。

上述只是银行对信用证审核的主要范围。银行审证细节要求远不止这些，出口方在收到信用证时务必更加细心地审核，才能做到万无一失。

二、受益人对信用证的审核

信用证是以合同为基础开立的，信用证应该反映合同的内容。若进口商开来的信用证与合同条款不一致或互相矛盾，受益人一旦接受了信用证条款，就意味着是对一个新"契约"的履行，这实质上改变了原合同的属性。受益人审核信用证时，首先应将信用证与合同中所规定的品质、数量、包装、价格、支付方式、运输等各条款进行逐一确认，如果发现与合同有矛盾的项目，应向开证申请人提出修改信用证，改妥后再装运。审证的重点主要有以下十一个方面。

1. 对开证行资信情况的审核

对国外开证行的资信审查，是受益人的责任，受益人可以委托信用证的通知行调查开证行的资信，但通知行对其提供的信息不负任何法律责任。因此，在实际业务中，对于资信不佳或资历较差的开证行，除非对方接受我方要求并已请求另一家资信较为可靠的银行进行保兑或确认偿付，并且保兑行或确认偿付行所承担的责任已明确，偿付路线又属正常与合理，否则，此类信用证不能接受。

2. 对信用证是否已有效、有无保留或限制的审核

前面在介绍信用证业务流程时已讲过，"简电本"不是有效文本，因此，出口企业在收到这样的信用证时要注意，只能按此进行发货准备工作，而不能急于发货，只有在收到开证行通过通知行递送的有效信用证文件并对之审核无误后方可发货，否则，不能凭此收取货款。另外，如果信用证中附加了"保留"和"限制"条款，或可能是开证申请人故意设置陷阱的条款，凡此类信用证我们不能接受，必须要求对方取消或修改这些条款。

3. 对信用证类型的审核

信用证的类型往往决定了信用证的用途、性质和流通方式，有时还直接关系到信用证能否执行。如果是保兑信用证，应检查证内有无"保兑"字样；如果是可转让信用证，应检查有无相应的条款规定；UCP 600 明确规定：所有信用证均为不可撤销信用证，对此，出口方应认真检查。一般在信用证标题上或信用证的开端都有明确的标示：不可撤销信用证。如果是可撤销信用证，则不能接受。

4. 对信用证的有效期及到期地点等的审核

UCP 600 第六条规定：信用证必须规定提示单证的有效期限。规定的用于兑付或者议付的有效期限将被认为是提示单证的有效期限。由受益人或代表受益人提示的

单证必须在到期日当日或在此之前提交。可以有效使用信用证的银行所在的地点是提示单证的地点。对任何银行均为有效的信用证项下单证提示的地点是任何银行所在的地点。不同于开证行地点的提示单证的地点是开证行地点之外提交单证的地点。因此，没有规定有效期的信用证是无效的，而关于信用证的到期地点，我国出口企业应争取在我国到期，以便在交付货物后及时办理议付等手续。至于交单日期，如果信用证未规定，按惯例银行有权拒收迟于运输单据日期21天后提交的单据，但无论怎样，单据不得迟于信用证到期日提交。在我国实际业务中，运输单证的出单日期通常就是装运日期。受益人所提交的运输单证的装运日期不得迟于信用证的有效期。如交单地点在我国，通常要求信用证的交单日期在装运期限后15天内，以便受益人有足够的时间办理制单、交单议付等工作。

5. 对信用证金额和支付货币的审核

信用证规定的支付货币应与合同规定相同，金额一般应与合同金额相符。信用证金额是开证行承担付款责任的最高金额，因此，发票、汇票金额不能超过信用证金额，否则将被拒付。在大宗商品交易下，往往存在溢短装条款，在增减的范围之内，商品的总金额不能超过信用证的额度。

6. 对贸易术语的审核

价格条件应与合同规定相一致。如合同规定为 CFR 条件，而开来信用证却为 CIF 条件，同时要求出口方出具保险单。对于这样的信用证，如果代为投保没有其他问题，可以考虑代办保险，但必须提出在信用证中加注条款说明其保费可在信用证项下与货款一起收取；如果信用证总金额不够，应允许超证额支付或修改增额。

7. 货物描述是否与合同一致的审核

受益人在审核信用证时必须依据合同对信用证规定的货物描述的内容进行逐项审核。

①商品的品名、货号、规格规定与合同规定是否一致。

②数量规定与合同规定是否相符。

③货物的包装条款与合同规定是否相符。

④商品价格条款和贸易术语是否有误等。

信用证经常由于打错字，出现商品名称、规格等字母错误，严格地说都应该提出修改。如果不修改，单证只能将错就错地照样缮制，才能算单证一致，但在申请相应证书时可能会遇到麻烦。因此要尽量争取修改信用证，保证与合同的一致性。

8. 对运输和保险条款的审核

信用证的运输条款必须与合同规定相符，特别是对转运和分批装运要重点审查。*UCP 600* 第三十一条规定：允许分批装运。第三十二条规定：如信用证规定在指定的时间段内分期支款或分期发运，任何一期未按信用证规定期限支取或发运，信用证对该期及以后各期均告失效。

对于信用证内的保险条款应注意审查：

①信用证内规定的投保险别是否与合同相符。比如合同要求投保的是 "All Risks"，而信用证上却写成 "WPA"，这就是一个实质的不符点。

②信用证内规定的保险金额的幅度是否与合同的规定一致。比如一般情况下，合同上的保险条款写明按发票金额 110% 投保，但信用证上如果未标明加成 "10%" 或是标成 "20%" 等，则需要申请人改证。

③保险单证的出单日期是否迟于运输单证上注明的货物装船或发运或接受监督的日期。

9. 对信用证中要求交付的单据的审核

对证内要求交付的各种单证，要根据合同的原定条款及习惯做法进行审核。如果单据上加注的条款与我国有关政策相抵触或不能办到，应及时通知修改。

10. 对付款期限的审核

信用证的付款期限必须与买卖合同的规定一致。一般来说是在装运后一段时间进行议付，但如果合同或信用证中议付时间比较短，则可以要求申请人改证。

11. 信用证"软条款"的审核

所谓信用证"软条款"（Soft Clause），是指在不可撤销的信用证中加列的一种条款，这种条款可能会使开证申请人实际上控制了整笔交易，受益人处于受制于人的地位，而信用证项下开证行的付款承诺毫不确定、很不可靠，开证行可随时利用这种条款单方面解除其保证付款的责任。信用证业务中的"软条款"，在我国有时也称为"陷阱条款"（Pitfall Clause）。例如："The certificates of inspection would be issued and signed by authorized the applicant of L/C before shipment of cargo, which the signature will be inspected by issuing bank."（货物装运前，信用证的开证申请人授权签发检验证书并盖章，开证行签字审核）这就是典型的"软条款"，实际上是开证申请人控制了整笔交易。

另外，对于来证中的其他条款或不同国家的不同惯例的"特殊条款"，应格外认真并仔细审核，应特别注意有无歧视和不能办到的特殊要求。

在实际工作中，我们还应根据买卖合同条款，参照国际商会 *UCP 600* 的最新规定和解释，以及在贸易中的一些政策和习惯做法，逐条详细审核信用证。

知识链接

信用证里的四个时间

（1）开证日：指信用证上标明的开证日期，这个日期不是受益人收到证的日期。

（2）到期日：信用证的失效日期。如果卖方在这个日期之后发货，银行是不会给予结汇的。如果预计装船日期会延长，一定要求进口方改证，延长信用证的有效期。

（3）最迟装运期：装运的最后期限，这个期限一定要在信用证的有效期内。

（4）议付最晚期限：信用证里往往要求议付期不得晚于提单签发 15 天或是 21 天，但最晚议付时间也不能晚于信用证的有效期。

第五节　信用证操作实务

　　日本日慧公司（RIHUI CORPORATION）根据与拉夫美特公司（LIFEMATE IMPORT AND EXPORT TRADE CO., LTD）关于订购四门衣柜（家具编号为 KSHT–KSH–C017–SMYG）的合同开具了信用证。2019 年 2 月 24 日，中国银行大连分行通知拉夫美特公司收到日慧公司通过日本住友银行（Sumitomo Bank）开来的编号为 MD7358120NS00280 的信用证电开本。

扫码学习信用证
审核实训视频

　　信用证是依据合同申请的，所以信用证的相关内容必须与合同严格相符，如果有不符点，就应该要求进口方改证。信用证的内容如下：

```
2019 FEB.24 08：48：25                                 LOGICAL TERMINAL HKT3
MTS700      ISSUE OF A DOCUMENTARY CREDIT             PAGE00001
MSGACK DWS765I AUTH OK, KEY BO00091952005D80, BKCHCNBJ DIWAJP**RECORD
BASIC HEADER          F01 BKCHCNBJA810 1116774698
APPLICATION HEADER    0700 1647 991208 SUMITOMO 3779 254230 991208 1547 N
                      *SUMITOMO BANK, LTD., JAPAN
USER HEADER    SERVICE CODE        103：
               BANK, PRIORTY       113：
               MSG USER REF.       108：
               INFO. FROM CI       115：
SEQUENCE OF TOTAL     *27：        1／3
FORM OF DOC. CREDIT   *40A：       REVOCABLE
DOC. CREDIT NUMBER    *20：        MD7358120NS00280
DATE OF ISSUE         31C：        120224
EXPIRY                *31D：       DATE 190519 PLACE CHINA
APPLICANT             *50：        RIHUI CORPORATION JAPAN
                                   101–409, DEA–AH APT., 163, POONGN
                                   AB–DONG SONGPAGU, SEOUL, JAPAN
BENEFICIARY           *59：        LIFEMATE IMPORT AND EXPORT TRADE
                                   CO., LTD ROOM 3003 INTERNATIONAL
```

FINANCE BUILDING NO.98 RENMIN ROAD

ZHONGSHAN DISTRICT DALIAN

AMOUNT	*32B :	CURRENCY JPY AMOUNT 1848681.00
POS. / NEG. TOL. (%)	39A :	10 / 10
AVAILABLE WITH / BY	*41D :	ANY BANK BY NEGOTIATION
DRAFTS AT	42C :	AT SIGHT
DRAWEE	42D :	OURSELVES
PARTIAL SHIPMENTS	43P :	NOT ALLOWED
TRANSSHIPMENT	43T :	NOT ALLOWED
LOADING IN CHARGE	44A :	SHANGHAI, CHINA
FOR TRANSPORT TO	44B :	TOKYO, JAPAN
LATEST DATE OF SHIPMENT	44C :	190501
DESCRIPT. OF GOODS	45A :	LIFEMATE FOUR–DOOR WARDROBE
		KSHT–KSH–C0117–SMYG
		2.05m* 2.3m *0.68m/pc 15PCS
		PLATE–TYPE AND REAL WOOD DEEP
		COLOUR C.I.F.TOKYO

DOCUMENTS REQUIRED   46A :

    + SIGNED COMMERCIAL INVOICE IN 3 COPIES INDICATING REF NO. LMA1281 AND
THIS L/C NO.

    + DETAILED PACKING LIST IN 3 COPIES.

    + 3/3 SET OF CLEAN ON BOARD OCEAN BILLS OF LADING MADE OUT TO THE ORDER
OF SUMITOMO BANK AND ENDORSED IN BLANK AND MARKED "FREIGHT PREPAID" AND
"NOTIFY APPLICANT".

    +BENEFICIARY'S CERTIFICATE CERTIFYING THAT 1 SET OF ORIGINAL DOCUMENTS,
ONE COPY OF DETAILED PACKING LIST, ONE COPY OF ORIGINAL B/L AND ONE COPY
OF INVOICE HAVE BEEN SENT DIRECTLY TO APPLICANT BY DHL WITHIN 5 DAYS AFTER
SHIPMENT. DHL'S RECEIPT REQUIRD FOR NEGOTIATION.

    + INSURANCE POLICY OR CERTIFICATE IN TWO FOLD AND ENDORSED IN BLANK FOR
120 PCT OF FULL TOTAL INVOICE VALUE COVERING ALL RISKS, AS PER THE RELEVANT
OCEAN MARINE CARGO CLAUSE OF P.I.C.C.DATED JAN.1ST, 1981. WITH CLAIMS, IF ANY,
PAYABLE AT DESTINATION IN THE CURRENCY OF THE DRAFTS.

ADDITIONAL COND.   47A :

    + THE NUMBER AND AMOUNT IS 5% OF EXCESSIVE SHORT.

    + IF THE DOCUMENTS ARE NOT PROVIDE TO THE TERMS OF THE CREDIT RULES,

EACH DISCREPANT $60.

+ T. T. REIMBURSEMENT IS NOT ACCEPTABLE.

+ ONE COPY OF ALL DOCUMENTS MUST BE SENT TO ISSUING BANK' S RETENTION.

DETAILS OF CHARGES   71B：ALL BANKING CHARGES OUTSIDE JAPAN ARE

                                     BENEFICIARY' S ACCOUNT.

PRESENTATION PERIOD   48：DOCUMENTS TO BE PRESENTED WITHIN 5 DAYS

                                     AFTER THE DATE OF SHIPMENT， BUT WITHIN

                                     THE VALIDITY OF THE CREDIT.

CONFIRMATION   *49：   WITHOUT

信用证分析如表 2-4 所示。

表2-4　信用证分析

Tag 代号	Field Name 栏位名称	Content/Options 内容	修改后的内容
	APPLICATION HEADER 开证银行	SUMITOMO BANK，LTD.，JAPAN	—
27	SEQUENCE OF TOTAL 合计次序	1/3 总共有三页，这是其中的第一页	—
40A	FORM OF DOC. CREDIT 跟单信用证类别	REVOCABLE 一般开立的信用证为不可撤销信用证	IRREVOCABLE
20	Documentary Credit Number 信用证号码	MD7358120NS00280	—
31C	Date of Issue 开证日期	120224 2019 年 2 月 24 日	—
31D	Expiry 到期日及地点	DATE 190519 PLACE CHINA 2019 年 5 月 19 日在中国失效	—
50	Applicant 申请人	RIHUI CORPORATION JAPAN 101-409， DEA-AH APT., 163, POONGN AB-DONG SONGPAGU, SEOUL, JAPAN 进口方名称与地址	—
59	Beneficiary 受益人	LIFEMATE IMPORT AND EXPORT TRADE CO.， LTD ROOM 3003 INTERNATIONAL FINANCE BUILDING NO.98 RENMIN ROAD，ZHONGSHAN DISTRICT DALIAN 出口方名称与地址	—
32B	Amount 币别代号、金额	CURRENCY JPY AMOUNT 1848681.00 1848681 日元	—
39A	POS. / NEG. TOL.（%） 信用证金额增减幅度	10 / 10 增减 10%	—

Tag 代号	Field Name 栏位名称	Content/Options 内容	修改后的内容
41D	Available With... By... 向······银行押汇，押汇方式为······	ANY BANK BY NEGOTIATION 中国任何一家银行可议付	—
42C	Drafts at... 汇票期限	AT SIGHT 即期汇票	—
42D	Drawee 付款人	OURSELVES 信用证项下的付款人是开证行	—
43P	Partial Shipments 分批装运	NOT ALLOWED 不可分批装运	—
43T	Transshipment 转运	NOT ALLOWED 禁止转运	—
44A	Loading in Charge 装船 / 发运 / 接管地点	SHANGHAI，CHINA 上海	DALIAN
44B	For Transport to... 装运至······	TOKYO，JAPAN 日本东京	—
44C	Latest Date of Shipment 最后装运日	190501 2019 年 5 月 1 日前装运	—
45A	Descript. of Goods 货物描述	LIFEMATE FOUR-DOOR WARDROBE KSHT-KSH-C0117-SMYG 2.05m* 2.3m *0.68m/pc 15PCS PLATE-TYPE AND REAL WOOD DEEP COLOUR C.I.F.TOKYO 货号打印错误	KSHT-KSH-C017-SMYG
46A	Documents Required 应具备单证	+SIGNED COMMERCIAL INVOICE IN 3 COPIES INDICATING REF NO. LMA1281 AND THIS L/C NO. 手签发票3份，标明出参考号及信用证号。 +DETAILED PACKING LIST IN 3 COPIES. 详细的装箱单3份。 +3/3 SET OF CLEAN ON BOARD OCEAN BILLS OF LADING MADE OUT TO THE ORDER OF SUMITOMO BANK AND ENDORSED IN BLANK AND MARKED "FREIGHT PREPAID" AND "NOTIFY APPLICANT". 三份正本、三份副本全套清洁已装船海运提单，开证行指示，做成空白背书，通知开证申请人（申请人全称），标明运费已付。 +BENEFICIARY'S CERTIFICATE CERTIFYING THAT 1 SET OF ORIGINAL DOCUMENTS，ONE COPY OF DETAILED PACKING LIST，ONE COPY OF ORIGINAL B/L AND ONE COPY OF INVOICE HAVE BEEN SENT DIRECTLY TO APPLICANT BY DHL WITHIN 5 DAYS AFTER SHIPMENT. DHL'S RECEIPT REQUIRD FOR NEGOTIATION. 受益人证明：证明装运后5天内，将原产地证正本、明细装箱单副本、正本提单的复印件、商业发票副本已通过快递方式直接寄送给开证人，并附快件回执。	保险条款：合同中按110%投保，加保WAR RISKS

Tag 代号	Field Name 栏位名称	Content/Options 内容	修改后的内容
46A	Documents Required 应具备单证	+INSURANCE POLICY OR CERTIFICATE IN TWO FOLD AND ENDORSED IN BLANK FOR 120 PCT OF FULL TOTAL INVOICE VALUE COVERING ALL RISKS, AS PER THE RELEVANT OCEAN MARINE CARGO CLAUSE OF P.I.C.C.DATED JAN.1ST, 1981. WITH CLAIMS, IF ANY, PAYABLE AT DESTINATION IN THE CURRENCY OF THE DRAFTS. 两份保险单做成空白背书。按发票金额 120% 投保。投保一切险。相关条款的依据为 1981 年 1 月 1 日生效的中国人民保险公司海洋运输条款。如果存在索赔，在目的地按汇票货币支付	保险条款：合同中按 110% 投保，加保 WAR RISKS
47A	Additional Conditions 附加条件	+THE NUMBER AND AMOUNT IS 5% OF EXCESSIVE SHORT. 本信用证的数量和金额有 5% 的溢短。 +IF THE DOCUMENTS ARE NOT PROVIDE TO THE TERMS OF THE CREDIT RULES, EACH DISCREPANT $60. 如果提供的单证不符合信用证条款的规定，每个不符点 60 美金。 +T. T. REIMBURSEMENT IS NOT ACCEPTABLE 不允许 T/T 付款，一切结算费用由受益人支付。 +ONE COPY OF ALL DOCUMENTS MUST BE SENT TO ISSUING BANK'S RETENTION. 所有单证的副本必须留一份给开证行存档	—
71B	Details of Charges 费用	ALL BANKING CHARGES OUTSIDE JAPAN ARE BENEFICIARY'S ACCOUNT. 所有发生在日本以外的银行费用均由卖方负责	—
48	Presentation period 提示期间	DOCUMENTS TO BE PRESENTED WITHIN 5 DAYS AFTER THE DATE OF SHIPMENT, BUT WITHIN THE VALIDITY OF THE CREDIT. 交单日期不得晚于运输单证签发后 5 天，并在信用证有效期内	运输单证签发后 15 天交单
49	Confirmation 保兑指示	WITHOUT 不保兑	—

Summary: Letter of Credit

Definition of letter of credit

Uniform Customs and Practice for Documentary Credits, 2007 Revision, ICC Publication no. 600 describes the letter of credit as "credit means any arrangement, however named or described, that is irrevocable and thereby constitutes a definite undertaking of the issuing bank to honour a complying presentation."

In simple terms, banks act as intermediaries to collect payment from the buyer in exchange for the transfer of documents that enable the holder to take possession of the goods.

Documentary credits provide a high level of protection and security to both buyers and sellers engaged in international trade. The seller is assured that payment will be made by a party independent of the buyer so long as the terms and conditions of the credit are met. The buyer is assured that payment will be released to the seller only after the bank has received the title documents called for in the credit. However, it only assures payment to the beneficiary provided the terms and conditions of the credit are fulfilled. It doesn't guarantee that the goods purchased will be those invoiced or shipped. It is stipulated in *UCP 600* Article 5 that "Banks deal with documents and not with goods, services or performance to which the documents may relate."

The main characteristics of letter of credit

L/C is bank credit instead of commercial credit

The letter of credit is the written promise of a bank undertaken on behalf of a buyer to pay the seller the amount specified in the credit. That means if the documents presented by beneficiary constitute a complying presentation, the issuing bank must be in the first place to make payment to the beneficiary instead of the buyer.

L/C is a self-sufficient instrument

The letter of credit is opened on the basis of the sales contract signed between the seller and the buyer, and the contents of letter of credit should be in strict conformity with that of contract. But once the letter of credit is opened, it has nothing to do with the sales contract. As stipulated in *UCP 600* Article 4 "A credit by its nature is a separate transaction from the sale or other contract on which it may be based. Banks are in no way concerned with or bound by such contract, even if any reference whatsoever to it is included in the credit".

L/C is a typical sale of documents

The letter of credit is related only to the documents, not the goods or service. The bank will effect payment when the documents presented are in agreement with the letter of credit regardless of the goods or service. It does not guarantee that the goods purchased will be those invoiced or shipped. That is to say the banks are only concerned with the documents representing the goods instead of the underlying contracts.

The parties involved or may be involved in the operation of letter of credit

◆ Applicant, who is usually the importer.

◆ Issuing bank, which issues a credit at the request of an applicant or on its own behalf. It holds itself responsible for the payment of the goods.

◆ Advising bank, which is authorized by the issuing bank to transfer the letter of credit to the exporter. It is in the exporter' s country and usually the correspondent bank of the issuing bank. It is only responsible for the authenticity of the letter of credit.

◆ Negotiating bank, which purchases drafts (drawn on a bank other than the nominated bank) and/or documents under a complying presentation by advancing or agreeing to advance funds to the beneficiary. It can either or not be designated in the letter of credit. The negotiating bank and advising bank can be the same bank, as is to be decided by the letter of credit.

◆ Beneficiary, who is usually the exporter and is entitled to use the letter of credit for payment of the goods.

◆ Paying bank, which is designated by the letter of credit to pay the draft and/or reimburse the negotiating bank or nominated bank advancing or agreeing to advance funds to the beneficiary. In most cases, it is the issuing bank. It might also be some other banks, as when the currency used in the letter of credit is that of a third country, the paying bank can be a bank of that country. Once the paying bank has effected the payment, it can not claim it back by recourse.

◆ Nominated bank, with which the credit is available or any bank in the case of a credit available with any bank.

◆ Confirming bank, which adds its confirmation to a credit upon the issuing bank's authorization or request.

The main contents of letter of credit

◆ The parties involved, including the applicant, beneficiary, opening bank, advising bank, negotiating bank, paying bank, and the like.

◆ The remarks about the L/C, such as the No. of the L/C, the type of L/C, the date of issue, validity & place, etc.

◆ The currency and amount of credit.

◆ The clause of bill of exchange, such as the amount of the bill, the drawer and drawee, etc.

◆ The documents required, first the types of documents required such as commercial invoice, bill of lading, insurance policy, packing list, certificate of origin, and inspection certificate, etc. Also the required number of copies of the documents.

◆ Description about the goods, such as specifications, quantity, packing, unit price, trade terms, etc.

◆ Shipment clause, such as port of loading, port of destination, means of transport, shipment date...etc.

◆ Additional condition, such as the special provisions about the deal in accordance with particular business or political situations of the importing country.

◆ Banking charges clauses.

◆ Undertaking clauses of the opening bank, which testifies that the opening bank will hold itself responsible for the payment to the beneficiary or the holder of the draft.

SWIFT Letter of Credit

SWIFT, standing for the Society for Worldwide Inter-bank Financial Telecommunication which was born in 1973 at the centre of Brussels, supported only by 239 banks in 15 countries at its beginning, has over 7000 financial institutions in 192 countries. In Feb of 1983 Bank of China became one member of the SWIFT. It provides worldwide 24 hours a day, 7 days a week, assistance in more than 10 languages.

SWIFT provides messaging services to banks, broker-dealers and investment managers, as well as to market infrastructures (means here clearing and settling house) , international trade payments, securities, foreign exchange transactions, and so on.

To safely and efficiently transfer customer's message and settle the funds cover, SWIFT introduces a series of standard formats for a variety of financial messages. For example, MT100 is a customer transfer message which is used for a funds transfer instruction in which at least one of the end-parties' is a non-financial institution, MT400 is used to advise the payment to a collection, MT700 is to issue a documentary credit, indicating the terms and conditions of a documentary credit.

第三章　发票与包装单证

扫码获得本章PPT

【学习目标】

了解单证基本作用；掌握商业单证在外贸实际业务中的制作方法。

【重点难点】

1.商业发票的基本内容及制作方法

2.包装单证的基本内容及制作方法

第一节　发票

一、发票的含义和种类

发票是出口方对进口方开立的发货价目清单，它是装运货物的总说明，也是进出口双方交接货物和结算货款的凭证。就广义而言，发票包括商业发票（Commercial Invoice）、形式发票（Proforma Invoice）、领事发票（Consular Invoice）、样品发票（Sample Invoice）、厂商发票（Manufactures' Invoice）、收讫发票（Receipt Invoice）、详细发票（Detailed Invoice）、海关发票（Customs Invoice）等。

1. 商业发票

商业发票是出口商签发给进口商，证明将一定数量的货物销售给进口商的文件，其内容包括编号、签发日期、买卖双方的名称和地址、商品名称、规格型号、单价、数量、金额等。

2. 海关发票

海关发票是由出口商应进口国海关要求出具的一种单证，其基本内容与普通的商业发票类似，其格式一般由进口国海关统一制定并提供，主要用于进口国海关统计、核实原产地、核查进口商品价格的构成等。

3. 领事发票

领事发票是由进口国驻出口国的领事出具的一种特别印制的发票。这种发票证明出口货物的详细情况，进口国用其防止外国商品在本国的低价倾销，同时可将其用作进口税计算的依据，有助于货物顺利通过进口国海关。出具领事发票时，领事馆一般要根据进口货物价值收取一定费用。这种发票主要为拉美国家采用。

4. 形式发票

形式发票是由出口商向进口商提供的、供进口商申请进口许可证或进行进口货物申报的单证。一些发展中国家为管制进口、控制外汇支出及掌握进口来源地，要求进口商凭出口商提供的形式发票申请进口许可证。中国政府无此类规定。

5. 厂商发票

厂商发票是由厂商出具给出口商的销售货物的凭证。进口方若要求提供厂商发票，其目的是检查是否有削价倾销行为，以便确定是否应征收反倾销税。

6. 联合发票

联合发票是一种对中国港澳地区出口习惯使用的发票，其内容可包括商业发票、装箱单、产地证和保险单的内容，但商检证书不能包括在内。

二、发票制作与审核重点

1. 发票的出票时间

发票是所有商业单证中最早出具的，出票日期最好接近装运日期。目前我国各口岸议付行要求提前预审单证，所以要提前制单，但日期不宜距离装运日期太长。另外，商业发票日期要求不能晚于汇票日期和信用证的议付期。

2. 商品描述

商业发票中货物的描述必须与信用证中的描述相一致（在一切其他单证中，货物描述可使用与信用证中对货物的描述无矛盾的统称）。发票记载的商品详细清单中有多种同类商品时，尽量写出各种商品的名称，而不是只写统称。各商品名称与其对应的数量、价格及总价要在一个水平线上填制，避免错行、断行和堆积。

3. 单价

国际贸易的报价含四个部分，注意不能遗漏贸易术语。贸易术语可以缩写。无论单价还是总价，均保留两位小数。

4. 总价

总价包括大写与小写。大写往往以"TOTAL SAY"开头，以"ONLY"结尾。除非信用证另有规定，银行可拒绝接受其金额超过信用证允许金额的商业发票，因此，需注意发票金额是否在信用证可用金额范围内。

5. 数量

商品数量要与信用证商品数量保持一致。如果是大宗商品，其数量要在信用证溢短装条款要求的范围内。

6. 唛头

唛头要严格按照国际标准唛头制作，包括四个部分。如有需要，也可增加原产地证、信用证号码等内容。

7. 发票的落款

UCP 600 规定：发票无需签署，除非信用证另有规定。一般情况下公司盖章

即可。

需要说明的是，一切单证都可能存在一些非技术层面的失误，比如打错字、少字、错行、断行等，这些错误务必在制单过程中避免。而货物描述内容部分尤应谨慎，单价的标写要准确、清晰，多零、少零都会影响企业的利益和其能否安全收汇。

三、商业发票作用

商业发票可简称为发票，它是在发货时，出口方对进口方开立的发货价目清单以及对整个交易和装运货物的总体说明。出口方凭此向进口方索取货款。它全面反映合同内容，虽不是物权凭证，但是全套单据的中心，其他单证均要与其在内容上保持一致。商业发票的主要作用是供进口商凭发票核对货物的有关情况、收取货物，凭以支付货款和作为进出口商计账、报关纳税的依据。具体来说，其作用主要有以下五点。

（1）卖方给买方的发货凭证，是卖方重要的履约证明文件。

（2）便于进口人核对已装运的货物是否符合买卖合同的规定。

（3）是进出口双方凭以收付货款和记账的重要凭证。

（4）是进出口双方办理报关、纳税的重要依据。

（5）是索赔和理赔的重要凭证。

四、商业发票的基本内容与填制

商业发票是出口企业自行拟制的，没有统一的格式，但其基本栏目大致相同。发票在结构上分为首文、本文、结尾三部分。首文部分包括发票名称、号码、出口商的名称和地址、信用证和合同号码、发票抬头人、运输工具等。本文部分包括唛头、货物描述、单价和总值等。结尾部分包括有关货物产地等声明、发票制作人签章等。现以目前较通用的商业发票为例，介绍商业发票的基本内容和制作方法。

扫码学习商业发票内容与操作实务视频

1.出票人名称和地址

出票人的名称与地址在发票正上方表示。一般来说，出票人名称和地址是相对固定的，因此许多出口企业在制作单证时已将这一内容编入程序。

2.发票名称

一般在出口业务中使用的，由出口方出具的发票大多是商业发票，所以并不要求一定标出"Commercial"（商业）的字样，但一定要醒目地标出"Invoice"（发票）的字样。

3. 发票抬头人（To）

只有少数来证在发票条款中指出发票抬头人，多数来证不作说明。因此，习惯上将信用证的申请人或收货人的名称、地址填入这一栏。根据国际商会《跟单信用证统一惯例》的规定：除非信用证另有规定，商业发票的抬头必须做成开证申请人。

4. 发票号码（No.）

本栏由出口公司自行编制，一般采用顺序号，以便查对。同时也被作为相应的汇票号码。

5. 发票签发日期（Date）

UCP 600 规定：银行可以接受签发日期早于开证日期的发票。一般而言，在全套单证中，发票是签发日期最早的单证，尤其要注意，不应使发票签发日期迟于提单的签发日期，也不应晚于信用证规定的交单到期日。

6. 信用证号码（L/C No.）

当货款的支付使用信用证方式时，这一栏填写信用证号码。当货款的支付不使用信用证方式时，空白或删去这一栏。

7. 合同号（Contract No.）

发票的出具都有买卖合同作为依据，但买卖合同不都以"Contract"为名称，有时出现"S/C""Order""P.O."等。因此，当合同的名称不是"Contract"时，应将本栏目的名称修改后，再填写该合同的号码。

8. 起讫地点（From...To...）

按货物运输实际的起讫地点填写。如果货物需要转运，转运地点也应明确地表示出来。例如：货物从广州经香港转船至德国的法兰克福。这一栏填写如下：

From Guangzhou To Frankfurt Wia Hong Kong

9. 唛头（Shipping Marks）

凡信用证有关于唛头的规定，必须依照规定制唛，而且发票中的唛头应与提单、托运单证保持严格一致。它由收货人、目的地、件号和件数以及有关参考号码组成。例如：信用证规定由卖方制唛，则发票的唛头一栏可填：

LUISE CO.	收货人简称
ADEN	目的港
SC3498	合同号
CNTNO.1—188	件号

如果信用证未规定唛头，则出口人可自行设计；如果无唛头，则填写"N/M"。

10. 货物描述（Descriptions）

货物描述内容一般包括货物的名称、品质、规格、数量/重量、包装等内容。商品名称必须按照信用证原词填写，不得使用统称，除非信用证另有规定。如果货物有不同规格，或者规格价格不同，则各种规格的数量、重量应分别列出。货物以包装单位计价时，要表示货物包装单位的数量或件数。

UCP 600 规定：商业发票中对货物的描述必须符合信用证中的描述。而在所有其他单证中，货物的描述可使用统称，但不得与信用证中货物的描述有抵触。

11. 单价与总额（Unite Price and Amount）

价格内容在发票中由两个栏表述：单价、总额。单价又由四个部分组成：计价货币、计量单位、单位价格金额和价格术语。例如：USD（计价货币）12.50（单位价格金额）Per Piece（计量单位）CFR Athens（价格术语）。发票总金额通常是可以收取的价款，是发票上列明的单价与数量的乘积，其不得超过信用证规定的总金额。如果合同中包含佣金，而信用证未加规定，但其总金额中已扣除了佣金，则发票应能够反映扣佣的全过程，即同时表示出含佣价、佣金和净价。

12. 特殊条款（Special Terms）

特殊条款是指在相当多的信用证中，除了要求一般发票内容的条款外，要求在发票中证明某些事项的条款。在缮制发票时，可将上述内容打在发票的商品描述栏内。在实际业务中，常见的要求有：列明货物的 FOB 金额、运费以及保险费、布鲁塞尔税则号、注明货物的原产地是中国以及要求提供"证实发票"等。例如：

（1）The commercial invoice must certify that the goods are of Chinese origin.

（2）The commercial invoice should bear the following clause："We hereby certify that the contents of invoice herein are true and correct."

当发票在本栏采用了"We hereby certify that the contents of invoice herein are true and correct."等条款证明了本发票内容真实、正确时，必须将发票末端所印的"E. & O. E"划掉。"E. & O. E"是"Errors and Omissions Excepted"的缩写，即"有错当查"，指发票签发人事先声明，一旦发票有误，可以更正。

13. 签名（Signature）

一般由出口公司的法人代表或经办制单人员代表公司在此签名，并注明公司名称。发票无须签字。但当信用证要求"signed invoice"时，发票就需要签署；而要求"Manually signed invoice"时，该发票必须是手签。

第二节 包装单证

一、包装单证的含义与作用

包装单证（Packing Documents）是指一切记载或描述商品包装情况的单证，是商业发票的附属单证，也是货运单证中的一项重要单证。具体来说，包装单证是对商品的不同包装规格条件、不同花色和不同重量逐一详细列表说明的一种单证。它是买方收货时核对货物的品种、花色、尺寸、规格和海关验收的主要依据。另外，进口地海关验货、公证行检验、进口商核对货物时，都以包装单证为依据，以了解包装件号内的具体内容和包装情况。它是出口商议付结算时的必备单证。

扫码学习包装单据概述
与操作实务视频

二、包装单证的种类

包装单证的种类很多，主要有装箱单（Packing List / Packing Slip）、包装说明（Packing Specification）、详细装箱单（Detail Packing List）、包装提要（Packing Summary）、重量单（Weight List / Weight Note）、重量证书（Weight Certificate / Certificate of Weight）、磅码单（Weight Memo）、尺码单（Measurement List）、花色搭配单（Assortment List）。其中装箱单、重量单、尺码单比较多见。

1. 装箱单

载明装箱货物的名称、规格、数量、重量、唛头以及箱号、件数和包装情况等。如系定量箱装，每件包装货物都是统一的重量，则只需说明总件数、单件重量和合计重量；若系不定量包装，则必须提供尽可能详细的装箱内容，逐件列出每件包装货物的细节，包括商品的货号、花色搭配、毛净重、尺码等。

2. 重量单

除载明装箱单上的内容外，尽量清楚地标明商品每箱毛、净重及总重量，供买方参考。

3. 尺码单

侧重于说明每件货物的尺码和总尺码，即在装箱内容的基础上再重点说明每件、每个不同规格项目的尺码和总尺码。不是同一规格尺码的，要逐一列明。

一般情况下，根据商品的不同和信用证要求的不同，出口商要提供适当的包装单证。包装单的各项内容必须与其他单证一致，尤其是重量、件数或尺码等必须与提单一致，还要与实货相符。

三、装箱单的内容与填制

1. 装箱单名称（Packing List）

装箱单名称应按照信用证规定使用，通常用"Packing List""Packing Specification""Detailed Packing List"。如果来证要求用中性包装单（Neutral Packing List），则包装单名称打"Packing List"，但包装单内不打卖方名称，不能签章。

2. 编号（No.）

包装单可以有自己的编号，但是因为商业发票是核心单证，所以一般都用商业发票的编号作为包装单的编号，有的包装单上会直接出现商业发票编号栏。

3. 日期（Date）

出单日期可按发票日期填。包装单的缮制一般在发票之后，所以也可比发票日期晚，但不要晚于提单日期。

4. 合同号或销售确认书号（Contract No./ Sales Confirmation No.）

注此批货的合同号或者销售合同书号。

5. 唛头（Shipping Mark）

与发票一致，有的注实际唛头，有时也可以只注"as per invoice No. ×××"。在单位包装货量或品种不固定的情况下，需注明每个包装件内的包装情况，因此包装件应编号。在每个包装件内，一般尽可能详细地列出有关的包装细节，如规格、型号、色泽、内装量等。

6. 箱号（Case No.）

箱号又称包装件号码。在单位包装货量或品种不固定的情况下，需注明每个包装件内的包装情况，因此包装件应编号。例如：

Carton No. 1-5...

Carton No.6-10...

有的来证要求此处注明"CASENO.1—UP"，UP 是指总箱数。

7. 货号（Name of Commodity）

按照发票，与发票内容一致。

8. 货描（Description & Specification）

要求与发票一致。

货名如有总称，应先注总称，然后逐项列明详细货名，对应逐一注明每一包装件的货名、规格、品种。

9. 数量（Quantity）

应注明此箱内每件货物的包装件数。

例如"bag 10""drum 20""bale 50"，合同栏同时注明合计件数。

10. 毛重（Gr. Weight）

应注明每个包装件的毛重和此包装件内不同规格、品种、花色货物各自的总毛重（sub total），最后在合计栏处注总货量。信用证或合同未要求，不注亦可。如为"Detailed Packing List"，则此处应逐项列明。

11. 净重（Net Weight）

应注明每个包装件的净重和此包装件内不同规格、品种、花色货物各自的总净重（sub total），最后在合计栏处注总货量。信用证或合同未要求，不注亦可。如为"Detailed Packing List"，则此处应逐项列明。

12. 箱外尺寸（Measurement）

应注明每个包装件的尺寸。

13. 出票人签章（Signature）

由出具本单证的单位和负责人签字盖章，其应与发票的签章一致。如果信用证要求中性包装（Neutral packing）或规定中性包装单（"in white paper" or "in plain"等），本栏应空白不签章。

第三节　发票、箱单操作实务

拉夫美特公司（LIFEMATE IMPORT AND EXPORT TRADE CO., LTD ）根据与日本日慧公司（RIHUI CORPORATION）订购四门衣柜（家具编号为 KSHT-KSH-C017-SMYG）的合同及信用证，开立发票与箱单。发票与箱单如图 3-1、图 3-2 所示。

COMMERCIAL INVOICE

Seller: LIFEMATE IMPORT AND EXPORT TRADE CO., LTD Inv.No.: LMA1281

   ROOM3003 INTERNATIONAL FINANCE BUILDING Date: Apr.7, 2019

   NO.98 RENMIN ROAD ZHONGSHAN DISTRICT DALIAN, CHINA

Buyer: RIHUI CORPORATION 101-409, DEA-AH APT., 163,

   POONGN AB-DONG, SONGPAGU, SEOUL, JAPAN

From: Dalian China To: Tokyo Japan

Marks & Numbers Description of Commodity   **Amount**

LIFEMATE FOUR-DOOR WARDROBE

N/M   C.I.F.TOKYO

    KSHT-KSH-C017-SMYG

    2.05m*2.3m*0.68m/pc

    PLATE-TYPE AND REAL WOOD

    DEEP COLOUR

    15PCS JPY123245.4/PC   JPY18, 48, 681.00

    N.W. : 1238KGS G.W. : 1329KGS

     PACKED IN 75CTNS

   ORIGIN CHINA

图3-1　发票

PACKING LIST

Seller: LIFEMATE IMPORT AND EXPORT TRADE CO., LTD

    ROOM3003 INTERNATIONAL FINANCE BUILDING

    NO.98 RENMIN ROAD ZHONGSHAN DISTRICT DALIAN CHINA

Buyer: RIHUI CORPORATION 101-409, DEA-AH APT., 163,

    POONGN AB-DONG, SONGPAGU, SEOUL, JAPAN

From: Dalian China To： Tokyo Japan

Inv.No.: LMA1281

Date: Apr.7, 2019

Marks &Numbers Description of Commodity	Measurement

LIFEMATE FOUR-DOOR WARDROBE

N/M

    36.47 M^3

2.05m* 2.3m *0.68m/pc 15PCS

PLATE-TYPE AND REAL WOOD

DEEP COLOUR

15PCS   5CTNS

N.W. : 1238KGS   G.W. : 1329KGS

PACKED IN 75CTNS（15PALLETS）

ORIGIN CHINA

图3-2 箱单

Summary: Invoice and Packing List

Commercial Invoice

The definition of commercial invoice

Generally called "the invoice" for short, this document is the key accounting document describing the commercial transaction between the exporter and the importer. It is a document giving general description of the goods such as quality, quantity, unit price and total amount. It constitutes the basis on which other documents are to be prepared, and the bank checks the conformity between credit terms and documents and the conformity between documents themselves. Normally, invoice is issued by the exporter.

The function of the invoice

◆ It is the certificate issued by the exporter to certify that the goods have been forwarded to the importer.

◆ It is the accounting document for the exporter to charge the importer for the goods.

◆ It is the basis that the exporter and the importer go through customs formalities, on which the import/export tax is levied.

◆ It can take the place of draft as the means of settlement instrument if draft is not required in the L/C.

◆ It is the basic document for lodging a claim if there is some disputes arising between the importer and exporter.

The main contents of commercial invoice

◆ Issuer: which is usually the beneficiary under L/C or exporter of the contract.

◆ To: which is usually the applicant under L/C or importer of the contract.

◆ Transport details: which is usually including port of loading, port of discharge and means of transport.

◆ No.: referring to commercial invoice No. decided by the exporter.

◆ Date: referring to the date when the commercial invoice is made, which is usually the earliest date among all the shipping documents. Generally speaking it is later than date of issue of the credit and earlier than shipment date.

◆ S/C NO.: referring to contract No.

◆ L/C No.: referring to the number of letter of credit.

◆ Terms of payment: usually by L/C, D/P or T/T.

◆ Marks and numbers: if there is shipping marks mentioned in the relative L/C, the marks should be exactly the same as that mentioned in the credit. If there is no shipping marks mentioned in the relative L/C and there is no shipping marks on the outside of packing, N/M should be filled in this column.

◆ Number and kind of packages, description of the goods：usually including the number and kind of package, commodity name, specifications and some other details mentioned in the relative L/C.

◆ Quantity: referring to the goods are sold by metric tons, or kilos, or meters, or cubic meters, etc.

◆ Unit Price: including the currency, amount and unit of quantity and trade terms.

◆ Amount: the total amount is equal to quantity by unit price.

◆ Special condition: if there are some special conditions required in the L/C, the conditions related to the commercial invoice should be filled in.

◆ Signature: the issuer may sign in the right corner at the bottom if required by the L/C.

Packing List

Definition of packing list

Among the above mentioned packing documents, packing list is mostly used in international trade practice. Packing list details the packing of goods item by item such as each package containing the quantities of each item and serves as a supplementary document to the commercial invoice. It is made more convenient for the customs and the importer to check the goods upon arrival at the port of destination. The usual packing documents conclude packing list, detailed packing list, packing specification, specification list, size assortment list, assortment list, weight list and measurement list.

The function of packing list

Packing list is also a type of certificate of fulfillment, certifying that the exporter or shipper has packed the goods in accordance with the terms of contract or suitable for the transport mode so that the goods can arrive at the destination in perfect condition. On the other hand, packing list is necessary for carrier to arrange loading, unloading and transshipment during transportation.

The main contents of the packing list

There is no standard format for packing list, the contents of which can be quite different. All these depend on the characteristic of the goods the exporter and importer handling. For example, rice is usually packed in p.p. woven bag of 50kgs net each. That means the individual package contains the same quantity of goods and by the same packing material and same packing method. So the packing list for this kind of goods or similar goods will be quite simple, or we may call it short form packing list. Another example is garment. As we know, there are different styles, different colors and different sizes for garment. The packing list for this kind of items should detail the quantity of each style, of each color and of each size in individual package. Compared with the former one, this kind of packing list is very complicated, or we may call it long form packing list. Usually it includes the following elements:

◆ Issuer: which is usually the beneficiary under L/C or exporter of the contract.

◆ To: which is usually the applicant under L/C or importer of the contract.

◆ Transport details: which is usually including port of loading, port of discharge and means of transport.

◆ No.: referring to commercial invoice No. decided by the exporter.

◆ Date: referring to the date when the packing list is issued, which is usually the same as or a bit later than that of commercial invoice.

◆ S/C No.: referring to contract No.

◆ L/C No.: referring to the number of letter of credit.

◆ Terms of payment: usually by L/C, D/P or T/T.

◆ Shipping Marks: the standard shipping marks consist of the following four parts: abreviations of consignees, reference No., port of destination and package No..

Here is an example for shipping marks:

ARATRO

SC 768435

TRIPOLI

（LIBYA）

No. 1–60

Please note that in case the port of destination refers to more than one place, it should be followed by the name of its country.

◆ Number and kind of packages, description of the goods： usually including the number and kind of package, commodity name, which can be in general provided it is not inconsistent with the description in the L/C.

◆ The unit net weight and total net weight if required.

◆ The unit gross weight and total gross weight if required.

◆ The unit measurement and total measurement if required.

◆ Any other information： if there is some special conditions required in the L/C, the conditions related to the packing list should be filled in.

◆ Signature： the issuer may sign in the right corner at the bottom if required by the L/C.

第四章　货物运输与海运提单

扫码获得本章 PPT

【学习目标】

　　了解江海运输的流程；了解和掌握托运单证、海运提单的缮制方法。

【重点难点】

　　1. 托运单证的制作

　　2. 海运提单的制作

　　3. 托运流程

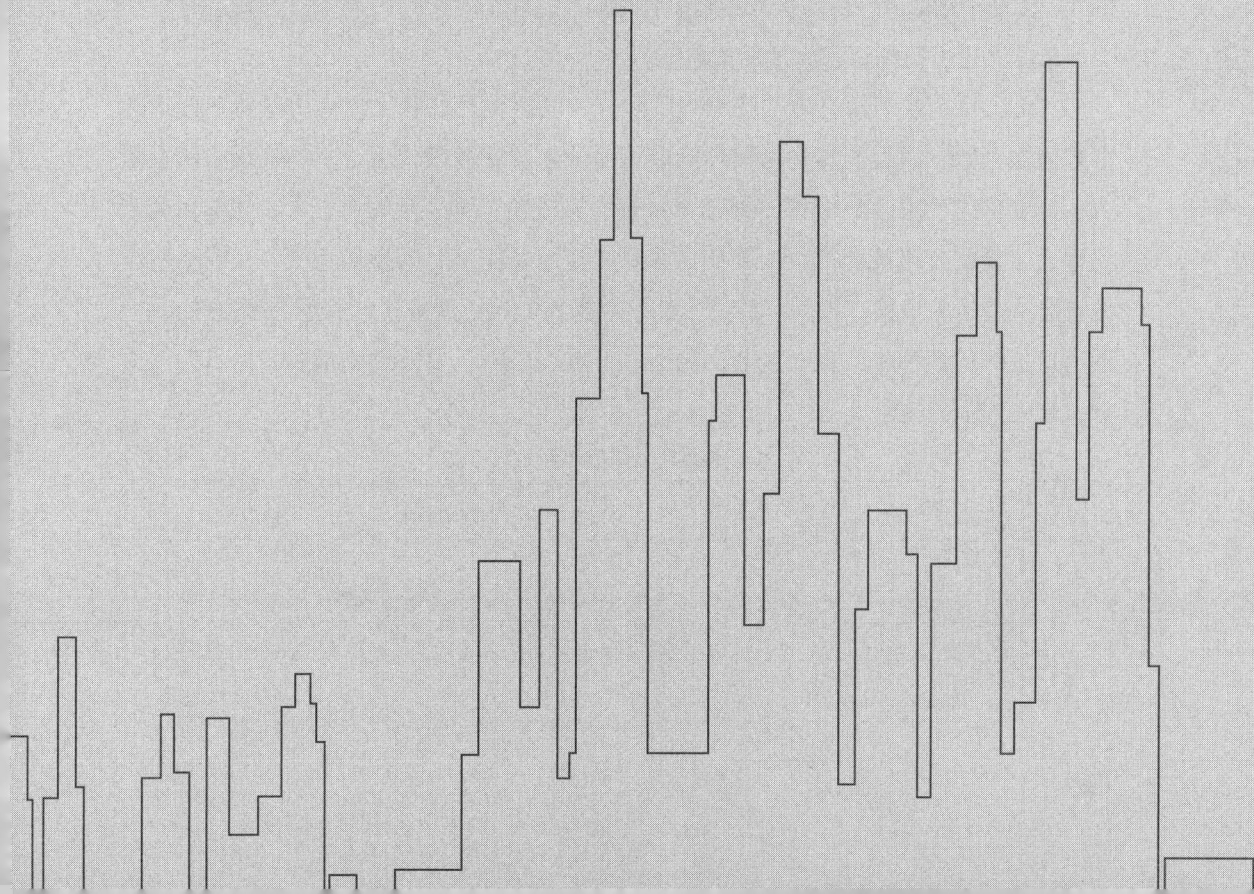

第一节　海运货物托运单证

托运指出口企业委托外运公司或其他有权受理对外货运业务的单位向承运单位及其代理办理货物的运输业务。如果出口货物数量大，需要整船运输，出口企业可委托其办理租船，如果出口数量不大，则可委托其代订班轮舱位或租定非班轮的部分舱位。

扫码学习托运概述视频

一、海运出口托运当事人

海运出口托运业务中涉及四个当事人，分别是发货人或托运人（Shipper）、收货人（Consignee）、货运代理人（Freight Forwarder）、承运人（Carrier）。发货人与收货人是货主，一般情况下是出口方与进口方。货运代理人是接受进出口货物收货人、发货人的委托，以委托人或自己的名义，为委托人办理国际货物运输及相关业务并收取一定的劳务报酬的人。承运人是指本人或者委托他人以本人名义与托运人订立货物运输合同的人，江海运输业务中的承运人多是船公司。

二、海运出口托运程序及相关单证

（1）出口企业填写订舱委托书。国际货物的运输往往从发货人委托货运代理人办理运输开始。发货人与货运代理确定运输价格及服务条件后，货物代理将给发货人一份空白的"托运委托书"，如表4-1所示，发货人如实填写委托书，盖章后交给代理人。货代公司接受货主的委托，并以"托运委托书"为操作指令，完成下一步的订舱、装运、报检、报关、装货、签单等操作。出口企业填写订舱位委托书，列明出口货物的名称、件数、包装、唛头、毛重、尺码、目的港和最后装运日期等内容，作为订舱的依据。

表4-1　托运委托书

经营单位 （托运人）		公司 编号	
提单 B/L 项目 要求	发货人： Shipper：		
	收货人： Consignee：		
	通知人： Notify Party：		

洋运费（√） Sea Freight	预付（　）或 到付（　） Prepaid or Collect		提单 份数		提单寄送 地　址	
起运港		目的港		可否转船		可否分批
集装箱预配数				装运期限		有效期限
标记唛码	包装 件数	中英文货号 Description of goods	毛重 （公斤）	尺码 （立方米）		成交条件 （总价）
内装箱（CFS）地址			特种货物 冷藏货 危险品	重件：每件重量		
				大件 （长×宽×高）		
门对门装箱地址			特种集装箱：（　）			
			资物备妥 日期	年　月　日		
外币结算账号			资物进栈：自送（　）或派送（　）			
声明事项			人民币结算 单位账号			
			托运人签章			
			电　话			
			传　真			
			联系人			
			地　址			
			制单日期：　年　月　日			

（2）出口企业或货代填写托运单。货代接受订舱委托后，缮制货物托运单，随商业发票、装箱单及其他必要的单证一同向船公司办理订舱。托运单（Shipping Note，S/N），有的地方称为"下货纸"，是托运人根据贸易合同和信用证条款内容填制的，向承运人或其代理办理货物托运的单证。承运人根据托运单内容，并结合船舶的航线、挂靠港、船期和舱位等条件考虑，认为合适后，即接受托运。该托运单一式十份，分别用于外轮代理公司留存、装货单、收货单、配舱回单、运费通知、托运人和外运公司留底等。海运出口托运单如图4-1所示。

THE NAME AND ADDRESS OF BENEFICARY

托运单　BOOKING NOTE

（1）收货人Consignee：

（2）通知人Notify：

（17）提单号B/L No.：

（18）船名VSL.：

（19）编号 NO.：

（20）日期 Date：

（21）起运地 Loading Port：

（22）装运地 Destination：

（3）标记　　（4）件数　　（5）货名　　（6）净重　毛重　（7）尺码
Shipping Marks：　Quantity：　Description of Goods：　N/W　G/W：　　Measurement：

（23）特殊条款Special Conditions：

（8）可否分批	（13）正本
（9）可否转船	（14）副本
（10）装船期限	（15）货存地点
（11）结汇期限	（16）运费缴付方式

（12）运费吨：　　　　运费率：　　　　运费金额：

NAME OF BENEFICIARY AND SIGNATURE

图4-1　海运出口托运单

（3）船公司或外轮代理公司签发配舱回单与装货单。外运公司收到托运单后，会同轮船公司或外轮代理公司，根据托运单内容，结合船舶的航线、挂靠港、船期和舱位等条件考虑，认为合适的，在托运单上签章，表示接受托运，至此订舱手续完成，运输合同成立。轮船公司或外轮代理安排船只和舱位后，向托运人（出口企业）签发装货单，货代在托运单的单证上编上与提单号码一致的编号，填上船名、航次，并签署，同时将船名、航次和装货日期通知托运人让其准备装运，再把配舱回单、装货单等与托运人有关的单证退给托运人。此后，托运人即可凭此装货单办理货物出口报关及装船手续。

装货单（Shipping Order，S /O）是接受了托运人提出装运申请的船公司，签发给托运人，凭以命令船长将承运的货物装船的单证，如图 4-2 所示。装货单既可作为装船依据，又是货主凭以向海关办理出口申报手续的主要单证之一。所以又称为"关单"。对托运人而言，装货单是办妥货物托运的证明；对船公司而言，装货单是通知船方接受装运该批货物的批示文件。

中 国 外 轮 代 理 公 司
CHINA OCEAN SHIPPING AGENCY
装 货 单
SHIPPING ORDER

托运人

Shipper_____

编号   船名

No._____ S/S_____

目的港

For_____

兹将下列完好状况之货物装船后希签署收货单

Receive on board the undermentioned goods apparent in good order and condition and sign the accompanying receipt for the same

标记及号码 Marks & Nos	件 数 Quantity	货 名 Description of Goods	重量公斤 Weight Kilos	
			净重 Net	毛重 Gross

共 计 件 数（大写）

Total Number of Package in Writing

_____

日期   时间

Date_____Time_____

装入何舱

Stowed_____

实收

Received_____

理货员签名   经办员

Tallied by_____Approved by_____

图4-2 装货单

（4）报关出口。托运人持船公司签署的装货单填制出口货物报关单、商业发票、装箱单等连同其他有关的出口单证向海关办理货物出口报关手续。

（5）海关查验放行。海关根据有关规定对出口货物进行查验，如同意出口，则在装货单上盖放行章，并将装货单退回给托运人。

（6）装船。承运船舶抵港前，外贸企业或外运机构根据港区所作的规划，将出口报关的货物存放于港区指定仓库。船抵港后，港区向托运人出具货物港杂费申请书后办理提货、装船。装船时，托运人持海关盖章的由船公司签署的装货单要求船长装货。

（7）装货后，由船上的大副签署大副收据，交给托运人。收货单（Mates Receipt，M/R）又称大副收据，是船长或大副签发给托运人的，用以证明货物收到并已装上船的凭证，如图 4-3 所示。大副根据理货员在理货单上所签注的日期、件数及舱位，并与装货单进行核对后，签署大副收据。大副在签署收货单时，会认真检查装船货物的外表状况、货物标志、货物数量等情况。如果存在货物外表状况不良、标志不清，货物有水渍、油渍或污渍等状况，数量短缺、货物损坏时，大副就会将这些情况记载在收货单上。这种在收货单上记载有关货物外表状况不良或有缺陷的情况被称为"批注"（remark），习惯上称为"大副批注"。有大副批注的收货单为"不清洁收货单"（foul receipt）；无大副批注的收货单则为"清洁收货单"（clean receipt）。清洁收货单换取的是清洁提单，不清洁收货单换取的是不清洁提单。因此，收货单是记载货物交接状况最早的证明。

（8）托运人持大副收据向船公司换取正本已装船提单。船公司凭大副收据签发正本提单并交给托运人凭以结汇。

货物装船后，外贸企业或外运机构将缮制好的海运提单交船公司或其代理，请求其签字。船公司或其代理审核海运提单所载内容与大副收据内容相符后，在提单上加注"已装船"和装船日期印章，签发清洁已装船提单（要求签发运费已付提单时，外贸企业或外运机构必须先向船公司或其代理缴付海运运费，然后才能从船公司或其代理取得海运提单）。

海运提单（Bill of Lading，B/L）是承运人或其代理人应托运人的要求所签发的货物收据（Receipt of Goods），在将货物收归其照管后签发，证明已收到提单上所列明的货物；也是承运人所签署的运输契约的证明。提单还代表所载货物的所有权，是一种货物所有权凭证（Document of Title）。提单持有人可据以提取货物，也可凭此向银行押汇，还可在载货船舶到达目的港交货之前进行转让，是承运人与托运人之间运输合同的证明。

中国外轮代理公司

CHINA OCEAN SHIPPING AGENCY

收货单

MATES RECEIPT

托运人

Shipper_____

编号 船名

No._____ S/S_____

目的港

For_____

兹将下列完好状况之货物装船后希签署收货单

Receive on board the undermentioned goods apparent in good order and condition and sign the accompanying receipt for the same

标记及号码 Marks & Nos	件　数 Quantity	货　　名 Description of Goods	重量公斤 Weight Kilos	
			净重	毛重
			Net	Gross

共计件数（大写）

Total Number of Package in Writing

_____

日期 时间

Date_____ Time_____

装入何舱

Stowed_____

实收

Received_____

理货员签名 大副

Tallied by_____ Chief Officer_____

图4-3　收货单

（9）发出"装船通知"。货物装船后，托运人即可向国外买方发出"装船通知"，以便对方准备付款、赎单、办理收货。如为 CFR 或 FOB 合同，由于保险由买方自行办理，及时发出"装船通知"尤为重要。

三、集装箱海运出口托运程序

1. 订舱

发货人根据贸易合同或信用证条款的规定，在货物托运前一定时间内填好集装箱货物托运单（Container Booking Note）委托其代理或直接向船公司申请订舱。

2. 接受托运申请

船公司或其代理公司根据自己的运力、航线等具体情况，同时考虑发货人的要求，决定接受与否，若接受申请就着手编制订舱清单，然后分送集装箱堆场（CY）、集装箱货运站（CFS），据以安排空箱及办理货运交接。

3. 发放空箱

通常整箱货货运的空箱由发货人到集装箱码头堆场领取，有的货主有自备箱；拼箱货货运的空箱由集装箱货运站负责领取。

4. 拼箱货装箱

发货人将不足一整箱的货物交至货运站，由货运站根据订舱清单和场站收据负责装箱，然后由装箱人编制集装箱装箱单（Container Load Plan）。场站收据如图4-4所示。

5. 整箱货交接

由发货人自行负责装箱，并将已加海关封志的整箱货运到集装箱堆场。集装箱堆场根据订舱清单，核对场站收据（Dock Receipt，D/R）及装箱单验收货物。

6. 集装箱的交接签证

集装箱堆场或集装箱货运站在验收货物和/或箱子后，在场站收据上签字，并将签署后的场站收据交还发货人。

7. 换取提单

发货人凭场站收据向集装箱运输经营人或其代理换取提单（Combined Transport Bill of Lading），然后去银行办理结汇。

8. 装船

集装箱装卸区根据装货情况制订装船计划，并将出运的箱子调整到集装箱码头前方堆场，待船靠岸后，即可装船出运。

实际操作过程要比上述步骤简单得多，其中大部分工作由运输代理完成。

	D/R No.（编号）
Shipper（发货人）	场站收据
Consignee（收货人）	Received by the Carrier the Total number of containers or other packages or units stated below to be transported subject to the terms and conditions of the carrier's regular form of Bill of Loading(for Combined Transport or port to Port Shipment) which shall be deemed to be incorporated herein. Date（日期）:
Notify Party（通知人）	
Pre carriage by（前程运输） Place of Receipt（收货地点）	
Ocean vessel（船名）Voy.No.（航次） Port of Loading（装货港）	场站章

Port of Discharge（卸货港）　Place of delivery（交货地点）	Final Destination for Merchant's References（目的地）

Container No.（集装箱号）	Seal No.（封志号）Mark & Nos.（标记与号码）	No.of Containers or P' kgs.（箱数或件数）	Kind of Packages；Description of Goods（包装种类与货名）	Gross Weight 毛重（公斤）	Measurement 呎码（立方米）
TOTAL NUMBER OF CONTAINERS OR PACKAGES（IN WORDS）集装箱数或件数合计（大写）					

Container No.（箱号）　Seal No.（封志号）　Pkgs.（件数）　Container No.（箱号）　Seal No.（封志号）　Pkgs.（件数）

	Received（实收） By Terminal clerk（场站员签字）		
FREIGHT & CHARGES	Prepaid at（预付地点）	Payable at（到付地点）	Place of Issue（签发地点）
	Total Prepaid（预付总额）	No. of Original B（s）/L（正本提单份数）	BOOKING（订舱确认）APPROVED BY

Service Type on Receiving □ –CY, □ –CFS, □ –DOOR	Service Type on delivery □ –CY, □ –CFS, □ –DOOR	Reefer Temperature Required（冷藏温度）	°F	℃
TYPE OF GOODS（种类）	□ Ordinary,（普通）　□ Reefer,（冷藏） □ Dangerous,（危险品）　□ Auto.（裸装车辆）	危险品	Glass：Property：IMDG Code Page：UN NO.	

图4-4　场站收据

知识链接

场站收据（Dock Receipt，D/R）

场站收据是由发货人或其代理人编制、由承运人签发的、证明船公司已从发货人处接收了货物，并证明那时货物形态的凭证，托运人据此向承运人或其代理人换取待装提单或装船提单。它相当于保守的托运单、装货单、收货单等一整套单证。

1. 场站收据十联单及其流转程序

场站收据十联单，其中，集装箱货物托运单两联：第一联，货主留底，第二联，船代留底；运费通知二联：第三联运费通知（1）和第四联运费通知（2）；第五联，装货单，即场站收据正本（1），包括交归入口港务费请求书附页；第六联，大副联，即场站收据正本（2）；第七联，场站收据正本（3）；第八联，货代留底；第九联、第十联，配舱回单（1）和（2）。

其流转程序：

（1）托运人填制集装箱货物托运单即场站收据一式十联，嘱托货运代理人代办托运手续。

（2）货运代理人接单后审核托运单，若能接受嘱托，将货主留底联（第一联）退还托运人备查。

（3）货运代理人持九联单到船公司或船公司的代理人处处分托运持舱手续。

（4）船公司或其代理人接单后审核托运，同意吸收托运，在第五联即装货单上盖签单章，确认订舱承运货物并加填船名、航次和提单号，留下第二至第四联共三联后，将余下的第五至第十联共六联退还给货运代理人。

（5）货运代理人留存第八联货代留底，缮制货物流向单及今后查询；将第九、十联退托运人作配舱回执。

（6）货运代理人根据船公司或其代理人退回的各联缮制提单和其他货运单证。

（7）货运代理人持第五至第七联共三联：装货单、大副联和场站收据正本，随同入口货物报关单和其他有关货物入口单证至海关办理货物入口报关手续。

（8）海关审核有关报关单证后，同意入口，在场站收据正本（1）即装货单上加盖放行章，并将各联退还货运代理人。

（9）货运代理人将此三联送交集装箱堆场或集装箱货运站，据此验收集装箱或货物。

（10）若集装箱在港口堆场装箱，集装箱装箱后，集装箱堆场留下装货单；若集装箱在货运站装箱，集装箱入港后，港口集装箱堆场留下装货单和大副收据联，并签发场站收据给托运人或货运代理人。

（11）集装箱装船后，港口场站留下装货单用作结算费用及将来查询，大副联交理货部门送大副留存。

（12）发货人或其货运代理人持场站签收的正本场站收据到船公司或其代理人处

办理换取提单手续，船公司或其代理人收回场站收据，签发提单。在集装箱装船前可换取船舶代理签发的待装提单，或在装船后换取船公司或船舶代理签发的装船提单。

2.场站收据七联单及其流转程序

目前，有的口岸，如大连口岸，使用了七联单：第一联，集装箱货物托运单，船代留底；第二联，装货单，场站收据正本；第三联，场站收据正本，大副联；第四联，场站收据正本；第五联，装箱理货留底；第六联，货代留底；第七联，配舱回单。

其流转程序：

（1）发货人（托运人）填制集装箱货物托运单（场站收据）一式七联，盖印后嘱托货运代理人代办托运手续。

（2）货运代理人带七联单到船公司或船公司代理处办理托运订舱手续。

（3）船公司或其代理人接单后审核托运单，同意接受托运，在第二联装货单上盖签单章，填上船名、航次、提单号，留下第一联船代留底，将其他六联退货运代理人。

（4）货运代理人盖印后，留下货代留底，将场站收据、装货单、大副联随同货物入口单证和入口货物报关单送海关报关。

（5）海关接单后审核有关单证，同意入口，在装货单上盖放行章，并将各联退还货运代理人。

（6）货运代理人将余下五联单送装箱的集装箱堆场或集装箱货运站，据此验收集装箱或集装箱货物。

（7）集装箱和货物送集装箱堆场或货运站后，装箱场站留下装箱理货联。

（8）装毕后的装箱送港口场站，场站签发场站收据，正本场站收据退还货运代理人，留下装货单和大副联，装货单用作结算费用及今后查询，大副联交理货部门送船上大副留存。

（9）货运代理人将场站签收后的场站收据正本送船公司或船代，装船前可换取船代签发的待装提单，装船后换取船公司或其代理人签发的已装船提单。

（10）货运代理人将提单和第七联配舱回单退给货主（托运人）。

第二节 海运提单

一、海运提单的含义

海运提单是国际班轮运输中一份非常重要的单证，同时也是一份重要的法律文件。根据《汉堡规则》和《中华人民共和国海商法》（以下简称《海商法》）的规定，提单是海上货物运输合同的证明，是证明货物已经由承运人接管或已装船的货物收据，是承运人保证凭以交付货物的物权凭证。

扫码学习提单概述视频

二、海运提单的作用

1. 货物收据

海运提单是承运人签发给托运人的收据，确认承运人已收到提单所列货物并已装船，或者承运人已接管了货物，已代装船。

2. 运输契约证明

海运提单是托运人与承运人的运输契约证明。承运人之所以为托运人承运有关货物，是因为承运人和托运人之间存在一定的权利义务关系，双方权利义务关系以提单为运输契约的凭证。

3. 物权凭证

海运提单是货物所有权的凭证。提单可以通过背书转让，谁持有提单，谁就有权要求承运人交付货物，并且享有占有和处理货物的权利。

三、海运提单分类

（一）按提单收货人的抬头划分

1. 记名提单（Straight B/L）

记名提单又称收货人抬头提单，是指提单上的收货人栏中已具体填写收货人名称的提单。提单所记载的货物只能由提单上特定的收货人提取，或者说承运人在卸货港只能把货物交给提单上所指定的收货人。如果承运人将货物交给提单指定以外的人，即使该人占有提单，承运人也应承担相应责任。这种提单失去了代表货物可转让流通的便利，但可以避免在转让过程中可能带来的风险。

使用记名提单，如果货物的交付不涉及贸易合同下的义务，则可不通过银行而由托运人将其邮寄至收货人，或由船长随船带交。这样，提单就可以及时送达收货人而不致延误。因此，记名提单一般只适用于运输展览品或贵重物品，在短途运输中使用较有优势，而在国际贸易中较少使用。

2. 不记名提单（Bearer B/L，Open B/L，Blank B/L）

提单上收货人一栏空白或注明"提单持有人"（Bearer）字样的提单。这种提单不需要任何背书手续即可转让，极为简便。承运人应将货物交给提单持有人，谁持有提单，谁就可以提货，承运人交付货物只凭单，不凭人。这种提单丢失或被窃后的风险极大，也极易引起纠纷，故国际上较少使用这种提单。另外，根据有些班轮公会的规定，凡使用不记名提单，在给大副的提单副本中必须注明卸货港通知人的名称和地址。

知识链接

提单背书

背书分为记名背书（Special Endorsement）和空白背书（Endorsement in Blank）。记名背书是指背书人（指示人）在提单背面写上被背书人的名称，并由背书人签名。比如，指示人是李红，提单受让人是刘军，做成记名背书形式是先写上刘军的名字，再写上李红的名字。空白背书是指背书人在提单背面不写明被背书人的名称，只签李红的名字。背书为记名背书时，承运人应将货物交给被背书人；背书为空白背书时，则只需将货物交给提单持有人。

3. 指示提单（Order B/L）

指示提单，是指提单上收货人一栏内载明"凭指示"（to Order）或"凭某人指示"（to the Order of）字样的提单。前者称为不记名指示（空白指示）提单，承运人应按托运人的指示交付货物；后者称为记名指示提单，承运人按记名的指示人的指示交付货物。

我国《海商法》第七十九条规定："记名提单：不得转让；指示提单：经过记名背书或者空白背书转让；不记名提单：无需背书，即可转让。"记名提单虽然安全，却不能转让，对贸易各方的交易不便，用得不多。记名提单不能通过背书转让，因此从国际贸易的角度看，记名提单不具有物权凭证的性质。不记名提单无需背书即可转让，任何人持有提单便可要求承运人放货，对贸易各方的风险较大，很少采用。

指示提单可以通过背书转让，适应了正常贸易需要，所以在实践中被广泛应用。

（二）按货物是否已装船划分

1. 已装船提单（Shipped B/L，On Board B/L）

已装船提单是指货物装船后由承运人或其授权代理人根据大副收据签发给托运人的提单。如果承运人签发了已装船提单，就是确认他已将货物装在船上。这种提单除载明一般事项外，通常还必须注明装载货物的船舶名称和装船日期，即提单项下货物的装船日期。

由于已装船提单对收货人及时收到货物有保障，所以在国际货物买卖合同中一般都要求卖方提供已装船提单。如信用证要求海运提单作为运输单证时，银行将接受注明货物已装船或已装指定船只的提单。

2. 收货待运提单（Received for Shipment B/L）

收货待运提单又称备运提单、待装提单，或简称待运提单。它是承运人在收到托运人交来的货物但还没有装船时，应托运人的要求而签发的提单。签发这种提单时，说明承运人确认货物已交由承运人保管并存在其所控制的仓库或场地，但还未装船。所以，这种提单未载明所装船名和装船时间，在跟单信用证支付方式下，银行一般都不肯接受这种提单。但当货物装船、承运人在这种提单上加注装运船名和装船日期并签字盖章后，待运提单即成为已装船提单。同样，托运人也可以用待运提单向承运人换取已装船提单。

（三）按提单上有无批注划分

1. 清洁提单（Clean B/L）

在装船时，货物外表状况良好，承运人在签发提单时未在提单上加注任何有关货物残损、包装不良、件数、重量和体积不符合要求，或其他妨碍结汇的批注的提单，称为清洁提单。

实践业务中，买方都希望在目的港收到完好无损的货物，因此都要求卖方提供清洁提单。*UCP 600* 第二十七条规定：清洁运输单证，是指货运单证上并无明显的声明货物及 / 或包装有缺陷的附加条文或批注的运输单证；银行只接受清洁运输单据。可见，在以跟单信用证为付款方式的贸易中，通常卖方只有向银行提交清洁提单才能取得货款。清洁提单是收货人转让提单时必须具备的条件，同时也是履行货物买卖合同规定的交货义务的必要条件。由此可见，承运人一旦签发了清洁提单，货物在卸货港卸下后，如发现有残损，除非是承运人可以免责的原因所致，承运人必须负责赔偿。

2. 不清洁提单（Unclean B/L，Foul B/L）

在货物装船时，承运人若发现货物包装不牢、破残、渗漏、玷污、标志不清等现象时，大副将在收货单上对此加以批注，并将此批注转移到提单上，这种提单称为不清洁提单，我国《海商法》第七十五条规定："承运人或者代其签发提单的人，知道或者有合理的根据怀疑提单记载的货物品名、标志、包数或者件数、重量或者体积与实际接收的货物不符，在签发已装船提单的情况下怀疑与已装船的货物不符，或者没有适当的方法核对提单记载的，可以在提单上批注，说明不符之处，怀疑的根据或者说明无法核对。"

（四）根据运输方式不同划分

1. 直达提单（Direct B/L）

直达提单又称直运提单，是指货物从装货港装船后，中途不经转船，直接运至目的港卸船交与收货人所使用的提单。直达提单上不得有"转船"或"在某港转船"的批注。凡信用证规定不准转船者，必须使用直达提单。提单背面条款印有承运人有权转船的"自由转船"条款者，不影响该提单成为直达提单的性质。

使用直达提单，货物由同一船舶直运目的港，对买方来说比中途转船有利得多，它既可以节省费用、减少风险，又可以节省时间、及早到货。因此，通常买方只有在无直达船时才同意转船。在贸易实务中，如信用证规定不准转船，则卖方必须取得直达提单才能结汇。

2. 转船提单（Transhipment B/L）

转船提单是指货物从起运港装载的船舶不直接驶往目的港，需要在中途港口换装其他船舶转运至目的港卸货所使用的提单。该提单上注明了"转船"或"在××港转船"字样。转船提单往往由第一程船的承运人签发。由于货物中途转船，增加了转船费用和风险，并影响到货时间，故一般信用证内均规定不允许转船，但直达船少或没有直达船的港口的情况下，买方也会被迫同意转船。

3. 联运提单（Through B/L）

联运提单是指货物须经过海运和其他运输方式联合运输时，由第一位承运人所签发的，包括全程运输并能在目的地凭以提货的提单。即联运的范围超过了海上运输界限，货物由船舶运送经水域运到一个港口，再经其他运输工具将货物送至目的港，先海运后陆运或空运，或者先空运、陆运后海运。当船舶承运由陆路或飞机运来的货物继续运至目的港时，货方一般选择使用船方签发的联运提单。

4. 多式联运提单（Multimodal Transport B/L，Intermodal Transport B/L）

多式联运提单主要用于集装箱运输，是指一批货物需要经过两种以上不同运输方式，其中一种是海上运输方式，由一个承运人负责全程运输，负责将货物从接收地运至目的地交付收货人，并收取全程运费所签发的提单。提单内的项目不仅包括起运港和目的港，还列明一程、二程等运输路线，以及收货地和交货地。

（五）按签发提单的时间划分

1. 倒签提单（Anti-dated B/L）

倒签提单是指承运人或其代理人应托运人的要求，在货物装船完毕后，以早于货物实际装船日期为签发日期的提单。当货物实际装船日期晚于信用证规定的装船日期，若仍按实际装船日期签发提单，托运人就无法结汇。为了使签发提单的日期与信用证规定的装运日期相符，以利结汇，承运人应托运人的要求，在提单上仍以信用证的装运日期填写签发日期，以免违约。

承运人或其代理人签发这种提单，尤其当倒签时间过长时，有可能承担货物运输延误的责任。特别是市场上货价下跌时，收货人可以以"伪造提单"为借口拒绝收货，并向法院起诉要求赔偿。

2. 顺签提单（Post-date B/L）

顺签提单是指在货物装船完毕后，应托运人的要求，由承运人或其代理人签发的一种特殊提单。该提单上记载的签发日期晚于货物实际装船完毕的日期。即托运人从承运人处得到的以晚于货物实际装船完毕的日期作为提单签发日期的提单。

3. 预借提单（Advanced B/L）

预借提单是指在货物尚未装船或尚未装船完毕的情况下，信用证规定的结汇期（信用证的有效期）即将届满，托运人为了能及时结汇，而要求承运人或其代理人提前签发的已装船清洁提单，即托运人为了能及时结汇而从承运人那里借用的已装船清洁提单。

当托运人未能及时备妥货物或船期延误，船舶不能按时到港接受货载，估计货物装船完毕的时间可能超过信用证规定的结汇期时，托运人往往先从承运人那里借出提单用以结汇，当然必须出具保函。签发这种提单，承运人要承担更大的风险，可能构成承、托双方合谋对善意的第三者收货人进行欺诈。

签发倒签或预借提单，对承运人的风险很大，承运人必须承担由此引起的一切责任，尽管托运人往往向承运人出具保函，但这种保函同样不能约束收货人。比较而言，签发预借提单比签发倒签提单对承运人的风险更大，因为预借提单是承运人在货物尚未装船或者装船还未完毕时签发的。

4. 过期提单（Stale B/L）

过期提单有两种含义，一是指出口商在装船后延滞过久才交到银行议付的提单。按 UCP 600 的规定：如信用证无特殊规定，银行将拒收在运输单证签发日期后超过21 天才提交的单证。在任何情况下，交单不得晚于信用证到期日。二是指提单晚于货物到达目的港。近洋国家的贸易合同一般都有"过期提单也可接受"（Stale B/L is acceptance）的条款。

四、海运提单的内容

1. 托运人（Shipper）

托运人是指委托运输的人，在贸易中是合同的卖方。提单"Shipper"栏内一般填卖方的名称。当然，托运人也可以是卖方以外的第三者，UCP 600 规定，除非 L/C 另有规定，银行将接受表明以 L/C 受益人以外的第三者作为发货人的运输单证。目前，实务中许多货代公司将自己公司名称填写在这一栏中。

扫码学习提单内容及缮制视频

2. 收货人（Consignee）

这一栏的填写和托运单"收货人"一栏的填写完全一致，应严格按照信用证的有关规定填写。一般来说，提单收货人栏有三种填法，分别是指示式、记名式、不记名式。

（1）指示式：这种方式最普遍，多数信用证也使用这种方式。指示式又分为空白指示式和记名指示式。

空白指示式即在本栏填"To order"，然后在提单背面由发货人签字盖章进行背书。

记名指示式又分为发货人指示式、银行指示式和收货人指示式三种。

发货人指示式即在本栏填"To order of shipper"，但发货人必须在提单背面背书，可以空白背书，也可以记名背书，如何背书应按信用证或合同规定办。

银行指示式则在本栏填"To order of ××× Bank"。

收货人指示式则在本栏填"To order of ××× Co., Ltd."。

银行指示式和收货人指示式，发货人均不需背书。

发货人指示式和银行指示式较多见，而收货人指示式则少见。因为开证行付款后，其物权不掌握在银行手中，而是掌握在收货人手中，因此开证行不愿意接受收货人指示式的做法。

（2）记名式：在本栏直接填入名称，如填"CDMA Co., Ltd."。发货人不需背书，也无指示字样，而是特定"CDMA Co., Ltd."公司为收货人。目前这种做法较少见，因为记名式除收货人本人以外，提单是不能自由转让的，承运人只能将货交给特定人。因此开证行不愿接受此种做法。

（3）不记名式：即在本栏留空不填，或填入"To bearer"（来人抬头）。即谁持有该提单，其物权即归谁。不记名式提单可以转让，是仅凭交付即可转让，不需背书或任何转让手续。所以这种风险比较大，目前国际上很少使用。

3. 被通知人（Notify Party, Notify address）

因为提单的收货人栏经常是指示式，甚至是不记名式，船方无法通知实际收货人，所以提单设立"被通知人"栏，以便船方在货到目的港后能及时给收货人的代理人发出到货通知，使其按时办理有关手续。所以被通知人就是收货人的代理人。被通知人栏须提供详细地址，即使信用证未规定详细地址，为了单证一致，提单正本按信用证规定的无地址的被通知人填制，但其副本一定要加注详细的地址，被通知人的地址应该是目的港的地址。信用证规定的被通知人后如有"only"一词，提单亦应照打，不能省略。如果通知人与收货人一致，则填写"THE SAME AS CONSIGNEE"。

4. 船名航次（Ocean Vessel Voy.No.）

如果货物需转运，填写第二程船的船名和航次；如果货物不需转运，填写实际运输船舶的船名和航次。

5. 装货港（Port of Loading）

如果货物需转运，填写中转港口名称；如果货物不需转运，填写装运港名称。

6. 卸货港（Port of Discharge）

填写卸货港（指目的港）名称。

7. 交货地点（Place of Delivery）

填写最终目的地名称。如果货物的目的地是目的港的话，空白这一栏。

8. 正本提单份数（Number of original B/L）

此栏显示的是船公司为承运此批货物所开具的正本提单的份数，一般是1~3份。标注"original"字样的是正本提单，"copy"字样的是副本提单。如果信用证对提单正本份数作出规定，则应与信用证规定一致。例如：信用证中有如下要求：FULL SET OF ORIGINAL CLEAN ON BOARD MARINE BILLS OF LADING MADE OUT TO ORDER, ENDORSED IN BANK MARKED... 这里的 FULL SET 理解为全套，即三份正本，三份副本。也有的信用证直接写"3/3 SET OF ORIGINAL CLEAN ON BOARD

MARINE BILL OF LADING..." 分子表示的是正本数，分母表示的是副本数。

9. 标记与号码（Marks & Nos.）

该栏填写唛头，应与商业发票上的唛头完全一致。如果无唛头，填写"N/M"。

10. 件数和包装种类（Number and Kind of Packages）

本栏主要包括数量和包装单位，严格按照信用证规定填写。提单项下商品的包装单位不止一种时，应分别表示。如 150 箱，其中包括 100 木箱和 50 纸箱，可表示如下：

100 wooden cases

50 cartons

―――――――――――――――

150 packages

11. 货名（Description of Goods）

商品名称填写应与托运单完全一致，不得有任何增减。在使用文字上要求严格按信用证要求。

12. 毛重（Gross Weight）

填写毛重，其内容应与托运单保持完全一致。如果是裸装货物，没有毛重只有净重时，在净重前加注："N.W.（Net Weight）"。

13. 尺码（Measurement）

该栏填写货物的体积，即货物的实际尺码，以立方米为计算单位，小数点以后保留三位，其内容应与托运单保持一致。

14. 运费条款（Freight Clause）和已装船字样（On Board）

在各种类型的提单中，都有运费计算这一栏目，一般有运费预付（Freight Prepaid）和运费到付（Freight Collect）。使用哪一种应根据价格术语来确定。当使用 CIF 或 CFR 时，应选择运费预付；当采用 FOB 时，应采用运费到付。一般在货物描述下方表明运费条款和已装船字样（Shipped On Board）。

15. 大写合计数（Total Package）

按照第十栏的大写件数填写。

16. 运费和费用（Freight and Charges）

一般没有必要将运费具体的费率和运费金额列出，除非信用证有特别规定。本栏多数为空白。

17. 提单号（B/L No.）

提单一般按照装货单上的编号（关单号）填写，由代表船公司名称的四位字母和代表该航次、该序号的八位数字组成。一旦货物装上船，该关单号就是提单号。提单号是查询、操作、核查、归档必不可少的一项重要内容。

18. 签发地点和日期（Place and date of issue）

UCP 600 规定：提单上没有预先印就"已装船"（Shipped on board...）字样的，必须在提单上加注装船批注（On board notation）。已装船提单的签发日期视为装运日期。

19. 代表承运人签字（Signed for or on behalf of the carrier）

UCP 600 第二十条规定：海运提单应由承运人或代表承运人的具名代理人签署证实，或由船长或代表船长的具名代理人签署证实。同时规定：承运人或船长的任何签署或证实，必须视情况可识别其为承运人或船长。代表承运人或船长签署或证实的代理人还必须表明被代理一方（即承运人或船长）的名称和身份。

例如：承运人（PACIFIC INTERNATIONAL LINES LTD）本人签发提单应签署：PACIFIC INTERNATIONAL LINES LTD AS CARRIER。

代理人（FAN CHENG INTERNATIONAL TRANSPORTATION SERVICE CO., LTD）代签提单应签署：FAN CHENG INTERNATIONAL TRANSPORTATION SERVICE CO., LTD AS AGENT FOR PACIFIC INTERNATIONAL LINES LTD AS CARRIER。

载货船长（James Brown）签发提单应签署：CAPTAIN James Brown AS MASTER。

海运提单如表 4-2 所示。

表4-2　海运提单

海运提单（正面）

托运人 Shipper		B/L No. 中国对外贸易运输总公司 港到港提单 PORT TO PORT BILL OF LADING	
收货人或指示 Consignee		**RECEIVED** the foods in apparent good order and condition as specified below unless otherwise stated herein.THE Carrier,　in accordance with the provisions contained in this document, 1）undertakes to perform or to procure the performance of the entire transport form the place at which the goods are taken in charge to the place designated for delivery in this document,　and　2）assumes liability as prescribed in this document for such transport One of the bills of Lading must be surrendered duty indorsed in exchange for the goods or delivery order	
通知地址 Notify Address			
海运船只 Ocean Vessel Voy.No.	装货港 Port of Loading		
卸货港 Port of Discharge	交货地点 Place of Delivery	运费支付地 Freight Payable at	正本提单份数 Number of Original B （s）/L

续表

标志和号码 Marks and Nos.	件数和包装种类 Number and Kind of Packages	货名 Description of Goods	毛重（公斤） Gross Weight（kgs.）	尺码（立方米） Measurement（m³）

以上细目由托运人提供

ABOVE PARTICULARS FURNISHED BY SHIPPER

运费和费用 Freight and charges	IN WITNESS whereof the number of original bills of Lading stated above have been signed, one of which being accomplished, the other（s）to be void.
	签单地点和日期 Place and Date of Issue
	代表承运人签字 Signed for or on behalf of the Carrier 　　　　　　　　　　　　　　代　理 　　　　　　　　　　　　　　as Agents

第三节 海运提单操作实务

拉夫美特公司（LIFEMATE IMPORT AND EXPORT TRADE CO., LTD）根据与日本日慧公司（RIHUI CORPORATION）订购四门衣柜（家具编号为 KSHT-KSH-C017-SMYG）的合同、发票和装箱单的相关内容填写订舱委托书与海运提单，订舱委托书和海运提单如表4-3、表4-4所示。〔注：拉夫美特公司委托大连忠进国际货运代理公司（简称忠进）代为预订运输船只。货物于2019年4月12日装上了 FEILONG V.0726E 号船并由承运人中国远洋运输公司签发三份正本提单，提单号为：COHEQYH618PB811 〕。

扫码学习提单
操作实务视频

表4-3 订舱委托书

订舱委托书

Shiper **LIFEMATE IMPORT AND EXPORT TRADE CO., LTD** **ROM3003 INTERNATIONAL FINANCE BUILDING** **NO.98 RENMIN ROAD ZHONGSHAN DISTRICT DALIAN CHINA**	TO：忠进 请配4月12日 1x17'
Consignee **TO THE ORDER OF SUMITOMO BANK**	出保单 保额：2,054,090.00JPY （保险条款是 L/C）
Notify Party **RIHUI CORPORATION 101-409, DEA-AH APT., 163, POONGN AB-DONG, SONGPAGU, SEOUL, JAPAN**	TKS！
Ocean Vessel Voy.No. Port of Loading **DALIAN CHINA**	Apr.7, 2019
Port of Discharge Place of delivery **TOKYO JAPAN**	

Container No.   Seal No.   No. of containers   kind of packages;   Gross Weight   Measurement
         Mark & Nos.   of p' kgs   description of goods
         N/M   **LIFEMATE FOUR-DOOR WARDROBE**
              75CTNS   **1329KGS 36.47 M³**
 	
              FREIGHT PREPAID

TOTAL NUMBER OF CONTAINERS OR PACKAGES (INWORDS) SAY   **SEVENTY-FIVE CTNS ONLY**

注：我公司产品：四门衣柜 HS 编码：44129923 拖车请于4月9日（货已好）到厂（外拖）

表4-4 海运提单

海运提单

Shipper **LIFEMATE IMPORT AND EXPORT TRADE CO., LTD ROM3003 INTERNATIONAL FINANCE BUILDING** **NO.98 RENMIN ROAD ZHONGSHAN DISTRICT DALIAN CHINA**		B/L NO. **COHEQYH618PB811** 中国远洋运输公司 CHINA OCEAN SHIPPING COMPANY Cable：0001　　Telex：33200 CSCO CN Port–to–Port or Combined Transport **BILL OF LADING**　*ORIGINAL*		
Consignee **TO THE ORDER OF SUMITOMO BANK**		RECEIVED in external apparent good order and condition. Except otherwise noted the total number of containers or units shown in this Bill of Lading receipt. Said by the shipper to contain the goods described above which description the carrier has no reasonable means of checking and is not part of the Bill of Lading. One original Bill of Lading should be surrendered except clause 22 paragraph 5 in exchange for delivery of the shipment. Signed by the consigned or duly endorsed by the holder in due course. Whereupon the other original（s）issued be void. In accepting this Bill of Lading. The Merchants agree to be bound by all the terms on the face and back hereof as if each had personally signed this Bill of Lading. 　　　Final Destination See Article 7.paragraph（2）		
Notify Party **RIHUI CORPORATION 101–409， DEA–AH APT.， 163， POONGNAB–DONG SONGPAGU， SEOUL， JAPAN**				
Pre–carriage by	Place of Receipt			
Ocean Vessel Voy.No. **FEILONG V.0726E**	Port of Loading **DALIAN** **CHINA**			
Port of Discharge **TOKYO JAPAN**	Place of Delivery	Final Destination of the goods– not the ship		

Container No. **JWD2938** **67561467** **45** **CY/CY**	Seal No. Marks & Nos. **N/M**	Kind of Package： Description of Goods	Gross Weight	Measurement
		LIFEMATE FOUR–DOOR WARDROBE **75CTNS** **SHIPPER'S LOAD， COUNT&SEAL SAID** **TO CONTAIN** **FREIGHT PREPAID**	**1329KGS**	**36.47 M³**

TOTALNUMBER OF CONTAINERS OF PACKAGES （IN WORDS）	**SAY SEVENTY– FIVE CTNS ONLY**					
Freight & Charges	Revenue Tons	Rate	Per	Prepaid		Collect
Ex.Fisto	Prepaid at	Payable at		Place And Date Of Issue		
	Total prepaid in	No. of Original B（s）/L **THREE**		Signed For The Carrier 中国大连外轮代理有限公司 **CHINA OCEAN SHIPPING AGENCY** **（DALIAN）CO.,LTD** ######		

LADEN ON BOARD THE VESSEL

DATE　**Apr.12，2019**　　　　By

（COSCO STANDARD FORM 07）　（TERMS CONTINUED ON BACK HEREOF）

Summary: Bill of Lading

Definition of a bill of lading

A bill of lading, which is usually short for B/L, is a transport document issued and singed by the shipping company or his agent (the carrier) and given to the shipper acknowledging that goods have been received for shipment to a particular destination and stating the terms on which the goods are to be carried. When the goods are transported by ship, marine bill of lading is one of the most important shipping documents.

A marine bill of lading is a transport document covering port–to–port shipments of goods (for carriage of goods solely by sea).

The main characteristics of a bill of lading

A receipt of goods

A bill of lading serves as a receipt for goods shipped, acknowledging that the goods have been received in said quality, quantity and in apparent good order for the purpose of loading on board a vessel.

A contract of carriage

A bill of lading is a contract of carriage made between the carrier and the shipper. The detailed provisions will be made on the reverse of the document which stipulates the rights and responsibilities of the two parties.

A title document

A bill of lading is a title document in the sense that the legal owner of the bill of lading is the legal owner of the goods. The carrier will only release the goods against surrendering the original bill of lading. When a bill of lading is transferred, the ownership over the goods has also been transferred.

The main parties involved in the bill of lading

Carrier

The carrier is a shipping company who can either be the owner of the ship or the hirer of vessel.

Shipper

The shipper is also called the consignor who dispatches the goods to the carrier. He can either be the exporter or the importer. However, under letter of credit, the shipper is usually the beneficiary.

Consignee

The consignee is the party who has the right to take delivery of the goods at the stated destination.

Notify party

As the importer is seldom shown to be the consignee, information of the notify party will be required. The notify party is the person whom the shipping company will notify on arrival of the goods, usually he is the importer or his agent.

The main contents of the bill of lading

◆ B/L NO.: the number arranged by the carrier or its agent in the order of the goods received.

◆ Shipper/consigner: usually the beneficiary under L/C. If a credit calls for a third party as a shipper, it must be completed as stipulated in the Credit. It is the seller under Collection.

◆ Consignee: there are three alternatives, demonstrative order, restrictive order and bearer order. Among these three alternatives, the "to order" bill of lading is often used in international trade practice.

◆ Notify party: the notify party is usually the consignee's agent with full name and address as stipulated in the credit. If not stipulated in a credit, this item can be left blank in order to keep documents and the credit identical, and the copy rendered to shipping company must bear the applicant's complete name, address and telephone number, etc.

◆ Ocean vessel Voy. No.: the name of the vessel by which the goods are shipped as well as the number of voyage.

◆ Port of loading: the name of the port where the goods are loaded on board.

◆ Port of discharge: the name of port where the goods are unloaded from the vessel.

◆ Place of delivery: the final destination. Left blank if the bill of lading is used as port to port bill of lading.

◆ Marks and Nos: as stipulated in a credit or according to the contract. It should be identical to the invoice and other documents. In case of no such a stipulation, write " NO MARKS" (N/M).

◆ Number of containers or Pkgs: the same as packing list.

◆ Kind of packages, description of goods: as stipulated in the credit or according to the contract. Commodity name can be in general terms.

◆ Gross weight: total gross weight denoted by kilograms. If it is naked package, net weight should be marked.

◆ Measurement: as to total volume of the goods, three digits after decimal point are needed.

◆ Total: total number of the containers and packages (in capital letters).

◆ Freight & charges: write "FREIGHT PAID" or "FREIGHT PREPAID" under the term CIF and CFR, write " FREIGHT COLLECT" under the term FOB and FAS. When the voyage chartered, write "AS ARRANGED".

◆ Freight payable at: the name of the port of destination under the term FOB or the name of the port of loading under the terms CFR/CIF.

◆ Place and date of issue: the place of issue should be the loading place and the date of issue is the date of shipment, not later than the latest date stipulated in a credit or contract.

◆ Number of original B/Ls: two or three original bills of lading issued by carrier are needed, sets are indicated in capital letters.

◆ Signed for the carrier: the signature may be handwriting, seal, perforation, stamp, symbol or in any other mechanical or electronic way if not violating the law of the issuing country.

◆ On board notations: date and signature which are either pre-printed wording or are stamped on the bill of lading when the B/L is signed by the carrier.

第五章　报检单证

扫码获得本章 PPT

【学习目标】

　　了解出入境检验检疫项目及其报检程序；掌握各种检验证书的基本内容及制作方法。

【重点难点】

　　1. 报检程序

　　2. 报检单及检验证书的内容及制作

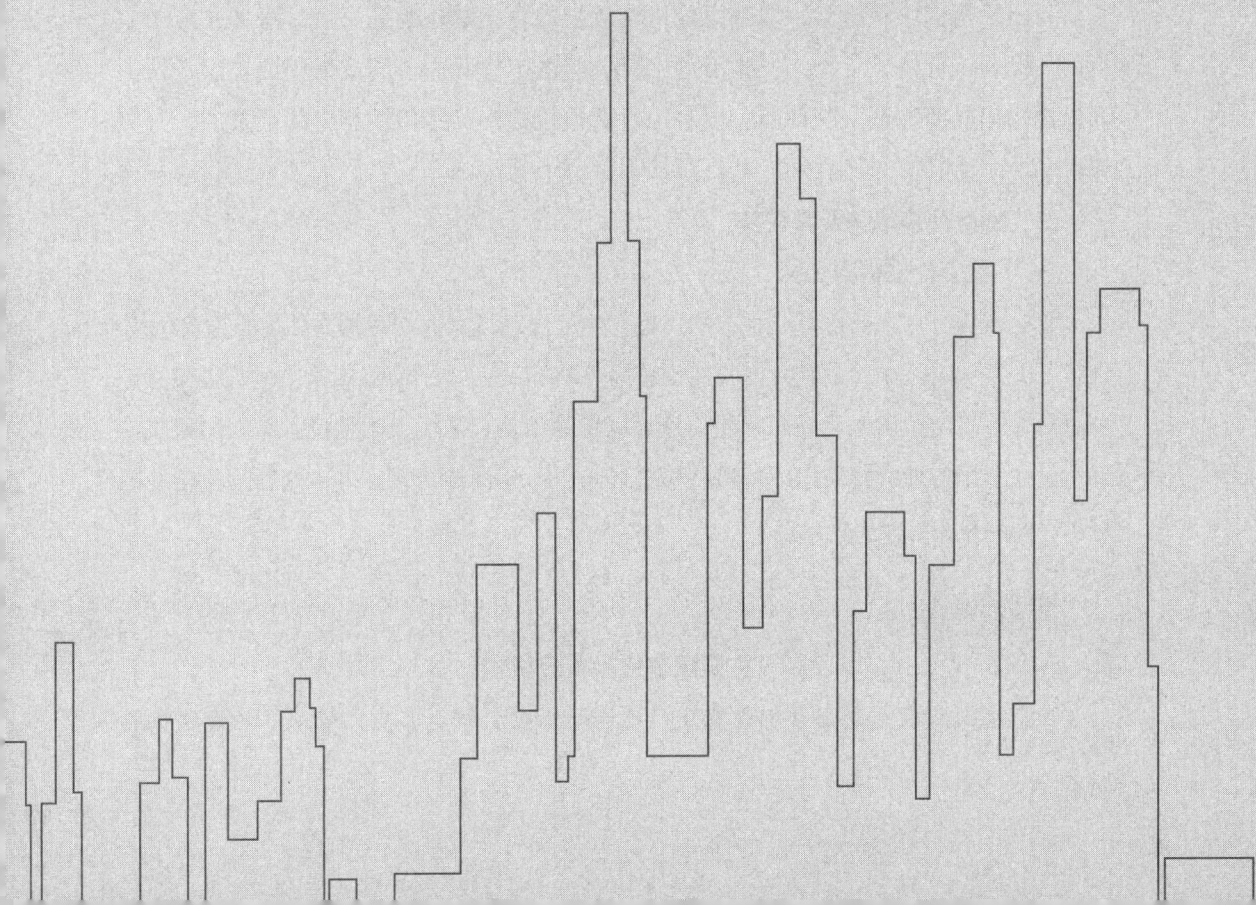

第一节　检验检疫概述

一、检验检疫的内涵

　　进出口商品检验检疫是指由具有权威的检验检疫机构依照相关的法律、法规或进出口合同的规定，对进出口商品的质量、数量、重量、包装、卫生、安全及装运条件进行检验并出具相应的检验证书的一系列活动，通常将其简称为商检工作。

扫码学习进出口
检验检疫概述视频

　　商品检验检疫是对外贸易业务的一个重要环节。商品检验分为法定检验和非法定检验。某些商品必须由出口国或进口国政府指定的机构检验才能出口或进口，这种检验是法定检验。凡属非法定检验的商品，如买卖双方申请，也可采用由出口商品的生产单位或进口商品的商业单位出具证明的办法。凡属国家规定或合同协议规定必须经商品检验检疫机构出具商检证书的商品，必须在出口报关前向商检机构申请检验，取得商检机构颁发的合格的检验证书后，海关才准予放行。凡检验不合格的货物，一律不得出口。非法定检验的合同或信用证规定必须由商检机构出具商检证书的商品，没有经过商检机构检验并签发相应的证书的，有关银行不予以结汇。

二、检验检疫机构及其任务

（一）检验检疫机构

　　商检机构有官方的也有非官方的，也有生产商和进口商。我国商品检验检疫机构：中华人民共和国国家质量监督检验检疫总局（AQSIQ）（以下简称国家质量监督检验检疫总局）主管全国出入境商品检验检疫、动植物检疫、国境卫生检疫工作。国家质检部门设在全国各地的直属出入境检验检疫局（CIQ）、商检机构和办事处管理所辖地区进出口商品检验检疫工作。

知识链接

主要国家检验检疫机构

　　世界上大多数主权国家都设有专门的检验检疫机构，其中比较著名的检验机构由于其检验比较公正、合理、科学，已被许多国家所认可，其鉴定结果亦成为商品进入国际市场的通行证。世界上比较著名的检验机构有美国保险人实验室、法国国家实验室检测中心、瑞士日内瓦通用鉴定公司、英国英之杰检验集团以及日本海事鉴定协会等。我国的检验检疫机构是中华人民共和国质量监督检验检疫总局，主管全国出入境商品检验检疫、动植物检疫和国境卫生检疫工作。我国商检机构的基本任务是实施进出口商品的法定检验、公证鉴定、监督管理进出口商品检验工作和统一管理并签发普惠制原产地证书。

（二）商检机构的基本任务

1. 法定检验

法定检验是根据国家法律法规，对规定的进出口商品实行的强制检验。凡列入"检验检疫商品目录"的进出口商品，必须经出入境检验检疫机构检验检疫，海关凭货物报关出口口岸出入境检验检疫局签发的"出（入）境货物通关单"验放，实行"先报检后报关"的货物出入境制度。

2. 公证鉴定

按国际惯例，由检验检疫局对进出口商品进行的各项检验、鉴定业务，称作公证鉴定，包括对外贸易关系人申请的进出口商品的重量鉴定、货载衡量鉴定，进口商品的残损鉴定、短缺鉴定，出口商品船舱检验和监视装载鉴定等，出具重量证明、产地证明、价值证明、包装证明、签封样品、发票签证等。

3. 实施监督管理

检验检疫局对法定检验以外的进出口商品实施监督管理。商检机构接受国际贸易相关人包括生产单位、经营单位、进出口商品的收发货人和外国检验机构等委托，对进出口原材料、半成品和成品实施化验、检验、测试、鉴定等，并签发各种鉴定证书。

三、商品检验基本程序

凡属法定检验检疫商品或合同规定需要检验检疫机构进行检验并出具检验证书的商品，对外贸易关系人均应及时提请检验检疫机构检验。我国进出口商品的检验程序主要包括以下四个环节，出口商品检验流程图如图5-1所示。

（一）报检

进出口报检是指对外贸易关系人向检验检疫机构申请检验检疫，凡属于检验检疫范围内的进出口商品，都必须报检。

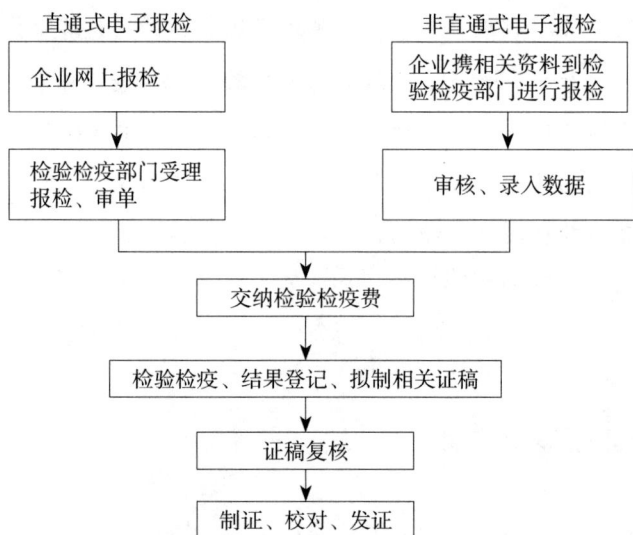

图5-1　出口商品检验流程图

出境报检必须填写"出境货物报检单"，如表 5-1 所示。报检人必须按报检单的要求详细填写，每份"出境货物报检单"仅限填报一个合同、一份信用证的商品。对同一个合同、同一信用证，但标记号码不同者应分别填写。报检一般在发运前 7 天提出。

表5-1　出境货物报检单

中华人民共和国出入境检验检疫
出境货物报检单

报检单位（加盖公章）：　　　　　　　　　　　　　　　　　　　　　　　　　*编　号 _____

报检单位登记号：　　　　联系人：　　　电话：　　　　　　报检日期：　年　月　日

发货人	（中文）					
	（外文）					
收货人	（中文）					
	（外文）					
货物名称（中/外文）	H.S.编码	产地	数/重量	货物总值	包装种类及数量	
运输工具名称号码		贸易方式		货物存放地点		
合同号		信用证号		用途		
发货日期		输往国家（地区）		许可证/审批号		
启运地		到达口岸		生产单位注册号		
集装箱规格、数量及号码						
合同、信用证订立的检验检疫条款或特殊要求		标记及号码		随附单证（划"√"或补填）		

续表

		□合同 □信用证 □发票 □换证凭单 □装箱单 □厂检单	□包装性能结果单 □许可/审批文件 □ □ □ □
需要证单名称（画"√"或补填）			*检验检疫费

□品质证书　　　　__正__副 □重量证书　　　　__正__副 □数量证书　　　　__正__副 □兽医卫生证书　　__正__副 □健康证书　　　　__正__副 □卫生证书　　　　__正__副 □动物卫生证书　　__正__副	□植物检疫证书　　__正__副 □熏蒸/消毒证书　__正__副 □出境货物换证凭单 □出境货物通关单	总金额 （人民币元）	
		计费人	
		收费人	
报检人郑重声明： 　1. 本人被授权报检。 　2. 上列填写内容正确属实，货物无伪造或冒用他人的厂名、标志、认证标志，并承担货物质量责任。 　　　　　　　　签名：_____		领取证单	
		日期	
		签名	

注：有"*"号栏由出入境检验检疫机关填写　　◆国家出入境检验检疫局制［1-1（2000.1.1）］

　　进口商品的报检人应在一定期限内填写"入境货物报检单"，如表5-2所示，填明申请检验鉴定项目的要求，并附合同、发票、海运提单（或铁路、航空、邮包运单）、品质证书、装箱单，用货部门已验收的记录等资料，向当地检验部门申请检验。如果货物有残损、短缺还须附理货公司与轮船大副共同签署的货物残损报告单、大副批注或铁路商务记录等有关证明材料。

表5-2　入境货物报检单

中华人民共和国出入境检验检疫

入境货物报检单

报检单位（加盖公章）：　　　　　　　　　　　　　*编　号_____

报检单位登记号：　　　联系人：　　　电话：　　　报检日期：　年　月　日

收货人	（中文）		企业性质（划"√"）	□合资□合作□外资
	（外文）			
发货人	（中文）			
	（外文）			

货物名称（中/外）	H.S.编码	原产国（地区）	数/重量	货物总值	包装种类及数量

续表

运输工具名称号码				合同号	
贸易方式		贸易国别（地区）		提单／运单号	
到货日期		启运国家（地区）		许可证／审批号	
卸毕日期		启运口岸		入境口岸	
索赔有效期至		经停口岸		目的地	
集装箱规格、数量及号码					
合同订立的特殊条款 以及其他要求				货物存放地点	
				用 途	

随附单证（划"√"或补填）		标记及记号	*外商投资财产 （划"√"）	□是□否
□合同 □发票 □提／运单 □兽医卫生证书 □植物检疫证书 □动物检疫证书 □卫生证书 □原产地证书 □许可／审批文件	□到货通知 □装箱单 □质保书 □理货清单 □磅码单 □验收报告 □ □ □		*检验检疫费	
			总金额 （人民币元）	
			计费人	
			收费人	

报检人郑重声明： 　1. 本人被授权报检。 　2. 上列填写内容正确属实。 　　　　　　签名：＿＿＿＿＿	领取单证	
	日期	
	签名	

注：有"*"号栏由出入境检验检疫机关填写　　◆国家出入境检验检疫局制［1-1（2000.1.1）］

（二）抽样

检验检疫机构接受报检后，需及时派人到货物堆存地点进行现场检验鉴定，其内容主要包括货物的数量、重量、包装、外观等项目。

（三）检验

报检的出口商品，原则上由商检机构进行检验，或由国家商检部门指定的检验机构进行检验。商检机构也可视情况，根据生产单位检验或外贸部门验收的结果换证，也可派出人员与生产单位共同进行检验。检验的内容包括商品的质量、规格、数量、重量、包装以及是否符合安全、卫生要求。检验的依据是法律、行政法规规定有强制性标准或者其他必须执行的检验标准（如输入国政府法令、法规规定）或对外贸易合同约定的检验标准。

（四）签发证书

出口商品经检验合格的，由商检机构签发"检验证书"，或在"出口货物报关单"上加盖检验印章。经检验不合格的，由商检机构签发"不合格通知单"。根据不合格的原因，商检机构可酌情同意申请人申请复验，复验原则上仅限一次，或由申请单位重新加工整理后申请复验。复验时应随附加工整理情况报告和"不合格通知单",经复验合格,商检机构签发"检验证书"。

知识链接

出口报检时所需单据资料

报关单、商检预录单、报检委托书、包装声明(美、日、韩、欧盟国家过来的货物需提供。如是木质包装需在外包装上标注 IPPC15 认证标志)、商业发票、装箱单、外贸合同、提单。

四、商品检验证书

(一)商品检验证书的含义

商品检验证书简称商检证书,是出入境检验检疫机构对进出口货物、包装容器或运输工具进行指定项目的检验与鉴定后签发的具有法律效力的证明书,证明所交货物的质量、数量、重量、产地或包装容器、运输工具的卫生等是否符合合同的规定。

商检证书起着公证证明的作用,虽然不能保证货物完全符合规定要求,但可以作为买卖双方交接货物、结算货款、进行索赔和理赔的依据之一,也是通关、征收关税和优惠减免关税、结算运费等的有效凭证和确定有关当事人责任的依据。

(二)商品检验证书的种类

1.品质检验证书(Inspection Certificate of Quality)

品质检验证书是证明进出口商品的质量、规格的证明文件,具体证明进出口商品的质量、规格是否符合买卖合同或有关规定,如表5-3所示。

表5-3　品质证书

中华人民共和国出入境检验检疫 ENTRY-EXIT INSPECTION AND QUARANTINE OF THE PEOPLE'S REPUBLIC OF CHINA	
	编号 NO.:
品质证书 INSPECTION CERTIFICATE OF QUALITY	
发货人 Consignor	
收货人 Consignee	

品名 Description of Goods	标记及号码 Marks & No.
报检数量 / 重量 Quantity/Weight Declared	
包装种类及数量 Number and Type of Packages	
运输工具 Means of Conveyance	
检验结果 INSPECTION RESULTS： 签证地点 Place of Issue 签证日期 Date of Issue 授权签字人 Authorized Officer 签名 Signature	

我们已尽所知和最大能力实施上述检验，不能因我们签发本证书而免除卖方或其他方面根据合同和法律所承担的产品质量责任和其他责任。All inspections are carried out conscientiously to the best of our knowledge. This certificate does not in any respect absolve the seller and other related parties from his contractual and legal obligations when product quality is concerned.

2. 重量或数量检验证书（Inspection Certificate of Weight or Quantity）

重量或数量检验证书是证明进出口商品重量或数量的证件，其内容为货物经何种计重方法或计量单位得出的实际重量或数量，以证明有关商品的重量或数量是否符合买卖合同的规定。

3. 包装检验证书（Inspection Certificate of Packing）

包装检验证书是用于证明进出口商品包装情况的证书。进出口商品包装检验，一般列入品质检验证书或重量（数量）检验证书中证明，但也可根据需要单独出具包装检验证书。

4. 兽医检验证书（Veterinary Inspection Certificate）

兽医检验证书是证明出口动物产品经过检疫合格的证件，适用于冻畜肉、冻禽、禽畜肉、罐头、冻兔、皮张、毛类、绒类、猪鬃、肠衣等出口商品。凡加上卫生检验内容的，称为兽医卫生检验证书（Veterinary Sanitary Inspection Certificate）。

5. 卫生检验证书（Inspection Certificate of Sanitary）

卫生检验证书亦称健康检验证书（Certificate of Health），是证明可供人类食用或使用的出口动物产品、食品等经过卫生检验或检疫合格的证件。适用于肠衣、罐头、冻鱼、冻虾、蛋品、乳制品、蜂蜜等。

6. 温度检验证书（Inspection Certificate of Temperature）

温度检验证书是证明出口冷冻商品温度的证书。如国外仅需要证明货物温度，不一定要单独的温度证书，可将测温结果列入品质证书。

7. 消毒检验证书（Inspection Certificate of Disinfection）

消毒检验证书是证明出口动物产品经过消毒处理，保证卫生安全的证件。适用于猪鬃、马尾、皮张、山羊毛、人发等商品。其证明内容也可在品质检验证书中附带。

8. 熏蒸证书（Inspection Certificate of Fumigation）

熏蒸证书是证明出口粮谷、油籽、豆类、皮张等商品，以及包装用木材与植物性填充物等已经经过熏蒸灭虫的证件。主要证明使用的药物、熏蒸的时间等情况。如国外不需要单独出证，可将其内容列入品质检验证书中。

在国际贸易实际业务中，买卖双方应根据成交货物的种类、性质、有关国家的法律和行政法规、政府的涉外经济贸易政策和贸易习惯等来确定卖方应提供何种检验证书，并在买卖合同中予以明确规定。

第二节 货物报检单

一、货物报检单的内涵

货物报检单是指报检单位向商检机构提出的，要求其对出口商品作出检验、鉴定的申请格式。它是报检单位根据国家法律或货物买卖合同规定办理的进出口商品检验前必须填制的单证。

二、"出入境货物报检单"的填制

"出入境货物报检单"由各口岸出入境检验检疫局统一印刷，除编号由检验检疫机构指定外，其余各栏由报检单位填写并盖章确认，填制规范如下：

（1）编号（NO.）：由检验检疫机构受代理人指定，前6位为检验检疫机关代码，第7位为报检类代码，第8、9位为年代码，第10至15位为流水号。

（2）报检单位（Declaration Inspection Unit）：经国家质量监督检验检疫总局审核，获得许可、登记，并取得国家质量监督检验检疫总局颁发的"自理报检单位备案登记证明书"或"代理报检单位备案登记证明书"的企业。本栏填报报检单位的中文名称，并加盖与名称一致的公章。

（3）报检单位登记号（Register No.）：指报检单位在国家质量监督检验检疫总局登记的登记证号码。本栏填10位数登记证号码。联系人：填报检人员姓名；电话号：填报检人员联系电话。

（4）报检日期（Declaration Inspect Date）：指检验检疫机构接受报检当天的日期。本栏填制的报检日期统一用数字来表示，而不用英文等来表示。

（5）发货人（Consignor）：指外贸合同中的出售商，或商业发票上的出票人。本栏分别用中、英文对照分行填报发货人名称。

（6）收货人（Consignee）：指外贸合同中的收购商，或商业发票上的受票人。本栏分别用中、英文对照分行填报收货人名称。

（7）货物名称（中/外文）（Description of Goods）：指被申请报检的出入境货物名称、规格、型号、成分并以中英文对照表示。本栏应按合同、信用证、商业发票中所列商品名称的中、英文填写。注意：废旧物资在此栏内需注明。

（8）H.S.编码（H.S.Code）：指海关《协调商品名称及编码制度》中所列编码。H.S.编码为8位数字，并以当年海关公布的商品税则编码分类为准。本栏填报8位商品编码。注意：有些商品有最后两位补充编码时，应填报10位编码。

（9）产地（Original Area）：在出境货物报检单中，指货物生产地、加工制造地的省、市、县名。在进境货物报检单中，指该进口货物的原产地国或地区。本栏填报出境货物生产地的省、市、县的中文名称。

（10）数/重量（Quantity/Weight）：指以商品编码分类中计量标准项下的实际检验检疫数量、重量。本栏按实际申请检验检疫的数/重量填写，重量还须列明毛/净/皮重。注意：本栏可以填报一个以上计量单位，如第一计量单位"个"，第二计量单位"公斤"等。

（11）货物总值（Amount）：指出境或入境货物的商业总值及币种。本栏应按合同、发票或报关单上所列货物总值一致。注意：本栏不需要填报价格术语，如"CIF"或"FOB"等。

（12）包装种类及数量（Number and Type of Declaration）：本栏应按照实际运输外包装的种类及对应数量填报，如"136箱"等。注意：实际运输中应当方便装卸，保护外包装，常用托盘运输包装，这时除了填报托盘种类及数量，还应填报托盘上装的包装数量及包装种类。

（13）运输工具名称号码（Means of Conveyance）：指载运出境货物运输工具的名称和运输工具编号。本栏填制实际出境运输工具的名称及编号，如船舶名称及航次等。注意：实际报检申请时，若未定运输工具的名称及编号，可以笼统填制运输方式总称，如填报"船舶"或"飞机"等。

（14）合同号（Contract No.）：合同号指对外贸易合同、订单、形式发票等的号码。本栏填报的合同号应与随附的合同号等号码一致。

（15）贸易方式（Means of Trading）：指该批货物的贸易性质，即买卖双方将商品所有权通过什么方式转让。本栏填报与实际情况一致的贸易方式。常见的贸易方式有"一般贸易""来料加工贸易""易货贸易""补偿贸易"等90多种贸易方式。

（16）货物存放地点（Place of Goods）：指出口货物的生产企业存放出口货物的地点。本栏按实际填报具体地点、仓库。

（17）发货日期（Shipment Date）：是指货物实际出境的日期。按实际开船日或起飞日等填报发货日期，以年、月、日的方式填报。

（18）输往国家（地区）（Destination Country/Area）：指出口货物直接运抵的国家（地区），是货物的最终销售国。本栏填报输往国家（地区）的中文名称。

（19）许可证/审批号（Licence No./Approve No.）：凡申领进出口许可证或其他审批文件的货物，本栏应填报有关许可证号或审批号。无许可证或没有审批文件的出境货物报检单可以免报。

（20）生产单位注册号（Manufacture Register No.）：是指出入境检验检疫机构签发的卫生注册证书号或加工厂的注册号码等。本栏填报实际生产单位的注册号（10位数）。

（21）起运地（Place of Departure）：本栏填报出境货物最后离境的口岸或所在地的中文名称，如"上海口岸"等。

（22）到达口岸（Final Destination）：指出境货物运往境外的最终目的港。本栏最终目的港预知的，按实际到达口岸的中文名称填报；最终到达口岸不可预知的，可按尽可能预知的到达口岸填报。

（23）集装箱规格/数量及号码（Type of Container/Container Number）：集装箱规格是指国际标准的集装箱规格尺寸。常见的四种箱型为A型、B型、C型、D型，它们的尺寸有十多种，主要有20'C型、40'A型等。集装箱的数量是指实际集装箱数量，而不是作为换算标准箱。集装箱号码是指国际集装箱号码的识别号码，其组成规则是：箱主代号（3位字母）+设备识别号（"U"为海运集装箱）+顺序号（6位数字）+检测号（1位数字），如TGHU8491952。本栏填报实际集装箱数量、规格、箱号，如"1X20'/TGHU8491952"。

（24）合同、信用证订立的检验检疫条款或特殊要求：在合同中订立的有关检验检疫的特殊条款及其他要求应填入此栏。

（25）标记号码（Marks and Number of Packages）：货物的标记号码，又称为货物的唛头，主要用于识别货物。本栏应根据实际合同、发票等外贸单证上相同内容填报。注意：如没有唛头应填报"N/M"，不可以空缺。

（26）用途（Purpose）：从以下9个选项中选择符合实际出境货物的用途来填报：种用或繁殖、食用、奶用、观赏或演艺、伴侣动物、实验、药用、饲用、其他。

（27）随附单证（划"√"或补填）（Attached Files in √）：按照实际随附的单证种类划"√"或补充填报随附单证。

（28）签名（Signature of Authorized Signatory）：由持有报检员证的报检员手签姓名。

（29）检验检疫费用：由检验检疫机构计费人员核定费用后填写，如熏蒸费和消毒费等。

（30）领取证单：报检人在领取证单时填写领证日期并签名。

第三节 检验检疫证明操作实务

拉夫美特公司（LIFEMATE IMPORT AND EXPORT TRADE CO., LTD）根据与日本日慧公司（RIHUI CORPORATION）订购四门衣柜（家具编号为 KSHT–KSH–C017–SMYG）的合同、发票和装箱单、一般原产地证书的相关内容填写出境货物报检单（注：企业于 2019 年 4 月 7 日报检，2019 年 4 月 10 日取得报检证书），如表5-4所示。

表5-4 出境货物报检单

中华人民共和国出入境检验检疫
出境货物报检单

报检单位（加盖公章）：拉夫美特进出口贸易有限公司　　　编 号 65010320071827

报检单位登记号：3330　联系人：梁中奇　电话：　　　报检日期：2019 年 4 月 7 日

发货人	（中文）拉夫美特进出口贸易有限公司					
	（外文）LIFEMATE IMPORT AND EXPORT TRADE CO., LTD					
收货人	（中文）日本日慧公司					
	（外文）RIHUI CORPORATION					
货物名称（中/外文）	H.S.编码	产地	数/重量		货物总值	包装种类及数量
拉夫美特四门衣柜 LIFEMATE FOUR–DOOR WARDROBE	44129923	中国	15PCS/1329KGS		JPY 1848681.00	15PCS IN 75CARTONS
运输工具名称号码	FEILONG V.0726E	贸易方式	进料加工		货物存放地点	
合同号	LM12-19	信用证号	MD7358120NS00280		用途	
发货日期	20190412	输往国家（地区）	日本	许可证/审批号	*******	
启运地	大连	到达口岸	东京	生产单位注册号	*******	
集装箱规格、数量及号码						
合同、信用证订立的检验检疫条款或特殊要求		标记及号码	随附单证（划"√"或补填）			

129

续表

	N/M	□合同 □信用证 □发票 □换证凭单 □装箱单 □厂检单	□包装性能结果单 □许可 / 审批文件 □ □ □ □
需要证单名称（划"√"或补填）			* 检验检疫费

需要证单名称（划"√"或补填）			* 检验检疫费	
□品质证书	__正__副	□植物检疫证书 __正__副	总金额 （人民币元）	
□重量证书	__正__副	□熏蒸 / 消毒证书 __正__副		
□数量证书	__正__副	√出境货物换证凭单 __正__副		
□兽医卫生证书	__正__副	□	计费人	
□健康证书	__正__副	□		
□卫生证书	__正__副	□	收费人	
□动物卫生证书	__正__副	□		

报检人郑重声明： 　1. 本人被授权报检。 　2. 上列填写内容正确属实，货物无伪造或冒用他人的厂名、标志、认证标志，并承担货物质量责任。 　　　　　　　签名：_____	领取证单	
	日期	2019 年 4 月 10 日
	签名	

注：有"*"号栏由出入境检验检疫机关填写　　　　◆国家出入境检验检疫局制

Summary: Inspection Certificate

Definition of the inspection certificate

An inspection certificate is a document to certify that the quality, quantity, packing and other conditions of the goods are up to the standard required by the importer or importer's country. An inspection certificate may be issued either under the regulations of the authorities of the exporting country or be issued at the request of the importer and /or the authorities of the importing country.

The main characteristics of the inspection certificate

For the exporting country, an inspection certificate may enable the authorities to check the exporter's contractual performance so that its credit worthiness and competitive position in the world market can be sustained and enhanced.

For the importer, his own interests will be protected, and for the importing country, inferior or even dangerous goods will be kept away from entering its territory.

The issuer of an inspection certificate may be a government inspection bureau, the importer's agent who inspects the goods in the exporting country or the exporter himself. In China, the certificate is normally issued by CIQ.

The issuing parties involved in the inspection certificate

The issuing party involved in the inspection certificate is the General Administration of Quality Supervision, Inspection and Quarantine of the People's Republic of China (AQSIQ).

The main contents of inspection certificate

◆ Consignor : usually be the "shipper" of the B/L.As the exporter/ beneficiary is generally the shipper, so the consignor will normally show the exporter's name.

◆ Consignee : the consignee is generally made out "to whom it may concern" or "to order". We seldom show the importer's name as the consignee. The reason is to make the certificate consistent with the B/L especially when the B/L is made out to order.

◆ Name of the commodity : detailed description of goods.

◆ Quantity/weigh declared : detailed quantity/ weight declared by the exporter.

◆ Number and type of packages : total number and mode of package.

◆ Marks and numbers : it should be identical to the marks of invoice and bill of lading.

◆ Means of conveyance : the detailed mode of the shipment and the conveyance's name.

◆ Results of inspection : stating the result of an inspection, such as weight, quality, quantity, etc. to ensure that the inspection certificate conforms to the stipulations of the credit and contract.

◆ The Date: the issuing date or the inspection date should not be made later than the B/L date. On the other hand, it should not be made too early.

◆ The Signature of the Issuer: the issuer's name and the official stamp.

The main types of inspection certificate

Different types of inspection certificate are made to inspect different aspects of the goods as required. The main types of Inspection Certificate are as follows.

◆ Inspection certificate of quantity

◆ Inspection certificate of quality

◆ Inspection certificate of health

◆ Inspection certificate of weight

◆ Inspection certificate of veterinary

◆ Inspection certificate of non-aflatoxin

◆ Inspection certificate of plant quarantine

◆ Inspection certificate of disinfection

◆ Inspection certificate of sanitary

◆ Inspection certificate of fumigation

◆ Inspection certificate of conditioned weight

第六章　保险单证

扫码获得本章 PPT

【学习目标】

了解货运保险的有关知识；掌握保险单的内容及制作方法。

【重点难点】

1. 保险单的基础知识

2. 海洋货物运输保险单的制作

第一节　保险单概述

一、保险单含义

保险单（Insurance Policy）是保险人与被保险人之间订立保险合同的证明文件，它反映了保险人与被保险人之间的权利和义务关系，也是保险人的承保证明。当发生保险责任范围内的损失时，它又是保险索赔和理赔的主要依据。目前，在保险实务中，我国绝大多数企业采用中国人民保险公司（PICC）出具的海洋货物运输保险单，也有部分企业采用英国伦敦保险业协会海运货物保险条款。

扫码学习保险
概述视频

在国际贸易中是否使用保险单取决于 L/C 的规定。在确定以 FOB、CFR 价格成交时，出口方无须提交保险单。在以 CIF 价格成交时，出口方须办理保险手续，填写保险单。

二、保险单证的种类

1. 保险单

保险单，又称大保单，是保险人与被保险人之间订立的正式保险合同，如图 6-1 所示。保险单除了正面印制了海上保险所需的基本项目，还在背面印有一般保险条款，规定保险人和被保险人的各项权利和义务、保险责任范围、除外责任、责任起讫、损失处理、索赔理赔、保险争议处理、失效条款等各项内容。这是一种内容较为全面的保险单，是目前保险业务中最常采用的形式。

2. 保险凭证（Insurance Certificate）

保险凭证俗称小保单，是一种简化的保险合同。这种凭证除背面不载明保险人和被保险人双方的权利和义务等保险条款外，其他内容与保险单相同。保险凭证与大保单具有相同的法律效力。

3. 联合凭证（Combined Certificate）

联合凭证是一种更为简化的保险单证，由保险公司在出口公司提交的发票上加上保险编号、承保险别、保险金额并加盖保险公司的印章。这种凭证曾在我国对某些特定地区的出口业务中使用，现已不再使用。

中国人民保险公司

THE PEOPLE'S INSURANCE COMPANY OF CHINA

总公司设于北京　　　　　　一九四九年创立

Head Office：BEIJING　　　　Established in 1949

保　险　单	保险单次号次
INSURANCE POLICY	**POLICY No.**

中国人民保险公司（以下简称本公司）

THIS POLICY OF INSURANCE WITNESSES THAT PEOPLE'S INSURANCE OF CHINA （HEREINAFTER CALLED. "THE COMPANY"）

根据

AT THE REQUEST OF _____

（以下简称被保险人）的要求，由被保险人向本公司缴付约定的保险费，按照本保险单承保险别和背

（HEREINAFTER CALLED "THE INSURED"） AND IN CONSIDERATION OF THE AGREED PREMIUM PAID TO THE COMPANY BY THE INSURED UNDERTAKES TO INSURE THE UNDERMENTIONED GOODS IN TRANSPORTATION SUBJECT TO THE CONDITIONS OF THIS POLICY.

面所载条款与下列特款承保下述货物运输保险，特立本保险单。

AS PER THE CLAUSES PRINTED OVERLEAF AND OTHER SPECIAL CLAUSES ATTACHED HEREON.

标　记 MARK & NOS.	保险及数量 QUANTITY	保险货物项目 DESCRIPTION OF GOODS	保险金额 AMOUNT INSURED

保险金额：

TOTAL AMOUNT INSURED: _____

保　费	费　率	装载运输工具
PREMIUM AS ARRANGED	RATE　AS ARRANGED	PER CONVEYANCE S.S. _____

开航日期　　　　　　自　　　　　　　　　　　　至

SLG.IN OR ABT. _____　　FROM _____　　　　TO _____

承保险别：

CONDITIONS: _____

所保货物，如遇出险，本公司凭保险单及其他有关证件给付赔偿。所保货物，如果发生本保险单项下负责赔偿的损

CLAIMS IF ANY PAYABLE ON SURPENDER OF THIS POLICY TO GOTETHER WITH OTHER RELEVANT EVANT DOCUMENTS IN THE EVENT OF ACCIDENT WHEREBY LOSS OR DAMAGE MAY RESULT IN A CLAIM UNDER THIS POLICY IMMEDIATE

失或事故，应立即通知本公司下属代理人查勘。

NOTICE APPLY ING FOR SURVEY MUST BE GIVEN TO THE COMPANY'S AGENT AS MENTIONED HEREUNDER

中国人民保险公司上海分公司

THE PEOPLE'S INSURANCE SHANGHAI BRANCH

赔偿地点

CLAIM PAYABLE AT _____

日期

DATE _____

地址：中国上海中山东一路23号 TEL: 323405 3217464-44　TELEX：33128 PICCS SN.

Address: 23 Zhongshan Dong Y1 ROAD Shanghai, China Cable 42001 Shanghai

General manager

图6-1　保险单

4. 批单（Endorsement）

保险单出立后，投保人如需要补充或变更其内容，可根据保险公司的规定，向保险公司提出申请，经同意后即另出一种凭证，注明更改或补充的内容，这种凭证即称为批单。保险单一经批改，保险公司即按批改后的内容承担责任。其批改内容如涉及保险金额增加和保险责任范围扩大，保险公司只有在证实货物未发生出险事故的情况下才同意办理。批单原则上须粘贴在保险单上，并加盖缝章，作为保险单不可分割的一部分。

5. 预约保险单（Open Policy）

预约保险单是保险人和被保险人之间订立的一种长期保险合同。在合同中规定承保货物的保险范围、险别、商品名称、保险费率、责任和赔款处理等项目。在每批货物装运后，由被保险人向保险公司发出"保险声明"（Insurance Declaration）或"装船通知"（Shipment Advice），保险人签发保险单证，作为该批货物承保证明。

预约保单的优点是减少了逐笔签订保险合同的手续，并可以防止因漏保或迟保而造成的无法弥补的损失。保险公司一般对使用预约保险单的投保人提供更优惠的保险费用，因而也吸引了不少投保人。

三、保险金额的确定和保险费的计算

1. 保险金额（Insured Amount）

保险金额是指保险人承担赔偿或者给付保险金责任的最高限额，也是保险人计算保险费的基础。投保人在投保货物运输保险时应向保险人申报保险金额。保险金额是根据保险价值（Insured Value）确定的。保险价值一般包括货价、运费、保险费以及预期利润等。按照国际保险市场的习惯做法，出口货物的保险金额通常在 CIF 或 CIP 基础上增加一定的百分率，一般按 CIF 或 CIP 货价另加 10% 计算，增加的百分率即所谓"保险加成"，是买方进行这笔交易所支付的费用和预期利润。

保险金额的计算公式：

$$保险金额 = CIF（或CIP）货值 \times （1 + 投保加成率）$$

保险金额一般是以 CIF 或 CIP 价格为基础加成确定的，因此，在仅有货价与运费（即已确定 CFR 或 CPT 价）的情况下，CIF 或 CIP 价可按下列公式计算：

$$CIF（或CIP）价 = CFR（或CPT）价 / \{1 - [保险费率 \times （1 + 投保加成率）]\}$$

为简化计算程序，中国人民保险公司制定了一份保险费率常数表，将 CFR（或 CPT）价格直接乘以表内所列常数，便可算出 CIF 或 CIP 价格。

在进口业务中，保险金额按进口货物的 CIF 货值计算，不另加减。保费率按"特

约费率表"规定的平均费率计算；如果 FOB 进口货物，则按平均运费率换算为 CFR 货值后再计算保险金额，其计算公式如下：

FOB 进口货物：

保险金额=［FOB 价×（1＋平均运费率）］/（1－平均保险费率）

CFR 进口货物：

保险金额=CFR 价/（1－平均保险费率）

2. 保险费（Premium）

投保人按约定方式缴纳保险费是保险合同生效的条件。保险费率（Premium Rate）是计算保险费的依据。我国进出口货物保险费率是我国保险公司在货物损失率和赔付率的基础上，参照国际保险费率水平，并根据我国对外贸易发展的需要制定的。

保险公司收取保险费的计算公式：

保险费=保险金额×保险费率

四、保险条款及险别

我国为适应对外经济贸易业务发展的需要，由中国人民保险公司根据我国的实际情况，分别制定了海洋、陆地、航空等多种运输方式的货物保险条款，总称为《中国保险条款》(China insurance clause，CIC)。在国际保险市场上，最有影响力的保险条款当属英国伦敦保险协会制定的《协会货物条款》(Institute cargo clauses，ICC)。下面分别介绍。

（一）我国海运货物保险条款及险别

我国现行的货物保险条款是 1981 年 1 月 1 日的修订本，根据不同的运输方式分别订有适用不同运输方式的保险条款，其中《海洋运输货物保险条款》使用最普遍。其货物运输保险分为基本险和附加险两大类。基本险又称主险，是可以独立投保的险别，包括平安险、水渍险和一切险；附加险是对基本险的补充和扩展，它不能单独投保，只能在投保了基本险的基础上加保，包括一般附加险和特殊附加险。

1. 基本险

（1）平安险（Free from Particular Average，F.P.A）。平安险是我国保险业的习惯叫法，英文原意是"单独海损不赔"。平安险承诺以下 8 项责任：

①被保险货物在运输途中由于恶劣气候、雷电、海啸、地震等自然灾害造成整批货物的全部损失或推定全损。这一项责任是指在平安险下，保险人承担由列明的海上自然灾害造成的保险货物的全部损失（包括推定全损），也就是说，如果列明的自然灾害造成的损失是部分损失，保险公司在平安险项下不承担赔偿责任。

②由于运输工具造成搁浅、触礁、沉没、互撞、与流冰或其他物体碰撞以及失火、爆炸意外事故造成货物的全部或部分损失。这一项责任是指在平安险项下，保险人承担运输工具在海上载货运输过程中发生由列明的海上意外事故造成船上货物的全部损失和部分损失。

③在运输工具已经发生搁浅、触礁、沉没、焚毁意外事故的情况下，货物在此前后又在海上遭受恶劣气候，雷电、海啸等自然灾害造成的部分损失。这一项责任是指在平安险项下，保险人在有限制条件的情况下，也承担由列明的海上自然灾害造成货物的部分损失，这个限制条件就是船舶在海上航行途中发生了保单上列明的海上意外事故。

④在装卸或转运时由于一件或数件整件货物落海造成的全部或部分损失。这一项责任是指在平安险项下，保险人承担货物在装卸或转运时由于吊索造成的损失即吊索损害。

⑤被保险人对遭受承担责任范围内危险的货物采取抢救，防止或减少货损措施而支付的合理费用，但以不超过该批被救货物的保险金额为限。这一项责任是指在平安险项下，保险人承担被保险人或其代理人、受雇用人为减少保险标的的损失而合理支出的施救费用。

⑥运输工具遭遇海难后，在避难港由卸货引起的损失，以及在中途港、避难港，由于卸货、存仓以及运送货物所产生的特别费用。这一项责任是指在平安险项下，保险人承担货物在避难港卸货引起的直接损失。如由于卸货引起的吊索损害，由于卸货引起的一系列损失及特别费用损失。这一项责任下，保险人承担的责任很大，但它的前提是载货船舶已遇难。

⑦共同海损的牺牲、分摊和救助费用。这一项责任是指保险人在平安险项下不但承担遭受共同海损牺牲的货物损失的赔偿责任，还承担共同海损分摊以及救助费用损失。

⑧运输契约订有"船舶互撞"条款，根据该条款规定由货方偿还船方的损失。

（2）水渍险（With particular average，W.P.A 或 With average，W.A）。水渍险亦是我国保险业的习惯叫法，英文原意是"负责单独海损"。水渍险的责任范围除包括平安险的各项责任外，还负责被保险货物由于恶劣气候，雷电、海啸、地震、洪水等自然灾害造成的部分损失。水渍险虽然负责了单独海损，但对锈损、碰碎、破损以及散装货物的部分损失是不负责的。特别要指出的是，平安险和水渍险只对海水所致的各种损失负责。被保险货物由于雨淋、雪水融化等淡水造成的损失，不包括在这两种险别的承保责任范围之中。

（3）一切险（All risks）。一切险的责任范围除包括平安险和水渍险的所有责任外，还包括货物在运输过程中，因一般外来原因所造成的全部或部分损失。一切险是三种基本险中责任范围最大的一种。但是一切险并非对一切风险造成的损失都负责，它只对水渍险和一般外来原因引起的可能发生的风险负责，而对货物内在缺陷、自然损耗以及特殊外来原因（如战争、罢工）所引起的风险不负责赔偿责任。

一切险的承保责任范围是各种基本险中最广泛的一种，因而，比较适宜价值较高、可能遭受损失因素较多的货物投保。

2. 附加险

附加险又分为一般附加险和特殊（别）附加险两类。

（1）一般附加险共有 11 种：偷窃，提货不着险（Thief，Pilferage and Non-delivery，T.P.N.D.）；淡水雨淋险（Fresh Water and Rain Damage）；短量险（Risk of Shortage）；混杂，玷污险（Intermixture and Contamination）；渗漏险（Leak-age）；碰损、破碎险（Clashing and Breakage Risk）；串味险（Risk of Odour）；受潮受热险（Sweating and Heating Risk）；钩损险（Hook for Damage）；包装破裂险（Loss for Damage Caused by Breakage of Packing）和锈损险（Risk of Rust）。

（2）特殊（别）附加险大致可以分为 9 种：交货不到险（Failure to De liver）；进口关税险（Import Duty Risk）；舱面险（On Deck Risk）；拒收险（Rejection Risk）；黄曲霉素险（Aflatoxin Risk）；卖方利益险（Seller's Contingent Risk）；出口货物到香港（包括九龙在内）或澳门存仓火险责任扩展险（Fire Risk Extension Clause for Storage of Cargo at Destination Hong Kong, Including Kowloon, or Macao）；罢工险（Strikes Risk）；战争险（War Risk）。

在我国国际货运保险业务中，特别要注意的是附加险不能单独投保。投保人（被保险人）只有在投保了基本险别（又称主险）的基础上才能加保附加险。一切险，实际上就是水渍险加上 11 种一般附加险，所以投保一切险之后不用再投保任何一种一般附加险，但是，一切险可加保特殊（别）附加险。不过为了使信用证项下的单证做到"单证一致"，保险公司对于某些信用证中要求的一切险加上一般附加险的做法，也是认可的。

（二）英国伦敦保险协会海运货物保险条款

现行英国伦敦《协会货物条款》（ICC）是 1982 年 1 月 1 日的修订本，与我国现行保险条款相比，其形式和内容都有所不同。该条款共有 6 种险别。

1.协会货物条款（A）[ICC（A）]

ICC（A）可以独立投保，其责任范围较广，采取"一切风险减除外责任"的方式。除外责任有：一般除外责任，如因包装原因造成的损失、由船方原因造成的损失、使用原子或热核武器造成的损失；不适航、不适货除外责任，如被保险人在装船时已知船舶不适航、不适货；战争除外责任；罢工除外责任。ICC(A)相当于一切险。

2.协会货物条款（B）[ICC（B）]

ICC（B）可以独立投保，其责任范围采用"列明风险"的方法。ICC（B）的除外责任，除对"海盗行为"和恶意损害的责任不负责外，其余均与ICC（A）的除外责任相同。ICC（B）承保范围相当于水渍险。

3.协会货物条款（C）[ICC（C）]

ICC（C）可以独立投保，其责任范围也采用"列明风险"的方式。ICC（C）的除外责任与ICC（B）完全相同。ICC（C）承保范围近似于平安险。

4.协会货物战争险条款

协会货物战争险条款属于特殊附加险，等同CIC中的战争险，其在需要投保时也可作为独立的险别进行投保。

5.协会货物罢工险条款

协会货物罢工险条款属于特殊附加险，等同CIC中的罢工险，其在需要投保时也可作为独立的险别进行投保。

6.恶意损害险条款

恶意损害险承保除被保险人以外的其他人（如船长、船员）的故意破坏行为所造成的被保险货物的灭失或损坏，但出于政治动机的人的行为除外。它在ICC（A）中列为承保责任，在ICC（B）和ICC（C）中均列为除外责任。因此，在投保ICC（B）和ICC（C）时，如需取得这种风险的保障，应另行加保恶意损害险。

以上六种险别中，(A)险相当于中国保险条款中的一切险，其责任范围更为广泛，故采用承保"除外责任"之外的一切风险的方式表明其承保范围。（B）险大体上相当于水渍险。（C）险相当于平安险，但承保范围较小些。（B）险和（C）险都采用列明风险的方式表示其承保范围。六种险别中，只有恶意损害险属于附加险别，不能单独投保，其他五种险别的结构相同，体系完整。因此，除（A）、（B）、（C）三种险别可以单独投保外，必要时，战争险和罢工险在征得保险公司同意后，也可作为独立的险别进行投保。

第二节　保险单的内容及缮制方法

现以中国人民保险公司的海洋货物运输保险单为例，解释保险单的内容及缮制方法。

1. 保险公司名称（Name of Insurance Company）

此栏是指根据信用证和合同要求的保险单去办理货运保险的公司。例如：来证中规定："Insurance Policy in Duplicate by PICC"，即信用证要求由中国人民保险公司出具保险单。

2. 保险单证名称（Name）

一般保险公司在单证正上方已印制"INSURANCE POLICY"字样。

3. 保险单号（Invoice No.）

此栏填写保险公司的保险单号码。

4. 被保险人（Insured）

即保险的抬头，在 CIF 或 CIP 贸易条件下，投保人即卖方，所以被保险人栏填卖方名称，即信用证受益人名称。但发生货损时，实际索赔的权益属于买方，所以保险单以卖方为被保险人时，卖方要在保险单的背面签字盖章进行背书，以表示被保险索赔的权益转让给保险单的持有人，同时受让人负担被保险人的义务。

（1）如果 L/C 要求保单 "made out to order and endorsed in blank"，则填写"受益人名称 + to order"。

（2）如果 L/C 规定为 "To order"，则本栏可照填 "To order"，受益人亦需背书。一般背书多是空白背书。

（3）如果 L/C 规定 "Endorsed to order of ABC. Co., Ltd."，则在本栏填受益人名称为被保险人，再在保险单的背面填上 "To order of ABC. Co., Ltd." 或 " Claim if any pay to the order of ABC. Co., Ltd. "，受益人再签字盖章。

（4）如果 L/C 规定 " Endorsed in favour of ABC. Co., Ltd. "，则在本栏填受益人名称为被保险人，再在保险单背面填 " In favour of ABC. Co., Ltd. " 或 " Please pay in favour of ABC. Co., Ltd. "，然后受益人再签字盖章。上述两种背书都是记名背书。

（5）如果 L/C 特别规定以某某公司或某某银行为被保险人，可以直接在本栏填写规定的名称，不用背书。

（6）如果 L/C 规定保单为"To order of ××× bank"或"In favor of ××× bank"，则填写"受益人名称 + held to order of ××× bank"或"受益人名称 + in favor of ××× bank"。

（7）如果 L/C 要求中性抬头（third party 或 in neutral form），则填写"To whom it may concern"。

知识链接

保险单的背书

在 CIF 交易条件下，出口方向银行交单结汇时，在提单转让的同时，在保险单的正本及第二联的背面应背书签章，将保险单的权益转移给单据持有人。单据持有人成为新的被保险人，享有向保险人索赔的权利。保险单据的背书转让事先无须通知保险人，但转让形式取决于信用证的相关规定。

保单的背书分为空白背书（只注明被保险人名称）、记名背书（业务中使用较少）和记名指示背书（在保单背面打上"To Order Of ×××"和被保险人的名称）三种。

空白背书只注明被保险人（包括出口公司的名称和经办人的名字）的名称。当来证没有明确使用哪一种背书时，可使用空白背书方式。保单做成空白背书意味着被保险人或任何保单持有人在被保货物出险后享有向保险公司或其代理人索赔并得到合理的补偿的权利。

记名背书在出口业务中较少使用。因为这一背书方式只允许被背书人（受让人）而限制其他任何人在被保险货物损失后享有向保险公司或其代理人索赔并得到合理的补偿的权利。当来证要求"DELIVERY TO THE ORDER OF...BANK"或"ENDORSED IN NAME OF..."，即规定使用记名方式背书时，应在保险单背面注明被保险人的名称和经办人的名字后，打上"DELIVERY TO THE ORDER OF..."或"ENDORSED IN NAME OF..."的字样。

指示背书当来证要求"INSURANCE POLICY ISSUED TO THE ORDER OF..."即规定使用记名指示方式背书。在制单时，要在保险单背面打上"TO THE ORDER OF"，然后签署被保险人的名称。

无须背书的情形：若信用证规定"INSURANCE POLICY ISSUED TO WHOM IT MAY CONCERN"（被保险人为中性名称）或"INSURANCE POLICY ISSUED TO

BEARER"（保单签发给被保险人），则保单无须背书即可转让。当被保险货物损失（承保范围内）后，保险单的持有人享有向保险公司或其代理人索赔并得到合理的补偿的权利。

5. 标记（Marks & Nos）

此栏填制装运唛头，一般与商业发票的唛头完全一致。可以填写"AS PER INVOICE NO.×××"。

6. 包装及数量（kind of Packages & Quantity）

本栏填写商品外包装种类及最大包装件数，依照发票填写即可。

7. 保险货物项目（Description of Goods）

本栏填写商品的名称，可以用总称。填写内容与提单一致，或只填"AS PER INVOICE NO.×××"，因为保险单索赔时一定要求出具发票，这样简单地填写，可使两种单证互相参照，避免填写单证时疏忽导致单单不符的严重错误；数量一栏填写最大包装的件数。

8. 保险金额（Amount Insured）

货物发生损失时，保险公司给予的最高赔偿限额，一般按 CIF/CIP 发票金额的 110% 投保，加成如超出 10%，超过部分的保险费由买方承担可以办理。L/C 项下的保单必须符合 L/C 规定，如发票价包含佣金和折扣，应先扣除折扣再加成投保；被保险人不可能获得超过实际损失的赔付；保险金额的大小写应一致。如信用证有" Insurance policy... for 110% of full CIF invoice value..."规定的，如果 CIF3% 总价为 100 万美元的货物，则投保金额为 106.7 万美元。

保额尾数通常要"进位取整"或"进一取整"，即：不管小数部分数字是多少，一律舍去并在整数部分加"1"。例如，保险金额为 USD23056.16，则此栏应填写 USD23057。保险金额使用的货币必须是信用证所规定的货币。

9. 保险总金额（Total Amount Insured）

这一栏目只需将保险金额以大写的形式填入，计价货币应以全称形式填入。注意保险金额使用的货币应与信用证使用的货币一致。

10. 保费（Premium）与费率（Rate）

保费和费率通常由保险公司在保险单印刷时就打印"As Arranged"（按约定）字样。除非 L/C 另有规定，两者在保单上可以不具体显示。出口公司在填写保险单时无须填写。

保险费通常占货价的比例为 1% ～ 3%，险别不同，费率不一（水渍险的费率约相当于一切险的 1/2，平安险约相当于一切险的 1/3；保一切险，欧美等发达国家费率约是 0.5%，亚洲国家约是 1.5%，非洲国家约在 3% 以上）。

11. 装载工具（Per Conveyance S.S.）

按实际运输方式和运输工具名称填入。如为海运（By sea, By steamer, By vessel per S. S. ），则在本栏可填具体船名及航次。例如本栏可填 " S. S. EASTWIND VOY. NO. 009A"即："东风轮第 009A 航次"。其中 S. S. 即 steamship 的缩写。如中途将转船，而第二程船名已明确，亦应同时表示出来。如第一程船名为 EASTWIND，第二程船名为 VICTORY，则表示：" S. S. EASTWIND/VICTORY"。如为陆运，则表示 " By train, wagon No. × × × × ；By truck "；空运，则表示 "By air" 或 "By airplane"；如邮包寄送，则表示 " By parcel post"。如陆空陆联运，即先装火车，然后空运，最后以汽车转到最终目的地（即 T/A/T 方式），则表示 " by train / air /truck"。

12. 开航日期（Slg on or Abt）

开航日期(Date Of Commencement)通常填提单上的装运日，也可填 " As Per B/L" 或 " As per Transportation Documents"。

13. 起讫地点（From...To...）

起点指装运港名称，讫点指目的港名称。当一批货物经转船到达目的港时，这一栏照下列方法填写：From 装运港 To 目的港 W/T（VIA）转运港。

14. 承保险别（Conditions）

出口公司在制单时，只需在副本上填写这一栏的内容；当全套保险单填好交给保险公司审核、确认时，才由保险公司把承保险别的详细内容加注在正本保险单上。

承保险别可分为两大类：基本险、附加险。中国人民保险公司承保的基本险别是：平安险（F.P.A.）、水渍险（W.A.）和一切险（ALL RISKS），在填写时，一般只需填写险别的英文缩写，同时注明险别的来源，即颁布这些险别的保险公司。如："PICC"指中国人民保险公司，"C.I.C."指中国保险条款，并标明险别生效的时间。如：PICC 或 C.I.C. 颁布的险别生效时间是 1981 年 1 月 1 日。在实际业务中，对于要求投保英国协会货物条款（ICC）的，我方一般也可接受。在填写保险单时要标出所保险的险别适用的文本名称及其日期。例如，"...as per Ocean Marine Cargo（All Risks）Clauses of The People' s Insurance Company of China dated 1/1/1981."

15. 赔付地点（Claim payable at）

此栏按合同或 L/C 要求填制。如 L/C 中并未明确，一般将目的港 / 地作为赔付地点。

16. 日期及地点（Date & Place）

日期是指填写保险单的签发日期。由于保险公司提供仓至仓（W/W）服务，所以要求保险手续在货物离开出口方仓库前办理。保险单的日期相应地填写货物离开仓库的日期，或船舶开航前或运输工具开行前，即至少填写早于提单签发日的日期。保险单签发地点即办理投保所在地的地点。一般保险公司在印制保险单时已事先印妥。

17. 盖章和签字（Stamp & Signature）

由保险公司签字或盖章以示保险单正式生效。单证的签发人必须是保险公司 /承保人或他们的代理人；在保险经纪人的信笺上出具的保险单证，只要该保险单证是由保险公司或其代理人，或由承保人或其代理人签署的就可以接受。

知识链接

保险单正本份数

一般情况下保险公司共印制三份正本，三份都一样印有"ORIGINAL"字样，但在保险单正本的本栏各标明"第一正本"（The First Original）、"第二正本"（The Second Original）和"第三正本"（The Third Original）加以区别。各外贸公司可以根据信用证或实际需要的正本份数，取其一份、两份或三份使用。根据 UCP 600 第十七条 D 款规定：如果信用证使用诸如"一式两份"（in duplicate）、"两份"（in two fold）、"两套"（in two copies）等用语要求提交多份单证，则提交至少一份正本，其余使用副本即可满足要求，除非单证本身另有说明。又根据 UCP 600 第二十八条 B 款规定：如果保险单证注明签发的正本超过一份，必须提交所有的正本，除非信用证另有授权。

所以根据上述条文规定，如果信用证仅规定类似一式两份等说法，可以提供一份正本和一份副本来满足。但一般在实务中，对保险单，即使信用证规定类似一式两份等说法，也习惯提供两份正本；如果规定一式三份，则提供三份正本。

第三节　保险单证操作实务

拉夫美特公司（LIFEMATE IMPORT AND EXPORT TRADE CO., LTD）根据与日本日慧公司（RIHUI CORPORATION）订购四门衣柜（家具编号为 KSHT-KSH-C017-SMYG）的合同、发票和装箱单的相关内容填写保险单，如图 6-2 所示。（注：拉夫美特公司于 4 月 10 日向中国人民保险公司投保，保险单号为：2970000730202 0800007）。

扫码学习保险单
操作实务视频

中国人民保险公司

The People's Insurance Company of China

总公司设于北京一九四九年创立

HEAD OFFICE：BEIJING　　ESTABLISHED IN 1949

地址：中国大连黄河路　　CABLE：42001 DALIAN

ADRESS：No. 2，HUANGHEROAD，DALIAN，CHINA FAX：2804558，363660

TLX：86215 PICC CN

海洋货物运输保险单

MARINE CARGO TRANSPORTATION INSURANCE

发票号次　　　　　　　　保险单号次

INVOICE NO. LMA1281　　　POLICY NO. 29700007302020800007

中国人民保险公司（以下简称本公司）

THE POLICY OF INSURANCE WITNSES THAT THE PEOPLE'S INSURANCE COMPANY OF CHINA（HEREINAFTER CALLED）"THE CMPANY"，AT THE REQUEST OF——LIFEMATE IMPORT AND EXPORT TRADE CO., LTD

根据（以下简称被保险人）的要求，由被保险人向本公司缴付约定的保险费，按照本保险单承保险别和背面所载条款与下列特款承保下述货物运输，特立本保险单。

（HEREINAFTER CALLED THE "INSURED"）AND IN CONSIDERATION OF THE AGREED PREMIUM BEING PAID TO THE COMPANY BY THE INSURED，UNDERTAKES TO INSURE THE UNDERMENTIONED GOODS IN TRANSPORTATION SUBJECT TO THE CINDITIONS OF THIS POLICY AS PER THE CLAUSES PRINTED OVERLEAF AND OTHER SPECIAL CLAUSES ATTACHED HEREON.

标　记 MARKS &NOS.	包装及数量 QUANTITY	保险货物项目 SCRIPTION OF GOODS	保险金额 AMOUNT INSURED
N/M	75 CTNS	LIFEMATEFOUR DOOR WARDROBE	JP￥2054090.00

总保险金额

TOTAL AMOUNT INSURED SAY JP.YEN TWO MILLION FIFTY–FOUR THOUSAND AND NITY ONLY

保费　　　　　　　　　　费率　　　　　　　　装载运输工具

PREMIUN AS ARRANGED　　RATE AS ARRANGED　　　　PER CONVEYANCES.S FEILONG V.0726E

开航日期　　　　　　　　　自　　　　　　　　至

SLG. ON OR ABT AS PER DRAFT　　FROM　DALIAN　　　TO　TOKYO

承保险别CONDITIONS COVERING INSTITUTE CARGO CLAUSES：ICC（A）CLAUSE.DATED 1/1/1981

所保货物，如遇出险，本公司凭第一正本保险单及其有关证件给付赔款。

CLAIMS，IF ANY，PAYABLE ON SURRENDER OF THE FIRST ORIGINAL OF THE POLICY TOGETHER WITH

所保货物，如发生本保险单项下负责赔偿的损失或事故，应立即通知本公司下述理赔代理人查勘。

OTHER RELEVANT DOCUMENTS IN THE EVENT OF ACCIDENT WHEREBY LOS OR DAMAGE MAYRESULT IN A

CLAIM UNDER THIS POLICY IMMEDIATE NOTICE INCOK LOSS & AVERAGE ADJUSTERS SUIT 401，4F HWANGBO

B/D NO.81–4，CHUNGANG DONG4GA CHUNG KU TOKYO，JAPAN

赔付地点　　　　　　　　　　中国人民保险公司大连分公司

CLAIMPAYABLE AT **TOKYO JAPAN IN JPY**　　**THE PEOPLE'S INSURANCE CO.**

日期 **DATE　Apr.10，2019**　　　　　　**OFCHINA DALIAN BRANCE**

图6-2　保险单

147

Summary: Insurance Documents

Definition of marine insurance

Originally, insurance was only applied to losses at the sea, where risks were always great. What is more, ocean shipping takes up the biggest share of the volume of goods transported in international trade. Therefore, marine insurance has become the most important one.

The main characteristics of marine insurance

◆ In international trade, insurance is to protect the interest of the importer and the exporter from possible financial losses caused by risks during the transit of goods from the factory or warehouse in a country of origin to the ware house in a country of destination.

◆ As a title document, insurance documents can be transferred. Endorsing and delivering the full set of originals can be the same as the bill of lading transfer. Under trade term CIF, the seller effects the insurance, the risk, however, will be taken by the buyer as soon as the goods passed over the ship's rail in the port of shipment. Accordingly, the seller should transfer insurance documents together with the bill of lading, i.e. the right of indemnity will be also transferred.

Risks in marine cargo insurance

Risks in marine cargo insurance are of many kinds, which can generally be classified into two types: perils of the sea and extraneous risks. Perils of the sea are caused by natural calamities and fortuitous accidents; the latter, by various extraneous reasons, including general extraneous risks and special extraneous risks.

Perils of the sea

◆ Natural calamity refers to the perils under force majeure such as vile weather, thunder storm and lightening, earthquake, flood, etc.

◆ Fortuitous accidents are such risks as ship stranding, striking upon the rocks, ship sinking, ship collision, colliding with icebergs or other objects, fire, explosion, ship missing,etc.

Extraneous risks

◆ General extraneous risks include theft or pilferage, rain, shortage contamination, leakage, breakage, taint of odor, dampness, heating, rusting,hooking, etc.

◆ Special extraneous risks include war risks, strikes, non-delivery of cargo, refusal to receive cargo, etc.

Marine insurance coverage

Under China Insurance Clause (C. I. C.), for ocean marine insurance,there are basic risks coverage and additional risks coverage. Basic risks coverage falls into three groups : Free from Particular Average (F. P. A), with Particular Average (W. P. A) and All Risks. Additional risks include general additional risks and special additional risks.

Free from Particular Average (F. P. A)

Free from Particular Average, basically, is a limited form of cargo insurance in that no partial damage is recoverable from the insurers unless that actual vessel or craft is stranded, sunk or burnt. Under the latter circumstances, the F. P. A cargo policy holder can recover any losses of the insured merchandise which was on the vessel at the time as the insured would obtain under the more extensive W. P. A policy. The F. P. A. policy provides coverage for total losses and general average emerging from actual "marine perils".

With Particular Average (W. P. A)

With Particular Average covers wider than that F. P. A. Aside from the risks covered under F. P. A,this insurance also covers partial losses of the insured goods caused by vile weather, lightning, tsunami, earthquake and/or flood.

All Risks

The cover of All Risks is the most comprehensive of the three. Aside from the risks covered under F. P. A and W. P. A conditions, this insurance also covers all risks of loss or damage to the insured goods whether partial or total,arising from external causes in the course of transit. It should be noted that "All Risks" does not, as its name suggests, really cover all risks. The "All Risks" clause excludes coverage against damage caused by war, strikes, riots, etc. These perils can be covered by separate clause. And All Risks covers only physical loss or damage from external causes.

The main contents of the insurance policy

◆ Invoice No.: the invoice No. of the goods insured.

◆ Policy No.: it is designated by the insurance company.

◆ Insured: the beneficiary under the L/C or the exporter of the contract.

◆ Marks and No.: be identical to the mark on the invoice or write as per Invoice No. × × ×

◆ Package and Quantity: the largest packages and kinds. It should be consistent with the Invoice and Credit concerned. Write net weight if the goods are in bulk.

◆ Description of Goods Insured : name of the goods insured. It should be consistent with the Invoice. Write a general term if so many names involved.

◆ Amount Insured: the actual insured amount. Specifies coverage for 110 percent of the CIF value, round figure required after decimal point, and the currency should be consistent with that of the credit.

◆ Total Amount Insured: the amount in capital letters. The currency and amount should be consistent with the above-mentioned amount in figures.

◆ Premium Rate: the insurance company pre-prints"AS ARRANGED". We need not fill it in unless the credit requires specific premium clauses.

◆ Per Conveyance S. S: the name and the code of conveyance.

◆ Sig. Or Abt: write the issuing date of the transportation or just write"As per B/L".

◆ From...To...: the word "from" is followed by the port of loading (named place of receipt) "to" followed by the port of discharge (named place of destination) .

◆ Conditions: fill in as to kinds of coverage stipulated in the credit or in the contract and clearly indicates the insurance clauses and their permuted years.

◆ Surveying Agent: the agent of the insurance company at destination.

第七章　原产地证

扫码获得本章 PPT

【学习目标】

　　了解原产地证的分类以及签证程序；掌握普通原产地证及普惠制产地证的缮制方法。

【重点难点】

　　1. 普通原产地证及普惠制产地证的签证程序

　　2. 普通原产地证及普惠制产地证的内容及制作方法

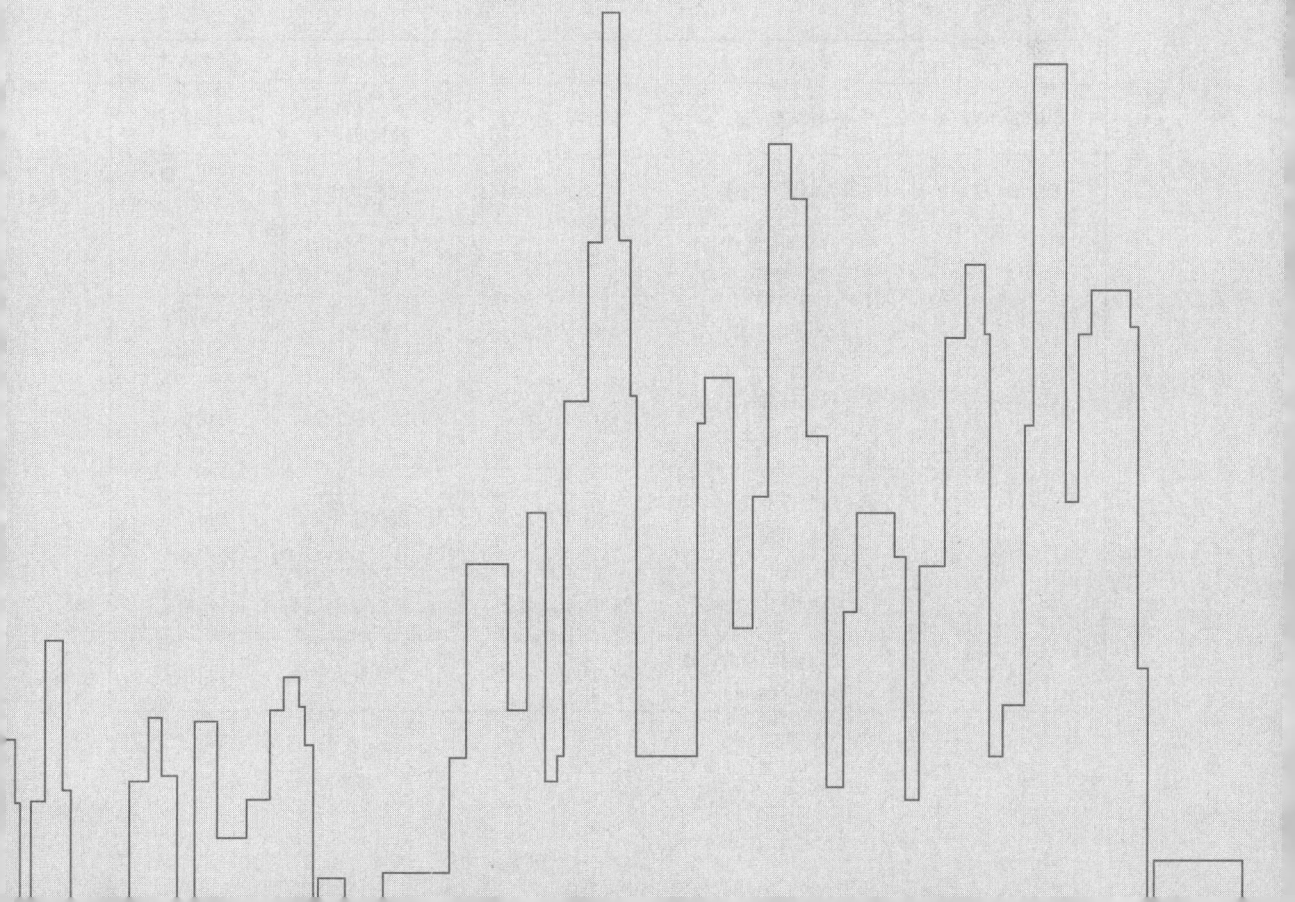

第一节　原产地证概述

一、原产地证的含义和作用

原产地证（Certificate of Origin），是一种证明货物原产地或制造地的文件，供进口国海关采用不同的国别政策、国别待遇、差别关税和控制进口配额的一种国际贸易单证。

该文件具有法律效力，也是通关、结汇、进行贸易统计的重要证明文件。

扫码学习原产地证概述视频

我国出口商可以向国家质量监督检验检疫总局（AQSIQ）、中华人民共和国商务部（MOFCOM）、中国国际贸易促进委员会（CCPIT）三大机构申领原产地证。

二、原产地证的种类

根据原产地证的签发机构、使用范围、证书格式的不同，原产地证可以分为以下三种类型，具体如表7-1所示。

表7-1　原产地证书种类

证书种类	证书名称	证书简称	签发机构	证书格式
普通原产地证	一般原产地证	C/O 产地证	贸促会、出入境检验检疫局	商务部统一格式
优惠原产地证	普惠制原产地证	GSP 产地证	出入境检验检疫局	格式 A、格式 59A、格式 APR
特殊（区域性）产地证	欧洲经济共同体纺织品专用产地证	EEC 产地证	商务部、各地商务委员会	统一格式
	原产地声明书	DCO 产地证	出口商	格式 A、格式 B、格式 C
	中国—东盟自由贸易区优惠原产地证	FORM E 产地证	出入境检验检疫局	专用格式
	中国—智利自由贸易区优惠原产地证	FORM F 产地证	出入境检验检疫局	专用格式
	亚太贸易协定原产地证	FORM B 产地证	出入境检验检疫局	专用格式
	中国—巴基斯坦自由贸易协定原产地证	FORM P 产地证	出入境检验检疫局	专用格式

1. 一般原产地证

一般原产地证（Certificate of Origin），也称普通产地证，通常用于不使用海关发票或领事发票的国家或地区，以确定对货物征税的税率。它也是国际贸易中使用最多的产地证。在我国，一般原产地证是指中华人民共和国原产地证（Certificate of Origin of the People' s Republic of China），由中国国际贸易促进委员会或国家质量监督检验检疫总局出具，其格式、内容和项目完全一样，只是签发单位名称和签章不同。在国际贸易中提供哪一种证书，应该依据合同和信用证的规定。如果合同或信用证规定产地证由商业公会等民间机构提供，则一般由中国国际贸易促进委员会出具证书；如果要求由商检机构提供，则一般使用国家质量监督检验检疫总局出具的产地证。

2. 普惠制原产地证

普惠制原产地证（Generalized System of Preferences/Certificated of Origin，GSP），全称是普遍优惠制原产地证明书，是指发达国家给予发展中国家或地区在经济、贸易方面的一种普遍的、非歧视的、非互惠的一种关税优惠制度。即发展中国家向发达国家出口制成品或半制成品时，发达国家对发展中国家予以免征或减征关税。其是受惠国的原产品出口到给惠国，产品A享受普惠制关税减免待遇时必备的凭证。

普惠制原产地证有三种格式，即 FORM A（格式 A）、FORM 59A（格式 59A）及 FORM APR（格式 APR）。其中 FORM A 比较普遍。FORM A 证书由受惠国的出口商填制并申报，受惠国签证机构审核、证明及签发。签证机构还负责对已签证书的事后查询工作，答复给惠国对已签证书的查询。签证机构必须是受惠国政府指定的，其名称、地址以及印模都要在给惠国注册登记，向联合国贸发会议秘书处备案。在我国，国家质量监督检验检疫总局及其所属机构是签发普惠制原产地证书的唯一机构。

3. 欧洲经济共同体纺织品专用产地证

欧洲经济共同体纺织品专用产地证（Europe Economic Community/Certificate of Origin），简称 EEC 纺织品产地证，专门用于需要配额的纺织类产品，是欧共体进口国海关控制配额的主要依据。EEC 纺织品产地证与 EEC 纺织品出口许可证的内容完全一致，均由出口国有关机构提供，我国专门由商务部签发。

4. 对美国出口的原产地声明书

原产地声明书（Declaration of Country Origin），简称 DCO 产地证，又称为美国产

地证，凡是出口到美国的纺织品，出口商必须向进口商提供该类原产地声明书，作为进口商清关的单证之一。声明书主要包括 A、B、C 三种格式。格式 A 为单一国家产地声明书，一般适用于本国原材料并由本国生产的产品；格式 B 为多国产地声明书，一般用于来料加工、来件装配的产品，由多国生产；格式 C 为非多种纤维纺织品声明书，一般适用于纺织品原料的主要价值或重量是丝、麻类或其中羊毛含量不超过 17% 的纺织品。

第二节　一般原产地证

一、一般原产地证签证程序

1.注册登记与审核

申请单位须向签证机构办理注册登记手续，经签证机构审核合格后，享有申办原产地证的资格。申请单位向签证机构办理注册登记手续时，须提交下列文件：

扫码学习一般原产地证内容与操作实务视频

（1）由工商行政管理部门颁发的当年有效的或经年审的营业执照副本影印件一份；

（2）政府主管部门授予企业进出口经营权的文件影印件一份；

（3）"申请一般原产地证明书注册登记表"一式两份。

申请单位注册手签员、申领员的授权人应为企业法人代表，若授权人不是企业法人代表，须提供企业法人代表的授权书。手签人员和申领员可以是同一人，也可以是不同人。每一个申请企业允许授权三名手签人员和三名申领员。

申请单位申请注册登记时，还应提供货源企业及其产品的有关材料。出口货物为异地货源的，应根据签证机构的要求，提供货源所在地签证机构提供的"异地货源原产地调查结果单"。

注册有效期为一年，以注册日年度为限。期满经年度审核合格的，续展一年。经注册登记的企业，须按签证机构的要求建立出口货物进料、生产、出货记录。对注册登记的企业及产品，签证机构将派专人到企业进行实地核查。签证机构有权对出口货物实行随机抽查。

2.原产地证的申领与签发

企业经注册登记后，其授权及委派的手签人员和申领员应接受签证机构的业务培训。申领员凭签证机构颁发的申领员证申办原产地证。持证人因故不能办证时，企业可指定其他人员凭单位证明申办原产地证。申领员不得转借、涂改，也不得用此证

代替他人领取证书。若有遗失，应立即向发证机关申明，并凭单位证明申请补办。

企业最迟于货物报关出运前三天向签证机构申请办理原产地证，并按签证机构要求提交以下材料：

（1）"中华人民共和国出口货物原产地证明书" / "加工装配证明书申请书"一份。

（2）"中华人民共和国出口货物原产地证明书"一式四份。

（3）出口货物商业发票。

（4）其他证明文件。

签证机构通常不接受货物出运后才递交的原产地证申请。但特殊情况除外。签证机构对上述材料审核无误后，签发原产地证。

二、一般原产地证的内容及填写方法

原产地证如表 7–2 所示。

表7–2　一般原产地证书

ORIGINAL

2.Exporter（full name and address）	1.CERTIFICATE NO		
3.Consignee（full name， address， country）	**CERTIFICATE OF ORIGIN** **OF** **THE PEOPLE'S REPUBLIC OF CHINA**		
4.Means of transport and route	6.For certifying authority use only		
5.Country / region of destination			
7.Marks and numbers	8. Number and kind of packages description of goods；	9.H.S.Code	10.Quantity or Weight	11.Number and date of invoices
12.Declaration by the exporter The undersigned hereby declares that the above details and statement are correct； that all the goods were produced in China and that they comply with the Rules of Origin of the People's Republic of China. _____ Place and date， signature and stamp of authorized signatory	13.Certification It is hereby certified that the declaration by the exporter is correct. _____ Place and date， signature and stamp of certifying authority		

1. 栏 1. Certificate No.（证书编号）

证书编号位于证书右上方，由签证机构指定的号码编制。

2. 栏 2. Exporter（full name and address）（出口商名称、地址、国家）

本栏填写出口公司的详细地址和名称，一般包括企业全称、详细地址和国家名称。一般为信用证业务的收益人，托收业务中的托收人。

3. 栏 3. Consignee（full name and address）（收货人名称、地址、国家）

本栏填写给惠国最终收货人名称和地址，一般包括企业全称、详细地址和国家名称。一般为信用证业务的开证申请人，托收业务中的进口方。如果信用证要求所有单证收货人一栏留空，在这种情况下，此栏加注"To Whom It May Concern"或"To Order"。如果需要转运，在收货人后面加注"VIA"，然后填写转口商名称、地址和国家名称。

4. 栏 4. Means of transport and route（运输方式和路线）

本栏填写装运港、目的港、中转港的名称，并说明运输方式和运输路线，应注明启运地、目的地以及运输方式等内容。例如：From Shanghai to Hamburg by sea。

5. 栏 5. Country/region of destination（目的地或最终目的国）

本栏填写货物最终到达的国家或地区。一般应与最终收货人或最终目的港国别一致，也可以将目的地和国名同时列出。例如：New York USA。

6. 栏 6. For certify authority use only（供签证机构使用）

本栏供签证当局填写。正常情况时，此栏空白。如果是"后发"，加盖"ISSUED RETROSPECTIVELY"的红色印章。注意：日本一般不接受后发证书。

7. 栏 7. Marks and numbers（唛头和包装号）

本栏填写唛头和包装号。填写商品包装上的装运标志，应完整、规范并与其他单证上的装运标志一致。当唛头过长时可超出本栏，延续到第 8 栏内。一般不能简单填写"As per invoice No.×××"或类似内容。当无唛头时，填写"N/M"。

8. 栏 8. Number and kind of packages；description of goods（商品名称、包装数量及种类）

该栏目填写应包括三项内容。最大包装件数，包括大、小写两种方式，如："ONE HUNDRED（100）packages"；商品名称，最大包装件数和商品名称，用"of"连接，如"ONE HUNDRED（100）packages of Door Locks"；使用终止符号"***"将上述内容的下一行填满。

9. 栏 9. H.S.Code（商品编码）

该栏应按照商品在《商品名称和编码协调制度》（Harmonized Commodity Description & Coding System）中的编码填写，且与报关单中的商品编码一致。如同一证书包含几种不同商品，则应当将相应的商品编号全部填报。此栏不得留有空白；有时候此栏填报十位商品编号，其中最后两位为补充号；填报的商品编号必须与实际货名一致，并与报关单中显示的"H、S、CODE"一致。

10. 栏 10. Quantity or weight（数量或重量）

应按提单或其他运输单证中的有关毛重、数量等正常计量单位填写。一般填写出口货物的数量并与商品计量单位联用。如果计量单位为重量，应标明毛重和净重。例如："G.W.400kg"或"N.W.390kg"。

11. 栏 11. Number and date of invoice（发票号码和日期）

本栏应填写两项内容：发票号码和发票日期。该日期应早于或同于实际出口货物的日期。此栏不得空白。

12. 栏 12. Declaration by the exporter（出口商声明）

本栏必须由出口公司指派的专人签字并签署地点、时间。该日期不能早于发票的签发日期，一般与发票的日期相同，同时不能迟于装运日期和第 13 栏签证机关的签发日期。

13. 栏 13. Certification（签证机关证明）

此栏由签证当局填写机构名称、地点和时间等。如：中华国际贸易促进委员会。2009 年 12 月于上海。

第三节　普惠制原产地证

一、普惠制原产地证签证程序

各地出入境检验检疫机构是我国政府授权的签发普惠制产地证的唯一机构，签证手续按《中华人民共和国普遍优惠制原产地证明书签证管理办法》办理。

1. 注册登记

由申请签发普惠制产地证书的企业（公司）事先向当地商检机构办理注册登记手续。登记时须提交下列证件：

（1）经营出口业务的批准文件。

（2）国家工商行政管理部门核发的营业执照。

（3）由申请签证单位法人代表签署的、委托该单位人员办理普惠制原产地证书申请及手签事宜的委托书一份。

上述证件，经商检机构初步审核后，发给"申请签发普惠制原产地证书注册登记表"和"普惠制 FORMA 原产地证书申报人注册登记卡"各一式两份，由申请单位如实填写，并在规定的时间内将上述表格递交商检机构审核。商检机构确认该单位具有申请签证资格后将准予注册，申请单位应在同时交付规定的注册费。之后，由商检机构在指定时间内，对普惠制申请手签人员进行业务培训，考核合格后签发申报证件。申报人可在当年度内凭证向各地商检机构办理普惠制申请签证业务。注册地商检机构每两年对已注册单位及申请手签人员进行复查。

2. 申请出证

申请单位在本批货物出运前五日到商检机构办理申请事宜。申请时一般应提交：

（1）普惠制产地证申请书一份。

（2）缮制正确、清楚，并经申请单位手签和加盖公章的普惠制产地证格式 A 一式三份。

（3）出口商品商业发票副本一份。

（4）含有进口成分的产品，还应提交"含进口成份商品成本明细单"一式两份。

（5）复出口去日本的来料加工产品及以进养出商品，还应提交缮制清楚的、经申请单位手签并加盖公章的"从日本进口原材料的证明"（CERTIFICATE OF MATERIALS IMPORTED FROM JAPAN）一式两份，及来料（或进料）发票副本和装箱单。

（6）其他被认为有必要提供的相关单证（如信用证、合同、报关单等）。

3. 签发证书

出入境检验检疫机构接受申请后，认真审核证书各栏内容，必要时派人去生产厂核查，经查无误的，即予签发。

4. 申请更改、后发

普惠制产地证经签发后，申请人如需更改证书内容的，必须征得原签证机构的同意，全数退回原证书，填写更改单，提交更改凭证和重新缮制的普惠制产地证一式三份，经审核后予以重新签发。

特殊情况下，货物出运时未申请签发普惠制产地证，出运后外商又要求格式 A 证书时，申请单位可办理申请后发手续，但必须向出入境检验检疫机构提交货物确已出运的证明文件，经审核同意后，方能予以签发，并加盖"后发"印章。

二、普惠制原产地证的内容及填写方法

下面以普惠制原产地证格式 A 产地证（GSP Certificate of Origin Form A）为例，如表 7-3 所示。

1. 栏 1. Reference No.（编号）

证书编号位于证书右上方，填写出入境检验检疫局指定的编号。

2. 栏 2. Issued in...（签发国别）

本栏位于证书名称栏下方，填上"THE PEOPLE'S REPUBLIC OF CHINA"，一般来说，出入境检验检疫局在印刷证书时已印妥。

3. 栏 3. Goods consigned from（Exporter's business name, address, country）（出口商名称、地址、国家）

本栏填写出口公司的详细地址和名称。应该为中国出口单位的名称和地址。

4. 栏 4. Goods consigned to（Consignee's name, address, country）（收货人名称、地址、国家）

本栏填写给惠国最终收货人名称和地址。一般可以为信用证的开证申请人，如果不明确最终的收货人，则可以填写提单通知人或发票抬头人；也可以采用"To Whom It May Concern"的表达方法。

5. 栏 5. Means of transport and route（as far as known）（运输方式和路线，就所知而言）

本栏填报装运港、目的港、中转港的名称，并说明运输方式和运输路线。即应注明起运地、目的地以及运输方式等内容。例如：From Shanghai to Hamburg by sea。

6. 栏 6. For official use（供签证方使用）

此栏由签证当局填写，正常情况下此栏空白。特殊情况下，签证当局在此栏加注，例：货物已出口，签证日期迟于出货日期，签发"后发"证书时，此栏盖上"ISSUED RETROSPECTIVELY"红色印章；证书遗失、被盗或者损毁，签发"复本"证书时盖上"DUPLICATE"红色印章，并在此栏注明原证书的编号和签证日期，并声明原发证书作废，其文字是"THIS CERTIFICATE IS IN REPLACEMENT OF CERTIFICATE OF ORIGIN NO....DATED...WHICH IS CANCELLED"。

注意：在录入后发证书时，请在申请书备注栏注明"申请后发"，否则计算机退回。日本一般不接受"后发证书"。

7. 栏 7. Item number（项目号）

如果同一批出口货物有不同种类商品品种，则按照每一项商品归类品种后，用阿拉伯数字"1""2""3"……编号填入此栏，单项商品用"1"表示。

8. 栏 8. Marks and numbers of packages（唛头和包装号）

唛头应与货物外包装上的唛头及商业发票的唛头一致。唛头不得出现中国以外的地区和国家制造的字样，也不能出现中国香港、中国澳门、中国台湾原产地字样（例如：MADE IN TAIWAN, HONG KONG PRODUCTS 等）。如货物无唛头应填"N/M"。如唛头过多，此栏位置不够填，则打上"SEE THE ATTACHMENT"，用附页填写所有唛头（附页的纸张要与原证书一样大小），在右上角打上证书号，并由申请单位和签证当局授权签字人分别在附页末页的右下角和左下角手签、盖印。附页手签的笔迹、地点、日期均与证书相一致。

注意：有附页时，请在申请书备注栏注明"唛头见附页"，否则计算机退回。

9. 栏 9. Number and kind of packages; description of goods（商品名称、包装数量及种类）

此栏填写包件数量及种类、商品的名称，包件数量必须由英文和阿拉伯数字同时表示，例如：ONE HUNDRED AND FIFYE（150）CARTONS OF WORKING GLOVES。

注意：

（1）如果包件数量为千以上，则千与百单位之间不能有"AND"连词，否则计算机退回。应填："TWO THOUSAND ONE HUNDRED AND FIFEYE（2150）CARTONS OF WORDING GLOVES."

（2）数量、品名要求在一页内打完，如果内容过长，则可以合并包装箱数，合并品名。例如："ONE HUNDRED AND FIFYE（150）CARTONS OF GLOVE, SCARF, TIE, CAP."

（3）包装必须打具体的包装种类（例：POLYWOVEN BAG, DRUM, PALLET, WOODEN CASE 等），不能只填写"PACKAGE"。如果没有包装，应填写"NUDE CARGO"（裸装货），"IN BULK"（散装货），"HANGING GARMENTS"（挂装）。

（4）商品名称必须具体填明（具体到能找到相对应的四位 HS 编码），不能笼统填 "MACHINE"（机器）、"GARMENT"（服装）等。对一些商品，例如玩具电扇，应注明 "TOYS: ELECTRIC FANS"，不能只列 "ELECTRIC FANS"（电扇）。

（5）商品的商标、牌名（BRAND）及货号（ARTICLE NUMBER）一般可以不填。商品名称等项列完后，应在下一行加上表示结束的符号，以防止加填伪造内容。国外信用证有时要求填写合同、信用证号码等，可加填在此栏空白处。当一份格式 A 的货物不止一种时，第 7 ～ 9 栏要做到一一对应。

10. 栏 10. Origin criterion（see Notes overleaf）（原产地标准）

该栏应按照普惠制原产地证申请书对货物原料成分比例的不同填写 "P""W""F" 等字母。具体填法如下：

（1）完全自产，无进口成分，应填写 "P"。

（2）含有进口成分的商品出口到欧盟 25 国、瑞士、挪威和日本，符合有关给惠国的加工标准的，应填写 "W"；经过出口国充分加工的产品输往欧盟等国时，应在 "W" 后加注出口产品在海关合作理事会税则目录（Customs Cooperation Council Nomenclature，CCCN）的税号。例如："W" 62.03。

（3）含有进口成分的商品出口到加拿大，若含有进口成分占产品出厂价的 40% 以下，使用 "F"。

（4）出口到澳大利亚、新西兰的产品，此栏可以空白。

（5）出口到俄罗斯、白俄罗斯、哈萨克斯坦、乌克兰、捷克和斯洛伐克的，进口成分的价值不超过商品离岸价 50% 的，填 "Y"，并在 "Y" 下方加注该商品进口成分的价值占商品离岸价的百分比。

11. 栏 11. Gross weight or other quantity（毛重或其他数量）

本栏填写与一般原产地证基本一致。

12. 栏 12. Number and date of invoice（发票号码和日期）

本栏填写与一般原产地证基本一致。

13. 栏 13. Certification（签证机关证明）

此栏由签证当局填写机构的名称并由其授权人手签。一般由以下内容组成：

（1）中华人民共和国出入境检验检疫局盖公章，只签一份正本，副本不予签章；如："中华人民共和国上海市出入境检验检疫局"。

（2）检验检疫局授权人或手签人手签。

（3）签证日期不得早于第 12 栏的发票日期和第 14 栏的申请日期，也不能晚于提单的装运日期。

（4）签发地点应包括城市名称和国家名称。

14. 栏 14. Declaration by the exporter（出口商申明）

本栏包括：产品原产国、进口国（给惠国）国名，出口公司，出口公司指派的专人签字和申报地点、时间。该日期不能早于发票的签发日期，一般与发票的日期相同，同时不能迟于装运日期和签证机关的签发日期。

表7-3 普惠制原产地证书

ORIGINAL

3.Goods consigned from (Exporter' s business name, address, country)			1.Reference No： **GENERALIZED SYSTEM OF PREFERENCES** **CERTIFICATE OF ORIGIN** （**Combined declaration and certificate**） **FORM A** **2.Issued in** THE PEOPLE' S REPUBLIC OF CHINA （country） See Notes， overleaf		
4.Goods consigned to (Consignee' s name, address, country)					
5.Means of transport and route (as far as known)			6.For official use		
7.Item number	8.Marks and numbers of packages	9.Number and kind of packages； description of goods	10.Origin criterion（see Notes overleaf）	11.Gross weight or other quantity	12.Number and date of invoices

13.Certification
  It is hereby certified， on the basis of control carried out， that the declaration by the exporter is correct.
 	
--- 	
Place and date， signature and stamp of certifying authority
			14.Declaration by the exporter
			  The undersigned hereby declares that the above details and statements are correct； that all the goods were produced in
			<u>**CHINA**</u>
			（country）
			and that they comply with the origin requirements specified for those goods in the Generalized System of Preferences for goods exported to
			--- 	
			（importing country）
			--- 	
			Place and date， signature of authorized signatory		

第四节　原产地证操作实务

拉夫美特公司（LIFEMATE IMPORT AND EXPORT TRADE CO., LTD）根据与日本日慧公司（RIHUI CORPORATION）订购四门衣柜（家具编号为 KSHT-KSH-C017-SMYG）的合同、发票和装箱单的相关内容填写一般原产地证书，如表7-4所示（注：根据拉夫美特公司提出的申请，中国国际贸易促进委员会于4月7日开出一般原产地证书，其号码是 3456282，HS 编码是 441299）。

表7-4　原产地证书

ORIGINAL

1.Exporter LIFEMATE IMPORT AND EXPORT TRADE CO., LTD 3003 INTERNATIONAL FINANCE BUILDING NO.98 RENMIN ROAD ZHONGSHAN DISTRICT DALIAN CHINA	Certificate No.3456282
2.Consignee RIHUI CORPORATION 101-409, DEA AH APT., 163, POONGN AB-DONG , SONGPAGU, SEOUL, JAPAN	**CERTIFICATE OF ORIGIN OF THE PEOPLE'S REPUBLIC OF CHINA**
3.Means of transport and route FROM DALIAN CHINA TO TOKYO JAPAN BY SEA	5.For certifying authority use only
4.Country / region of destination JAPAN	

6.Marks&numbers	7.Number and kind of packages; description of goods	8.H.S.Code	9.Quantity G.W.	10.Number and date of invoices
N/M	SEVENTY- FIVE CTNS OF LIFEMATE FOUR-DOOR WARDROBE	441299	1329KGS	LMA1281 Apr.7, 2019

11.Declaration by the exporter 　The undersigned hereby declares that the above details and statements are correct, that all the goods were produced in China and that they comply with the Rules of Origin of the People's Republic of China. **LIFEMATE IMPORT AND EXPORT TRADE CO., LTD DALIAN CHINA, Apr.7, 2019** ------ Place and date, signature and stamp of authorized signatory	12.Certification 　It is hereby certified that the declaration by the exporter is correct. **DALIAN CHINA, Apr.7, 2019** ------ Place and date, signature and stamp of certifying authority

Summary: Certificate of Origin

Definition of a certificate of origin

A certificate of origin is a document certifying where the goods are produced. Relevant details of the certificate will be supplied by the exporter.

Some countries may insist that a certificate of origin should be obtained before goods will be allowed into the country.

The main characteristics of a certificate of origin

The main characteristics of a certificate of origin is that it can be served as the basis for exercising discriminatory tariffs, implementing quotas and import control, ensuring that the quality of the imports meets the standards of the country of origin and conforms to the sanitation requirements of the importing country.

The issuing parties involved in the certificate of origin

The certificate of origin is preferably authenticated and issued by an Independent body, such as:

◆ General Administration of Quality Supervision, Inspection and Quarantine of the People' s Republic of China. (AQSIQ)

◆ The China Council for the Promotion of International Trade. (CCPIT)

◆ The Ministry of Commerce of the People' s Republic of China.

The main types of certificate of origin

Certificate of origin issued by the exporter

When a certificate of origin is issued by the exporter, it is usually made on the exporter' s company letterhead.

Certificate of origin issued by an independent third party

As is often the case, the letter of credit will usually stipulate an independent third party as the issuer of the certificate of origin. In this case, the certificate should be made on the issuer's company letterhead and should be made into a separate document which is not to be combined with any other documents.

Certificate of origin made on a combined form

When the credit does not stipulate an issuing party, a certificate of origin can be made in a combined form. A combined form is a combination of a certificate of origin with a commercial invoice where a statement such as:"We hereby certify that the goods are of Chinese origin" is inserted at the bottom of the Invoice.

A GSP certificate of origin

General System of Preference (GSP) is another widely used form of certificate of origin. It is a treatment of customs duty preference imposed by the developed countries on the goods from the developing countries, with the purpose of helping the developing countries to increase the revenue of exports and speed up their industrialization and their economic growth.

A GSP certificate of origin takes a standard form worldwide and should be issued by an authorized entity in the exporting country. In China, the entity is CIQ while in the other developing countries, the entity is usually the various Chambers of Commerce located in that country. The principles of GSP treatment are as follows :

◆ General

This favorable treatment is granted to every developing country.

◆ Non−discriminatory

The preference is conducted on a non−discriminatory basis.

◆ Non−reciprocal

The preference is granted by the developed country to the developing country without any requirements of a counter preference from the developing countries.

The main contents of a certificate of origin

A certificate of origin should generally contain the following contents;

◆ Exporter: the name and the address of the exporter.

A GSP form will also require the complete name of the country of origin to be supplied.

◆ Consignee: the name and the address of the importer.

◆ Means of transport and route: it usually includes the port of lading, the port of destination and means of transport.

◆ Country/region of destination: it usually means the importer's country.

◆ Item number: The commodities' item number in the contract or in the processing trade menu.

◆ Marks and numbers: it should be identical to the marks of invoice and bill of lading.

◆ Number and kind of packages; description of goods: number of package both in figures and words as well as the description of goods.

◆ Origin criterion: origin criterion letter should be properly filled in.

Different letters will indicate whether or not the goods are purely domestic products. For example, the letter "P"means a 100% local product, while "W" indicates that the products contain foreign ingredients or components.

◆ Quantity: total exporting quantity.

◆ Number and date of invoice: first, the invoice' s number, and then the date of issue of invoice.

◆ Declaration by the exporter: certifying statement to indicate clearly by the exporter that the merchandise is grown/ processed/ manufactured in an original country, usually the exporter' s country.

◆ Certification: by the China Council for The Promotion of International Trade (CCPIT, official stamp) and by CIQ for GSP Form A.

The issuing date may be later than the date of declaration made by exporter, but it must be made no later than the date of shipment.

◆ Signature of the issuer: signature of the person who is in charge of applying for the certificate and stamp of the exporter.

第八章　进出口货物报关单

扫码获得本章 PPT

【学习目标】

了解报关的基本操作规程以及收付汇核销与出口退税；掌握进出口报关单的填制方法。

【重点难点】

1. 进出境报关程序
2. 进出口报关单的制作

第一节　进出口货物报关单

一、进出口货物报关单的含义

进出口货物报关是指进出口货物收发货人、进出境运输工具负责人、进出境物品的所有人或其代理人向海关办理货物、运输工具、物品进出境手续及相关手续的全过程。《中华人民共和国海关法》（以下简称《海关法》）第八条规定："进出境运输工具、货物、物品，必须通过设立海关的地点进境或者出境。"由此可见，报关是运输工具、货物、物品进出境的基本规则，也是进出境运输工具负责人、进出口货物收发货人、进出境物品所有人必须履行的一项基本义务。

二、报关单的填制

中华人民共和国海关进出口货物报关单按进口和出口分为"中华人民共和国海关进口货物报关单"（表8-1）和"中华人民共和国海关出口货物报关单"（表8-2）两种，每种报关单均有47个栏目，其中大部分为报关单位（人）填写。为便于报关单位（人）准确填报和便于海关接受申报时审核有关数据，海关对外发布了《中华人民共和国海关进出口货物报关单填制规范》，统一规定了报关单各栏目的填写要求。报关单位（人）必须按照填制规范的要求，真实准确地填制报关单的有关栏目，并对其填报的数据的准确性和真实性承担相应的法律责任。现将海关对进出口货物报关单的各栏目的填制内容和规定介绍如下。

表8-1　中华人民共和国海关进口货物报关单

中华人民共和国海关进口货物报关单

预录入编号：　　　　　　海关编号：

进口口岸	备案号		进口日期		申报日期
经营单位	运输方式	运输工具名称			提运单号
收货单位	贸易方式	征免性质			征税比例
许可证号	起运国（地区）		装货港		境内目的地
批准文号	成交方式	运费		保费	杂费
合同协议号	件数	包装种类		毛重（公斤）	净重（公斤）
集装箱号	随附单证			用途	
标记唛码及备注					

续表

项号　商品编号　　商品名称、规格型号　　数量及单位　　原产国（地区）　　单价　　总价　币制　征免

税费征收情况		
录入员　　录入单位	兹声明以上申报无讹并承担法律责任	海关审单批注及放行日期（签章） 审单　　　　　审价
报关员		征税　　　　　统计
单位地址	申报单位（签章）	
邮编　　　电话	填制日期	查验　　　　　放行

表8-2　中华人民共和国海关出口货物报关单

中华人民共和国海关出口货物报关单

预录入编号：　　　　　　　　　海关编号：

进口口岸	备案号		进口日期		申报日期	
经营单位	运输方式	运输工具名称			提运单号	
收货单位	贸易方式	征免性质			征税比例	
许可证号	起运国（地区）		装货港		境内目的地	
批准文号	成交方式	运费		保费	杂费	
合同协议号	件数		包装种类	毛重（公斤）	净重（公斤）	
集装箱号	随附单证				生产厂家	
标记唛码及备注						

项号　商品编号　　商品名称、规格型号　　数量及单位　　最终目的国（地区）　　单价　　　总价　　币制　　征免

税费征收情况		
录入员　　录入单位	兹声明以上申报无讹并承担法律责任	海关审单批注及放行日期（签章） 审单　　　　　审价
报关员		征税　　　　　统计
单位地址	申报单位（签章）	
邮编　　　电话	填制日期	查验　　　　　放行

171

1. 预录入编号

预录入编号是指申报单位或预录入单位对该单位填制录入的报关单的编号，预录入报关单及 EDI（Electric Data Interchange，电子数据沟通）报关单的预录入编号由接受申报的海关决定编号规则，计算机自动打印。

2. 海关编号

海关编号是指海关接受申报时给予报关单的编号。一般为 18 位顺序编号，其中前 4 位为接受申报海关的编号（《关区代码表》中相应关区代码），第 5～8 位为海关接受申报的公历年份，第 9 位为进出口标志（"1"为进口，"0"为出口），第 10～18 位为报关单顺序编号。例如：2233（浦东机场）、2007（年份）、0（出口）、334116586（报关单顺序编号）。海关编号由各直属海关在接受申报时确定，并标识在报关单的每一联上。一般来说，海关编号就是预录入编号，由计算机自动打印，不用填写。

3. 进口口岸 / 出口口岸

进口口岸 / 出口口岸是指货物实际进（出）我国关境口岸海关的名称。本栏应根据货物实际进（出）口的口岸海关选择填报"海关名称及代码表"中相应的口岸海关名称及代码。口岸海关代码指国家正式对外公布并已编入海关"关区代码表"的海关的中文名称及代码（4 位码）。"关区代码表"中只有直属海关关别及代码的，填报直属海关名称及代码；如果有隶属海关关别及代码，则应填报隶属海关名称及代码。例如：上海海关的关区代码为 2200，浦江海关的关区代码为 2201 等。

4. 备案号

备案号是指进出口企业在海关办理加工贸易合同备案或征、减、免税审批备案等手续时，海关给予"进料加工登记手册""来料加工及中小型补偿贸易登记手册""外商投资企业履行产品出口合同进料件及加工出口成品登记手册"（以下均简称"登记手册"）、"进出口货物征免税证明"（以下简称"征免税证明"）或其他有关备案审批文件的编号。一份报关单只允许填报一个备案号。

备案号长度为 12 位，其中第 1 位是标记代码。加工贸易手册第 1 位"A""B""C""D""E""F""G"，分别表示备料、来料加工、进料加工（专指进料对口）、加工贸易设备（包括作价和不作价设备）、便捷通关电子账册、加工贸易异地进出口分册、加工贸易深加工结转分册。备案号的标记代码必须与"贸易方式"及"征免性质"栏相对应，例如：贸易方式为来料加工，征免性质也应当是来料加工，备案号的标记代码应为"B"。

值得注意的是：一份报关单只允许填报一个备案号，无备案审批文件的报关单，本栏免予填报。

5. 进口日期 / 出口日期

进口日期是指运载所申报货物的运输工具申报进境的日期。本栏填报的日期必须与相应的运输工具进境日期一致。进口货物收货人或其代理人在进口申报时无法确知相应的运输工具的实际进境日期时，"进口日期"栏允许为空。进口货物收货人或其代理人未申报进口日期，或申报的进口日期与运输工具负责人或其代理人向海关申报的进境日期不符的，应以运输工具申报进境的日期为准。

出口日期是指运载所申报货物的运输工具办结出境手续的日期。本栏供海关打印报关单证明联用，预录入报关单及 EDI 报关单均免予填报。对于无实际进出境的货物，报关单"进（出）口日期"栏应填报向海关办理申报手续的日期，以海关接受申报的日期为准。

进出口日期的填报均为 8 位数字，顺序为年（4 位）、月（2 位）、日（2 位）。例如：2007 年 11 月 18 日进口的一批商品，运输工具申报进境日期为 11 月 18 日，则"进口日期"栏填报为"2007.11.18"。

6. 申报日期

申报日期是指海关接受进（出）口货物收、发货人或其代理人申请办理货物进（出）口手续的日期。以电子数据报关单方式申报的，申报日期为海关计算机系统接受申报数据的记录的日期。以纸质报关单方式申报的，申报日期为海关接受纸质报关单并对报关单进行登记处理的日期。

本栏填报格式要求同进口日期 / 出口日期。除特殊情况外，进口货物申报日期不得早于进口日期，出口货物申报日期不得晚于出口日期。

7. 经营单位

经营单位是指对外签订并执行进出口贸易合同的中国境内企业、单位或个人。本栏应填报经营单位中文名称及经营单位编码。经营单位编码为 10 位数字，指进出口企业在所在地主管海关办理报关注册登记手续时，海关给企业设置的注册登记编码。

进出口企业之间相互代理进出口的，或没有进出口经营权的企业委托有进出口经营权的企业代理进出口的，"经营单位"栏填报代理方中文名称及编码。外商投资企业委托外贸企业进口投资设备、物品的，"经营单位"栏填报外商投资企业的中文名称及编码，并在"标记唛码及备注"栏注明"委托×××公司进口"。对于援助、赠送、捐赠的货物，"经营单位"栏填报接收货物的单位的中文名称及编码。经营单位编码第6位数为"8"的单位是只有报关权而没有进出口经营权的企业，不得作为经营的单位填报。境外企业不得作为经营单位填报，对于委托我国驻港澳机构成交的货物，国内委托人为经营单位（中国境内法人）。合同签订者和执行者不是同一企业的，经营单位按执行合同的企业填报。

8. 运输方式

运输方式是指货物进出关境时所使用的运输工具的分类，即海关规定的运输方式。海关规定的运输方式可分为两大类：实际运输方式和海关规定的特殊运输方式，前者包括江海、铁路、汽车、航空、邮递和其他运输等；后者仅用于标识没有实际进出境的货物，主要包括9种情况。

"运输方式"栏应根据实际运输方式按海关规定的"运输方式代码表"选择填报相应的运输方式名称或代码。

9. 运输工具名称

运输工具名称是指载运货物进出境的运输工具的名称或运输工具编号。本栏填制内容应与运输部门向海关申报的载货清单所列相应内容一致，一份报关单只允许填报一个运输工具名称。对于纸质报关单，具体填报要求如下：

（1）江海运输：填报船名及航次，即"运输工具名称"+"/"+"航次号"。例如："MAY FLOWER"号轮HK886W航次，则在"运输工具名称"栏填报：MAY FLOWER/HK886W。

（2）汽车运输：填报该跨境运输车辆的国内行驶车牌号码+"/"+进出境日期［8位数字，顺序为年（4位）、月（2位）、日（2位）］。

（3）铁路运输：填报车厢编号或交接单号+"/"+进出境日期。

（4）航空运输：填报航班号，如"KZ0225"，此处前两位数为航空公司代号。

（5）邮政运输：填报邮政包裹单号+"/"+进出境日期。

（6）其他运输：填报具体运输方式名称，例如：管道、驮畜等。

10. 提运单号

提运单号是指进出口货物提单或运单的编号。本栏填报的内容应与运输部门向海关申报的载货清单所列相应内容一致（包括数码、英文大小写、符号、空格等）。一份报关单只允许填报一个提运单号，一票货物对应多个提运单时，应分单填报。在实际业务中，不同运输方式的填报要求如下：

（1）江海运输：填报进出口提运单号。如有分提运单的，填报进出口提运单号+

"*" + 分提运单号。

（2）汽车运输：免予填报。

（3）铁路运输：填报运单号。

（4）航空运输：填报总运单号 + "—"（下划线）+ 分运单号。无分运单的填报总运单号。

（5）邮政运输：填报邮运包裹单号。

11. 收货单位 / 发货单位

收货单位指已知的进口货物在境内的最终消费、使用单位，如自行从境外进口货物的单位、委托有外贸进出口经营权的企业进口货物的单位等。

发货单位指出口货物在境内的生产或销售单位，如自行出口货物的单位、委托有外贸进出口经营权的企业出口货物的单位。

备有海关注册编码或加工生产企业编号的收、发货单位，进口货物报关单的"收货单位"栏和出口货物报关单的"发货单位"栏必须填报其经营单位编码或加工生产企业编号；没有编码或者编号的，填报其中文名称。加工贸易报关单的收、发货单位应与加工贸易手册的货主单位一致。减免税货物报关单的收、发货单位应与征免税证明的申请单位一致。

收货单位 / 发货单位与经营单位不一定存在必然的关系。自行进、出口货物的收货单位 / 发货单位同经营单位；外商投资企业委托外贸企业进口设备、物品的，收货单位同经营单位；其他委托有外贸进出口经营权的企业进、出口货物的收货单位 / 发货单位与经营单位不一致。

12. 贸易方式

贸易方式是指以国际贸易中进出口货物的交易方式为基础，结合海关对进出口货物的征税、统计及监管条件综合设定的对进出口货物的管理方式，即海关监管方式。常见的贸易方式有"一般贸易""来料加工""进料对口"和"进料非对口"等。

本栏应根据实际情况，并按海关规定的"贸易方式代码表"选择填报相应的贸易方式简称或代码。一份报关单只允许填报一种贸易方式。出口加工区内企业填制的出口加工区进（出）境货物备案清单应选择填报适用于出口加工区货物的贸易（监管）方式简称或代码。

13. 征免性质

征免性质是指海关根据国家有关法律、政策对进出口货物实施征、减、免税管理的性质类别。征免性质共有41种，以代码首位为标记，征免性质分为法定征税、法定减免税、特定减免税、其他减免税和暂定税率五部分。其中特定减免税又分为按地区和用途、贸易性质、企业性质、资金来源实施的四类税收政策。常见的征免性质有：一般征税（101）、加工设备（501）、来料加工（502）、进料加工（503）、中外合资（601）、中外合作（602）、外资企业（603）、鼓励项目（789）等。

本栏目应按海关核发的"征免税证明"中批注的征免性质填报，或根据实际情况按海关规定的"征免性质代码表"选择填报相应的征免性质的代码。

加工贸易报关单中，本栏应按照海关核发的"登记手册"中批注的征免性质填报相应的征免性质简称或代码，一份报关单只允许填报一种征免性质。

14. 征税比例 / 结汇方式

征税比例用于原"进料非对口"（代码0715）贸易方式下进口料件的进口报关单，填报海关规定的实际应征税比率。该栏现在不再填报。

出口报关单应填报结汇方式，即出口货物的发货人或其代理人收结外汇的方式。本栏应按海关规定的"结汇方式代码表"选择填报相应结汇方式名称或代码。常用的结汇方式有信汇（M/T）、电汇（T/T）、票汇（D/D）、付款交单（D/P）、承兑交单（D/A）、信用证（L/C）等。

15. 许可证号

进出口货物许可证是指一国根据其进出口管制法令由商务主管部门签发的允许管制商品进出口的证件。应申领进（出）口许可证的货物，必须在此栏填报商务部及其授权发证机关签发的进（出）口货物许可证的编号，不得为空。"许可证号"栏填报进出口货物许可证的编号，长度为10字符。一份报关单只允许填报一个许可证号。对于非许可证管理商品，本栏为空白。

16. 起运国（地区）/ 运抵国（地区）

起运国（地区）指在未与任何中间国发生任何商业性交易或其他改变货物法律地位的活动的情况下，把货物发出并运往进口国家（地区）的国家或地区。如果货物在运抵进口国（地区）之前在第三国发生中转，并且发生某种商业性交易或活动，则应把第三国作为起运国（地区）。

运抵国（地区）亦称为目的国（地区），指在未发生任何商业性交易或其他改变货物法律地位的活动的情况下，货物被出口国（地区）所发往的或最后交付的国家或地区。

本栏应按海关规定的"国别（地区）代码表"选择填报相应的起运国（地区）或运抵国（地区）中文名称或代码。国别（地区）为非中文名称时，应翻译成中文名称填报或填报其相应代码。

17. 装货港 / 指运港

装货港指进口货物在运抵我国关境前的最后一个境外装运港。指运港指出口货物运往境外的最终目的港。

本栏应根据实际情况按海关规定的"港口航线代码表"选择填报相应的港口中文名称或代码。

18. 境内目的地 / 境内货源地

境内目的地指已知的进口货物在国内的消费、使用地或最终运抵地。境内货源地指出口货物在国内的产地或原始发货地。

本栏应根据进口货物的收货单位，出口货物生产厂家或发货单位所属国内地区，并按海关规定的"国内地区代码表"选择填报相应的国内地区名称或代码。

19. 批准文号

本栏仅填报"出口收汇核销单"编号，进口报关单本栏目暂时为空。

20. 成交方式

成交方式是指进出口贸易中进出口商品的价格构成和买卖双方各自应承担的责任、费用和风险，以及货物所有权转移的界限。成交方式在国际贸易中称为贸易术语，又称价格术语，在我国习惯称为价格条件。成交方式包括两方面内容：一是表示交货条件，二是表示成交价格的构成因素。

本栏应根据实际成交价格条款按海关规定的"成交方式代码表"选择填报相应的成交方式代码。无实际进出境的，进口成交方式填报 CIF 或其代码，出口成交方式填报 FOB 或其代码。

21. 运费

运费是指进出口货物从始发地至目的地的国际运输所需要的各种费用。本栏应填报该份报关单所含全部货物的国际运输费用，即成交价格中不包含运费的进口货物或成交价格中含有运费的出口货物，例如：进口成交方式为 FOB 或出口成交方式为 CIF、CFR，应在本栏填报运费。

本栏可按运费单价、总价或运费率三种方式之一填报，同时注明运费标记，并按海关规定的"货币代码表"选择填报相应的币种代码。运保费合并计算的，运保费填报在本栏。

运费标记："1"表示运费率，"2"表示每吨货物的运费单价，"3"表示运费总价。填制纸质报关单时，"运费"栏不同的运费标记填报如下：

（1）运费率：直接填报运费率的数值，例如，5% 的运费率填报为 5。

（2）运费单价：填报运费币制代码＋"/"＋运费单价的数值＋"/"＋运费单价标记，例如，24美元的运费单价填报为502/24/2。

（3）运费总价：填报运费币制代码＋"/"＋运费总价的数值＋"/"＋运费总价标记，例如，7000美元的运费总价填报为502/7000/3。

另外，运保费合并计算的，运保费填报在"运费"栏中。

22. 保费

本栏用于成交价格中不包含保险费的进口货物或成交价格中含有保险费的出口货物，应填报该份报关单所含全部货物国际运输的保险费用，即进口成交方式为FOB、CFR或出口成交方式为CIF的，应在本栏填报保险费。

本栏可按保险费总价或保险费率填报，同时注明保险费标记，并按海关规定的"货币代码表"选择填报相应的币种代码。运保费合并计算的，运保费填报在运费栏目中。

保险费标记："1"表示保险费率，"3"表示保险费总价。填制纸质报关单时，"保费"栏不同的保费标记填报如下：

（1）保费率：直接填报保费率的数值，例如，3‰的保险费率填报为"0.3"。

（2）保费总价：填报保费币制代码＋"/"＋保费总价的数值＋"/"＋保费总价标记，例如，10000港元保险费总价填报为"110/10000/3"。

23. 杂费

杂费是指成交价格以外的、应计入完税价格或应从完税价格中扣除的费用，如手续费、佣金、回扣等。

本栏可按杂费总价或杂费率填报，同时注明杂费标记，并按海关规定的"货币代码表"选择填报相应的币种代码。

应计入完税价格的杂费填报为正值或正率，应从完税价格中扣除的杂费填报为负值或负率。

杂费标记："1"表示杂费率，"3"表示杂费总价。填制纸质报关单时，"杂费"栏不同的杂费标记填报如下：

（1）杂费率：直接填报杂费率的数值。例如，应计入完税价格的1.5%的杂费填报为"1.5"，应从完税价格中扣除的1%的回扣率填报为"–1"。

（2）杂费总价：填报杂费币制代码＋"/"＋杂费总价的数值＋"/"＋杂费总价标记。例如，应计入完税价格的500英镑杂费总价填报为"303/500/3"。

24. 合同协议号

合同协议号是指在进出口贸易中，买卖双方或数方当事人根据国际贸易惯例或国家的法律、法规，自愿按照一定的条件买卖某种商品所签署的合同协议的编号。本栏应填报进（出）口货物合同（协议）的全部字头和号码。

25. 件数

件数是指有外包装的单件进出口货物的实际件数，货物可以单独计数的一个包装称为一件。

本栏应填报有外包装的进（出）口货物的实际件数，本栏不得填报为零，裸装和散装货物填报为1。有关单证仅列明托盘件数，或者既列明托盘件数又列明单件包装件数的，本栏填报托盘件数。例如，"8 PALLETS 100 CTNS"，件数应填报为8。有关单证既列明了集装箱个数，又列明了托盘件数、单件包装件数的，按以上要求填报。仅列明集装箱个数，未列明托盘或者单件包装个数的，填报集装箱个数。

26. 包装种类

进出口货物报关单所列的"包装种类"栏是指进出口货物在运输过程中外表所呈现的状态，包括包装材料、包装方式等。本栏应根据进（出）口货物的实际外包装种类，按海关规定的"包装种类代码表"选择填报相应的包装种类或代码。如木箱、纸箱、铁桶、散装等。散装货物，"包装种类"栏填报为"散装"。裸装货物、件货或集装箱，"包装种类"栏填报为"其他"。不属于"包装种类代码表"中前6种包装种类的，都应填报为"其他"。

27. 毛重（公斤）

毛重指货物及其包装材料的重量之和。本栏填报进（出）口货物实际毛重，计量单位为千克，不足1千克的填报为1。

28. 净重（公斤）

净重指货物的毛重减去外包装材料后的重量，即商品本身的实际重量。本栏填报进（出）口货物的实际重量，计量单位为千克，不足1千克的填报为1。如果货物的重量在1千克以上且非整数，其小数点后保留4位，第5位及以后略去。例如，净重8.88668千克。"净重"栏的正确内容为："8.8866"。

29. 集装箱号

集装箱号是指在每个集装箱箱体两侧标示的全球唯一的编号。其组成规则是：箱主代号（3位字母）+ 设备识别号"U"+ 顺序号（6位数字）+ 校验码（1位数字），例如：EASU9809490。

在填制纸质报关单时，集装箱号以"集装箱号"+"/"+"规格"+"/"+"自重"的方式填报。多个集装箱的，第一个集装箱号填报在"集装箱号"栏中，其余的依次填报在"标记唛码及备注"栏中。例如，TEXU3605231/20/2275，表明这是一个20英尺集装箱，箱号为TEXU3605231，自重2275千克。非集装箱货物，填报为"0"。

30. 随附单证

随附单证是指随进(出)口货物报关单一并向海关递交的单证或文件，包括发票、装箱单、运单、装运单等基本单证，监管证件、征免税证明、外汇核销单等特殊单证和合同、信用证等预备单证。

在填制报关单时，"随附单证"栏仅填报除进出口许可证以外的监管证件代码及编号。其格式为：监管证件的代码+"："+监管证件编号。所申报货物涉及多个监管证件的，第一个监管证件代码和编号填报在"随附单证"栏，其余监管证件代码和编号填报在"标记唛码及备注"栏中。合同、发票、装箱单、进出口许可证等随附单证不在"随附单证"栏填报。

一份原产地证书只能对应一份报关单，同一份报关单上的商品不能同时享受协定税率和减免税。在一票进口货物中，对于实行原产地证书联网管理的，如涉及多份原产地证书或含非原产地证书商品，应分别填报。报关单上申报商品的计量单位必须与原产地证书上对应商品的计量单位一致。

31. 用途/生产厂家

用途是指进口货物在境内应用的范围。进口货物填报用途，应根据进口货物的实际用途按海关规定的"用途代码表"选择填报相应的用途名称和代码。进口货物常见用途有"外贸自营内销""其他内销""企业自用""加工返销""借用""收保证金""免费提供""作价提供"等。

生产厂家指出口货物的境内生产企业的名称，本栏供必要时填写。

32. 标记唛码及备注

标记唛码是运输标志的俗称。进出口货物报关单上标记唛码专指货物的运输标志。备注是指填制报关单时需要备注的事项，包括关联备案号、关联报关单号等。

本栏填报"随附单证"栏中第一个监管证件以外的其余监管证件和代码；标记唛码中除图形以外的文字、数字；一票货物多个集装箱的，在本栏打印其余的集装箱号；一票货物多个提(运)单的，在本栏目打印其余的提(运)单号等。

33. 项号

项号是指申报货物在报关单中的商品排列序号。每项商品的"项号"分两行填报及打印。第一行打印报关单中的商品排列序号，第二行专用于加工贸易和实行原产地证书联网管理等已备案的货物，填报和打印该项货物在加工贸易手册中的项号或对应的原产地证书上的商品项号。加工贸易合同项下进出口货物，必须填报与贸易手册一致的商品项号，所填报项号用于核销对应项号下的料件或成品数量。

优惠贸易协定项下实行原产地证书联网管理的报关单分两行填写。第一行填写报关单中商品排列序号，第二行填写对应原产地证书上的"商品项号"。

一张纸质报关单最多打印 5 项商品，一张电子报关单有 20 栏。

34. 商品编号

商品编号是指海关规定的《中华人民共和国海关进出口税则》（以下简称《进出口税则》）确定的进（出）口货物的商品编号。"商品编码"栏应填报《进出口税则》8 位税则号列，有附加编号的，还应填报附加的第 9、第 10 位附加编号。在填报商品编号时应该按照进出口商品的实际情况填报。加工贸易手册中商品编号与实际不符的，应按实际商品编号填报。

35. 商品名称、规格型号

商品名称是指缔约双方同意买卖的商品的名称，在报关单中的商品名称是指进出口商品规范的中文名称。商品的规格型号是指反映商品性能、品质和规格的一系列指标。

本栏分两行填报，第一行填报进（出）口货物规范的中文商品名称，如果发票中的商品名称为非中文名称，则需翻译成规范的中文名称填报，仅在必要时加注原文。第二行填报规格型号。

一份报关单最多允许填报 20 项商品。

36. 数量及单位

指进（出）口商品的实际数量及计量单位。计量单位分为成交计量单位和海关法定计量单位。成交计量单位是指买卖双方在交易过程中所确定的计量单位。海关法定计量单位是指海关按照《中华人民共和国计量法》的规定所采用的计量单位，我国海关采用的是国际单位制的计量单位。海关法定计量单位又分为海关法定第一计量单位和海关法定第二计量单位，海关法定计量单位以《统计商品目录》中规定的计量单位为准。

进出口货物必须按海关法定计量单位和成交计量单位填报。本栏分三行填报：法定第一计量单位及数量填报在本栏第一行。凡海关列明第二计量单位的，必须填报该商品第一及第二计量单位及数量，第二法定计量单位填报在本栏第二行；无第二法定计量单位的，本栏第二行为空。以成交计量单位申报的，须填报用海关法定计量单位转换后的数量，同时还需将成交计量单位及数量填报在本栏第三行；成交计量单位与海关法定计量单位一致时，本栏第三行为空。加工贸易等已备案的货物，成交计量单位必须与备案登记中同项号下货物的计量单位一致，不一致时必须修改备案或转换一致后填报。

37. 原产国（地区）／最终目的国（地区）

原产国（地区）指进口货物的生产、开采或加工制造国家（地区）；最终目的国（地区）指已知的出口货物的最终实际消费、使用或进一步加工制造国家（地区）。本栏应按海关规定的"国别（地区）代码表"选择填报相应的国家（地区）名称或代码。

38. 单价

单价是指商品的一个计量单位以某一种货币表示的价格。本栏应填报同一项号下进（出）口货物实际成交的商品单位价格。单价非整数，其小数点后保留4位，第5位及以后略去。无实际成交价格的，填报货值。

39. 总价

总价是指进出口货物实际成交的商品总价。本栏应填报同一项号下进（出）口货物实际成交的商品总价。总价非整数，其小数点后保留4位，第5位及以后略去。无实际成交价格的，填报货值。

40. 币制

币制是指进（出）口货物实际成交价格的币种。本栏应根据实际成交情况按海关规定的"币制代码表"选择填报相应的货币名称或代码。如"币制代码表"中无实际成交币种，需转换后填报。

41. 征免

征免是指海关依照《海关法》《中华人民共和国进出口关税条例》及其他法律、行政法规，对进（出）口货物进行征税、减税、免税或特案处理的实际操作方式。

同一份报关单上可以有不同的征减免税方式。报关单填制中的主要征减免税的方式有"照章征税""折半征税""全免""特案减免""随征免性质""保证金"和"保证函"等。

本栏应按照海关核发的"征免税证明"或有关政策规定，对报关单所列每项商品选择填报海关规定的"征减免税方式代码表"中相应的征减免税方式。加工贸易报关单应根据登记手册中备案的征免规定填报。加工贸易手册中备案的征免规定为"保金"或"保函"的，不能按备案的征免规定填报，而应填报"全免"。

42. 税费征收情况

本栏供海关批注进（出）口货物税费征收及减免情况。

43. 录入员

本栏用于预录入和 EDI 报关单，打印录入人员的姓名。

44. 录入单位

本栏用于预录入和 EDI 报关单，打印录入单位名称。

45. 申报单位

本栏指报关单位左下方用于填报申报单位有关情况的总栏目。申报单位指对申报内容的真实性直接向海关负责的企业或单位。自理报关的，应填报进（出）口货物的经营单位名称及代码；委托代理报关的，应填报经海关批准的专业或代理报关企业名称及代码。一般应加盖申报单位的有效公章。

46. 填制日期

填制日期是指报关单的填制日期。预录入和 EDI 报关单位由计算机自动打印。

47. 海关审单批注栏

本栏指供海关内部作业时签注的总栏目，由海关关员手工填写在预录入报关单上。其中"放行"栏填写海关对接受申报的进出口货物作出放行决定的日期。

第二节 报关单操作实务

拉夫美特公司（LIFEMATE IMPORT AND EXPORT TRADE CO.，LTD）根据与日本日慧公司（RIHUI CORPORATION）订购四门衣柜（家具编号为 KSHT-KSH-C017-SMYG）的合同、信用证、发票、装箱单、一般原产地证书的相关内容填写出口货物报关单，如表8-3所示。

表8-3 出口货物报关单

中华人民共和国海关出口货物报关单

预录入编号：923642576　　　　　　海关编号：

出口口岸 大连海关 0901	备案号		出口日期 2019.4.12		申报日期 2019.4.10
经营单位 拉夫美特进出口贸易有限公司 （1422102554）	运输方式 江海	运输工具名称 **FEILONG V.0726E**			提运单号 **COHEQYH618PB811**
发货单位 1422102554	贸易方式 **进料加工**	征免性质 进料加工			结汇方式 信用证
许可证号	运抵国（地区） 日本	指运港 东京		境内货源地 大连	
批准文号 28/1555451	成交方式 CIF	运费 502/1002/3	保费 0.27/1	杂费	
合同协议号 **LM12-19**	件数 75	包装种类 纸箱	毛重（公斤） 1329	净重（公斤） **1238**	
集装箱号	随附单证 原产地证 3456282			生产厂家 **拉夫美特进出口贸易有限公司**	

标记唛码及备注：
　　　　N/M
集装箱号：JWD29386756146745

项号	商品编号	商品名称	规格型号	数量及单位	最终目的地（地区）	单价	总价	币制	征免
01	44129923	拉夫美特四门衣柜 板式实木深色 STYLE NO. KSHT-KSH-C017-SMYG 75箱	15件	日本		123245.4	1848681.00	日元	全免

续表

税费征收情况				
录入员　　录入单位	兹声明以上申报无讹并承担法律责任	海关审单批注及放行日期（签章） 审单　　　　审价		
		征税　　　　统计		
报关员　××× 单位地址　××××××　申报单位（签章）大连忠进国际货运代理公司 邮编××××××　电话×××××××　填制日期××××		查验　　　　放行		

Summary: Customs Declaration

the Definition of Customs Declaration

Import and Export Goods Declaration means that the consignee or consignor of import and export goods or its agent, in accordance with the format prescribed by the customs, make a written declaration of the actual situation of the import and export goods, a legal instrument whereby customs officers are required to clear their goods in accordance with the applicable customs regime. It has a very important legal status in foreign economic and trade activities. It is not only an important basis for customs supervision, tax collection, statistics, inspection and investigation, but also an important voucher for the verification of import and export goods in processing trade, as well as for export tax refund and foreign exchange management. It is also an important case for customs to deal with smuggling and violation of regulations, and important certificates issued by tax and foreign exchange administrations to investigate and punish tax fraud and foreign exchange arbitrage. On August 1,2018, the General Administration of Customs announced that with immediate effect, the customs consolidated declaration for import and export goods will be formally implemented. The original customs declaration form and the inspection declaration form will merge into "A big table" to carry on the goods declaration, letting the enterprise truly realize one declaration, one single customs clearance.

the Category of Customs Declaration

The category of declaration forms can be divided into the following types according to the flow of goods, the nature of trade and the way of Customs Supervision:

According to import and export status:

◆ import goods declaration;

◆ export goods declaration.

According to the form of expression:

◆ paper customs declaration;

◆ electronic data customs declaration.

By nature of use:

◆ import and export goods declaration form（pink）；

◆ processing and compensation trade import and export goods declaration form（light green）；

◆ declaration form for import and export goods of foreign-invested enterprises（light blue）；

◆ import and export declarations for general trade and other trade（white）；

◆ export trade declaration form requiring domestic tax refund（light yellow）.

By purpose:

◆ customs declaration form entry voucher;

◆ pre-entry customs declaration form;

◆ electronic data customs declaration form;

◆ certificate of Customs Declaration form.

第九章　汇票

扫码获得本章 PPT

【学习目标】

　　了解汇票基础知识；掌握汇票在信用证和托收支付方式下的制作方法。

【重点难点】

　　1. 汇票内容

　　2. 汇票制作

第一节　汇票概述

一、汇票定义

汇票（Bill of Exchange / Draft）是国际贸易结算中非常重要的一种票据。根据《中华人民共和国票据法》："汇票是出票人签发的，委托付款人在见票时或者在指定日期无条件支付确定的金额给收款人或者持票人的票据。"在国际贸易结算实务中，汇票在信用证和托收业务中都有使用，但在信用证业务中使用更为广泛。

扫码学习汇票的内涵与业务流程视频

二、汇票种类

1. 跟单汇票（Documentary Draft）和光票（Clean Bill）

汇票按是否跟随货运单证及其他单证的角度划分，可以分为跟单汇票和光票两种。经常在信用证上见到这样的条款："Credit available by your drafts at sight on us to be accompanied by the following documents."这个条款就是跟单汇票条款。开立这种汇票必须跟随有关货运单证及其他有关单证才能生效，所以叫作跟单汇票。和这个意思相反，即开立汇票不跟随货运单证，单凭汇票付款的叫作光票。

扫码学习汇票分类视频

在出口业务中，结算所缮制的汇票多是跟单汇票，很少有光票。这是因为跟单汇票对买卖双方都有利。汇票跟随货运单证，使进口商必须在付清货款或承兑后才能得到货运单证而提取货物；而出口商如果没有提供合乎信用征要求的单证，进口商可以不负责付款。光票则与上述情况相反。所以进出口贸易大多采取跟单汇票，极少使用光票。只有收取费用或佣金等时，才采取光票方式，因为无货运单证可提供。

2. 即期汇票（Sight Draft）和远期汇票（Time Draft）

从汇票的付款期限来分，有即期汇票和远期汇票的区分。凡是汇票上明确规定付款人见票立即执行付款等字句的汇票就是即期汇票。凡是汇票上明确规定见票后××天或规定将来某一时期内付款人执行付款的汇票就是远期汇票。

3. 银行汇票（Bank's Draft）和商业汇票（Commercial Draft）

从出票人角度来分，有银行汇票和商业汇票。例如，在汇款业务中，汇款人请求汇出行把款项汇交收款人，这时，汇出银行开立汇票交给汇款人，以便其寄交收款人，收款人凭票向付款行领取款项。这种汇票由银行开具，所以叫银行汇票。在出口贸易的预付货款的支付方式中，进口商向出口商汇付货款的汇票也属于银行汇票，该种支付方式在汇款方法中属于顺汇法。

出口贸易结算中的托收支付方式和信用证项下的支付方式所开具汇票就是属于商业汇票。商业汇票是债权者主动开具汇票向债务者指令凭票付款，这种汇票的出票人是商人或商号，所以叫作商业汇票，在汇款方法中属于逆汇法。

4. 商业承兑汇票（Commercial Acceptance Bill）和银行承兑汇票（Banker's Acceptance Bill）

从承兑人角度区分，可分为商业承兑汇票和银行承兑汇票。在商业汇票中，远期汇票的付款人为商人，并经付款人承兑，这种汇票叫作商业承兑汇票；如果远期汇票的付款人是银行，并由付款人——银行承兑，这种汇票就叫作银行承兑汇票。

第二节　汇票内容与填制

汇票的格式有多种，但其主要内容是一致的。现举常用的一种格式并以此为例讲解汇票的填制方法，如图 9-1 所示。

BILL OF EXCHANGE

开立依据：
开证行

凭　　信用证号

开证日期　Drawn under：（1）HONGKONG BANK　　L/C N0.（2）445578　信用证号码

日期　　按息付款

Dated：（3）May 18, 2020　Payable with interest @（4）　%per annum

号码　　汇票金额　　中国上海　小写金额

汇票号　No.（5）123478　Exchange for（6）USD107, 000.00 ShangHai, China（7）June 6, 2020

见票　　日后（本汇票之副本未付）付交　出票地点
与时间

汇票期限　At（8）　******　sight of this FIRST of Exchange（Second of Exchange being unpaid）

pay to the order of　（9）BANK OF CHINA, TIANJIN BRANCH　收款行：
议付行

金额

the sum of　（10）US DOLLARS ONE HUNDRED AND SEVEN THOUSAND ONLY

大写金额　此致

（11）To：HONGKONG BANK　（12）SHANDAO Company, Shanghai　出票人：
出口方

付款行：
开证行　　　　　LIHONG

图9-1　汇票样张

1. 出票依据（Drawn under）

出票依据也称"出票条款"。一般内容包含三项，即开证行名称、信用证号码和开证日期。如果信用证规定了缮制方法，则应按照信用证规定原句填制。如果信用证规定了利息条款，则应在本栏中列出。在信用证支付条件下，开证行是提供银行信用的一方，开证行开出的信用证与所要求的单证成为向买方（付款人）收款的书面证据。本栏"Drawn under"后面要求根据信用证要求填写开证行全称。

2. 信用证号码（L/C NO.）

这一栏的内容要求填写正确的信用证号码。但有时来证要求不填这一栏，出口公司在制单过程中也可以接受。

3. 开证日期（Dated）

这一栏应填写的是开证日期，常见的错误是把出具汇票的日期填在这一栏中，因此，在实务操作中应多加注意。

4. 年息（Payable with interest @ ... % per annum）

这一栏由结汇银行填写，用以清算企业与银行间利息费用。

5. 汇票号码（NO.）

这一栏正确的填写内容是制作本交易单证中发票的号码。本来的用意是核对发票与汇票中相同和相关的内容。例如金额、信用证号码等。一旦出现这一栏内容在一套单证错误或需要修改时，只要查出与发票号码相同的汇票，就能确定它们是同一笔交易的单证，给核对和纠正错误带来了方便。在实际工作中，制单人员往往将这一栏也称作汇票号码，因此，汇票号码一般与发票号码是一致的。

6. 汇票小写金额（Exchange for）

汇票上有两处有阴影的栏目，较短的一处填写小写金额，较长的一处填写大写金额。汇票金额一般不超过信用证规定的金额，在填写这一栏时应注意其金额不包含佣金，即应填写净价。

7. 汇票的出票地点和日期

出票地点应该是议付地点，它的位置一般在右上方，和出票日期连在一起。汇票的日期指受益人把汇票交给议付行的日期，原则上出票日期最晚不能晚于提单日期 21 天以后，更不能晚于信用证的议付期限，或不能早于提单日期和发票日期。

8. 付款期限（At...sight）

汇票付款有即期和远期之分。

（1）即期汇票表明在汇票的出票人按要求向银行提交单证和汇票时，银行应立即付款。即期汇票的付款期限这一栏的填写较简单，只需将"×××"或"——"或"***"等符号或者直接将"AT SIGHT"字样填在这一栏中，但该栏不得空白。

（2）远期汇票表明在将来的某个时间付款。一般远期的期限计算方法有四种：

①付款人于见票后 ×× 天付款（At × × days after sight），即付款人在持票人提示汇票时，付款人表示承兑，从承兑日起算 ×× 天即为付款日期。

②以汇票出票日起算 × × 天付款（At × × days after date of draft）。

③按提单签发日期后 × × 天付款（At × × days after date of B / L）。

④按固定的 × 月 × 日付款。

9. 受款人（Pay to the order of）

信用证项下填写议付银行的名称。信用证是银行提供货款，而整个信用证的执行都处在银行监督、控制下，同时开证行也不会跟受益人直接往来，而是通过另一家银行与受益人接触。当开证行按信用证规定把货款交给受益人时，也应通过一家银行，这家银行应成为信用证履行中第一个接受货款的一方，因此，被称为受款人。所以在信用证支付的条件下，汇票中受款人这一栏中填写的应是银行名称和地址，一般是出口方所在地的议付行的名称和地址。究竟要填哪家银行作为受款人，这要看信用证中是否有具体的规定，即是公开议付还是限制议付。另外，如果信用证对议付银行的要求是" ANY BANK IN CHINA"，此栏不能照抄，应根据出口公司资金账户的实际情况填写。

10. 汇票大写金额（the sum of）

大写金额由小写金额翻译而成，要求顶格，不留任何空隙，以防有人故意在汇票金额上做手脚。大写金额也由两部分构成，一是货币名称，二是货币金额。常见的货币英文名称写法如下：美元（USD）、英镑（GBP）、瑞士法郎（CHF）、港币（HKD）、日元（JPY）、人民币（CNY）、欧元（EUR）、澳大利亚元（AUD）、加拿大元（CAD）等。以货币名称开始，以"ONLY"结尾。

11. 付款人（To）

信用证项下的汇票付款人应是开证银行，信用证项下汇票的付款人和合同的付款人不完全相同。从信用证的角度来看，汇票的付款人应是提供这笔交易的信用的一方，即开证行或其指定付款行为的付款人。但从合同的意义来看，信用证只是一种支付方式，是为买卖合同（S/C）服务的。买卖交易中，最终付款人是买方，通常是信用证的开证申请人。按照国际商会《跟单信用证统一惯例》的相关规定，信用证不应凭以申请人为付款人的汇票支付，但如信用证要求以申请人为付款人的汇票，银行将视此种汇票为一项额外的单证。据此，如信用证要求以申请人为付款人的汇票仍应照办，但其只能作为一种额外的单证。因此在填写汇票时，应严格按照信用证的规定填写。

12. 出票人（Drawer）

虽然汇票上没有出票人一栏，但习惯上把出票人的名称填在右下角，与付款人对应。出票人即出具汇票的人，在贸易结汇使用汇票的情况下，一般由出口企业填写，主要包括出口公司的全称和经办人的名字。

汇票在没有特殊规定时，都打两张，一式两份。汇票一般在醒目的位置上印着"1""2"字样，或"original""copy"字样，表示第一联和第二联。汇票的一联和二联在法律上无区别。第一联生效则第二联自动作废（Second of exchange being unpaid），第二联生效，第一联也自动作废（First of exchange being unpaid）。

知识链接

托收汇票

无证托收业务中的汇票应根据合约规定缮制，如图9-2所示。在以托收方式收回货款时，使用与信用证支付条件完全相同的汇票，其在填写方式上有以下区别：

（1）出票根据、信用证号码和开证日期三栏是不需填写的。与开证条款一样，托收汇票通常用一种传统的习惯用语"value received"（对价或两讫条款），即"收到汇票的相对价值之意"。在这个栏目内，可写上商品的总称、件数、发票号码，以便于查找，如 Shipment of 100 Cartons Shoes as per Invoice NO.005，此栏一般填写在大写金额栏的下方。也可如下填写：Drawn under Contract No. ZT100-230（合同号）against SHIPMENT OF WORK SHORT TROUSERS.

（2）在"付款期限"栏中，填写"D/P AT SIGHT"（即期付款交单）或"D/P ××days"（×× 天远期付款交单），"D/ A ×× days"（×× 天承兑交单）。

（3）"收款人"栏中，填写托收行名称。在实际业务中，托收项下汇票的收款人一般使用指示抬头，即以托收行指示方式确认收款人，例如："Pay to the order of ××× Bank"。

（4）"付款人"栏中填写进口商名称。

BILL OF EXCHANGE

凭　　　　　　　　　　　　　　　　　　　不可撤消信用证
Drawn under .... Irrevocable L/C No. ....
Date .... 支取Payable With interest@ .... % 按 息 付款
号码　　　　　　　　汇票金额　　　　　　　　　　上海
No. .... Exchange for ▮▮▮▮▮ Shanghai ....
见票　　　　　　　　　　　　日后（本汇票之副本未付）付交　　　　　金额
.................AT........................... sight of this FIRST of Exchange （Second of Exchange being unpaid）pay to the order of .... the sum of

| 款已收讫 |
| Value received |

To ....

图9-2　托收项下的汇票

第三节　汇票操作实务

拉夫美特公司（LIFEMATE IMPORT AND EXPORT TRADE CO., LTD）根据与日本日慧公司（RIHUI CORPORATION）订购四门衣柜（家具编号为 KSHT–KSH–C017–SMYG）的合同及信用证，开立了汇票，如图 9–3 所示。

扫码学习汇票操作
实务视频

BILL OF EXCHANG

NO. __LMA1281_____ **Dalian China**，___date Apr 14，2019_____

Exchange for　__JPY1848681.00_____

　　　　At_____******_____ sight of this First of Exchange

（Second of the same tenor and date unpaid）pay to the order of

　　　　BANK OF CHINA DALIAN BRANCH

The sum of　**JPY YEN ONE MILLION EIGHT HUNDRED AND FOURTY–EIGHT THOUSAND SIX HUNDRED**

AND EIGHTY–ONE ONLY

Drawn under　　　**SUMITOMO BANK**

　　　　L/C NO.：MD7358120NS00280　　DATED：Feb 24，2019

To　**SUMITOMO BANK**

　　　　LIFEMATE IMPORT AND EXPORT TRADE CO.，LTD

图9–3　汇票

Summary: Draft

Definition of a bill of exchange/draft

A bill of exchange, also called draft, is formally defined as "an unconditional order in writing, addressed by one party (drawer) to another (drawee), signed by the person giving it, requiring the person to whom it is addressed to pay on demand, or at a fixed or determinable future time, a sum certain in money, to the order of a specified person (payee) or to bearer."

The main characteristics of a bill of exchange/draft

The word " Exchange"

The purpose of the word "Exchange" on a bill of exchange is to distinguish a bill from other kinds of settlement instrument such as cheque or promissory note.

An unconditional order in writing

The instrument must be made unconditional order at the time of drawing. If the payment instruction is subject to any condition, it is not a bill of exchange.

The parties involved in the bill of exchange/draft

The parties involved in the bill of exchange are as follows:

Drawer

The drawer is the person who draws or issues the bill of exchange and gives directions to the person to make a specific payment of money and signs a draft and delivers it to the drawee. It's not valid until the drawer has signed his name on the bill.

Drawee

Drawee is the person on whom the bill is drawn and the party to honor the bill at the order of the drawer. In another word, he is the party who will effect a certain sum of money to the payee upon the presentation of the bill. We can also call him payer, a debtor to the bill, because the draft is drawn on him.

Payee

Payee is the creditor of the bill. He can receive payment against the bill. If the bill is transferred, he is called the original holder. The person who takes the bill becomes the new holder. Sometimes the drawer and payee are the same person.

The main contents of a bill of exchange

Draft No.

It is usually the same as commercial invoice No.

Place and date of issue

The place of issue means the place where the bill of exchange is issued, which is very important for the bill of exchange because the rules or laws concerning the bill of exchange may vary from country to country. If some discrepancies occur between the parties, it's normally judged in conformity with the laws of the place of issue.

The date of issue usually refers to the date when the bill is drawn. It performs two functions: one is to make the certain date of presentation; the other is the date of acceptance by the bank. By rules, the date of issue should not be later than the date of presentation as well as the validity date of L/C.

Amount in figures

Generally, the amount of draft is the same as that of commercial invoice, not exceeding the max amount of the L/C.

Tenor

Tenor often expresses as the due date or maturity date. It means the time to effect payment and it is indicated in the definition of the bill of exchange as "on demand or at affixed or determinable future time". There are two main kinds of tenor of draft, that is sight draft and time draft.

There are three kinds of expression for time draft.

◆ "At × × days after sight"

◆ "At × × days after date"

◆ "At × × days after B/ L date"

◆ "At a fixed date"

Payee

The usual expressions are as follows:

◆ to order, that is "pay to the order of × × × ".

◆ restrictive payee, that is "pay to × × × only" or "pay to × × × not transferable".

◆ to bearer, which means it can be transferred without endorsement,seldom to be used.

Amount in words of draft

The payable amount should be expressed both in words and in figures. If they differ, the words have priority over the figures.

Drawn under clause

It should be copied according to the stipulations of L/C, showing opening bank, L/C No. and date of issue.

Some L/C stipulated the interest clause, and that can be listed after drawn under clause.

Drawee

It is also called payer. The drawee should be the person who is the opening bank or the appointed bank. However if the L/C does not stipulate the name of drawee, opening bank will be regarded as the drawee.

Signature of drawer

Only if the beneficiary of L/C signs the draft, the draft can take effect showing the drawer taking responsibility for it.

The main types of bills of exchange

According to the tenor

◆ Sight bill of exchange

Sight bill of exchange is the bill that is payable at the moment the bill is presented to the drawee. A sight bill is used in the case where the exporter wants to sell goods to the importer for immediate payment.

◆ Usance/time bill of exchange

A usance bill of exchange is the one that is payable at a stipulated period of time after sight or after date. The date on which the drawee sights the bill is considered as the date on which the bill is accepted. The acceptor adds the date to his acceptance. In this way the date of payments is fixed. The date on which payment should be effected is called maturity date of the bill. So a bill that is payable at 60 days is not a sight bill but a usance bill.

According to the drawer

◆ Banker' s bill

Banker' s draft is the one issued by a bank, that is to say the drawer of the draft is a bank.

◆ Commercial bill

Commercial bill is the one issued by a firm or an individual. In international trade, the drawer of commercial bill is usually the exporter who draws a bill for the purpose of getting payment for the goods he sold. A commercial bill is usually accompanied by shipping documents.

According to whether or not shipping documents accompanied

◆ Clean bill

A clean bill is the one that is not accompanied by any commercial documents, especially not accompanied by the shipping documents.

◆ Documentary bill

A documentary bill is the one that is accompanied by commercial documents like the invoice, B/L and insurance policy. When a documentary bill is presented to the drawee for payment or for acceptance, the drawee will not effect the payment or acceptance unless the shipping documents are also presented to him.

According to the acceptor of the bill

A commercial acceptance draft is a usance draft that is accepted by a firm or an individual, while a banker' s acceptance draft is a usance draft that is accepted by a bank.

第十章　其他单证制作

扫码获得本章 PPT

【学习目标】

掌握装船通知书、受益人证明附属单证的填制方法。

【重点难点】

1. 受益人证明的填制方法

2. 装船通知书的填制方法

第一节　受益人证明

一、受益人证明的含义

受益人证明（Beneficiary's Certificate）是一种由受益人自己出具的证明，以便证明自己履行了信用证规定的任务或证明自己按信用证的要求办事，如证明所交货物的品质、证明运输包装的处理、证明按要求寄单等。其一般无固定格式，内容多种多样，以英文制作，通常签发一份。受益人证明实例如图 10-1 所示。

ABC COMPANY

NO.128 ZHOUGSHAN XILU, NANJING, CHINA

CERTIFICATE

DATE　　May 5,2020

INVOICE NO:　CBD2456

TO；CARTERS TRADING COMPANY:

P.O.BOX 8935, NEW TERMINAL, LATA. VISTA, OTTAWA,J APAN, 100PCT COTTON MAN'S SLACKS,100CARTONS, COUNTRY OF ORIGIN IS P.R.CHINA. CIF VALUE: USD 10000.00. IT PACKED IN SEAWORTHY CARTONS.

WE CERTIFY THAT WE HAVE SENT ONE FULL SET OF NON-NEGOTIABLE DOCUMENTS REQUIRED BY L/C TO THE APPLICANT VIA DHL WITHIN 2DAYS AFTER SHIPMENT.

ABC COMPANY，NANJING

韩 涛

Authorized Signature

图10-1　受益人证明实例

二、受益人证明的内容与缮制要求

（1）信头（Letterhead）和单证名称（也叫标题）不能少。这种单证的名称因所证明事项不同而略异，可能是寄单证明、寄样证明（船样、样卡和码样等）、取样证明、环保人权方面的证明（非童工、非狱工制造）等。

（2）受益人证明里的第一句往往以"WE ARE CERTIFYING THAT..."开头（后面照抄信用证上的话）。

（3）证明的内容应严格与合同或信用证规定相符。如果信用证要求所有单证必须有 LC 号、发票号、合同号，则也要加上，以表明与其他单证的关系。

（4）因属于证明性质，按有关规定，落款就是受益人的名字，按信用证打，然后盖章，如果其他单证由受益人手签，那么这一份同样手签。

三、信用证中涉及受益人证明的相关条款

（1）寄单证明（Beneficiary's certificate for despatch of documents）。寄单证明是最常见的一种，通常是受益人根据规定，在货物装运前后一定时期内，邮寄/传真/快递给规定的收受人全套或部分副本单证，并将证明随其他单证交银行议付。如"CERTIFICATE FROM THE BENEFICIARY STATING THAT ONE COPY OF THE DOCUMENTS CALLED FOR UNDER THE LC HAS BEEN DISPATCHED BY COURIER SERVICE DIRECT TO THE APPLICANT WITHIN 3 DAYS AFTER SHIPMENT."意思是受益人证明中明确规定了在货物装运 3 天后，快递将全套单证的副本寄送给申请人。

（2）寄样证明（Beneficiary's certificate for despatch of shipment sample）。例如："CERTIFICATE TO SHOW THAT THE REQUIRED SHIPMENT SAMPLES HAVE BEEN SENT BY DHL TO THE APPLICANT ON JULY 10, 2005"，其意思是受益人应证明所需的装运样品已于 2005 年 7 月 10 日发送给申请人（受益人只要按规定出单即可）。

（3）包装和标签证明。如某信用证要求："A CERTIFICATE FROM THE BENEFICIARY TO THE EFFECT THAT ONE SET OF INVOICE AND PACKING LIST HAS BEEN PLACED ON THE INNER SIDE OF THE DOOR OF EACH CONTAINER IN CASE OF FCL CARGO OR ATTACHED TO THE GOODS OR PACKAGES AT AN OBVIOUS PLACE IN CASE OF LCL CARGO"，其意思是受益人应证明已把一套发票和箱单贴在集装箱箱门内侧（整箱货）或拼箱货显眼的地方。

（4）其他规定。如"CERTIFICATE CONFIRMING THAT ALL GOODS ARE LABELLED IN ENGLISH"，其意思是货物加贴英文标签；"BENEFICIARY'S CERTIFICATE STATING ORIGINAL B/L OF 1 SET CARRIED BY THE CAPTAIN OF THE VESSEL"，其意思是一套正本提单已交由船长携带。

第二节　装船通知书

一、装船通知内涵

装船通知（Shipping Advice），也叫装运通知，主要指的是出口商在货物装船后发给进口方的包括货物详细装运情况的通知，其目的在于让进口商做好筹措资金、付款和接货的准备，如成交条件为 FOB/FCA、CFR/CPT 等还需要向进口国保险公司发出该通知以便其为进口商办理货物保险手续，出口装船通知应按合同或信用证规定的时间发出，该通知副本（copy of telex/fax）常作为向银行交单议付的单证之一。在进口方派船接货的交易条件下，进口商为了使船、货衔接得当也会向出口方发出有关通知。通知以英文制作，无统一格式，内容一定要符合信用证的规定，一般只提供一份。装船通知实例如图 10-2 所示。

扫码学习装船通知视频

福建中亿进出口股份有限公司
FUJIAN ZHONGJI IMPORT & EXPORT CO., LTD

Add:F.18 FuXiang Building No.119
Wusi Fuzhou Fujian P.R. China　　　　　　　Date:　APR.23
TEL:86-591-87218878
FAX:86-591-87218878

SHIPPING ADVISE（装船通知）

TO:VOLITATION ELECTRONICS CO.LTD
UNIT 1202-2, 18/F.,K WAH CENTRE NO.199
JAVA ROAD, NORTH POING, HONGKONG

S/C NO.:	XIA081214
L/C NO.:	28010557898
B/L NO.:	30TDKG0235
GOODS:	E.CAP
VALUE:	USD 14241.60
QUANTITY:	2967000PCS
PACKAGES:	57CTNS
G.W.(KGS.):	1824
N.W.(KGS.):	1710
MEAS.(M3):	2.8
VESSEL:	TAISHENG/0102
FROM:	FUZHOU
TO:	HONGKONG
ETD:	21-4 月
ETA:	25-4 月

The Sellers's Signature:
FUJIAN ZHONGJI IMPORT & EXPORT CO.,LTD

陈天成

图10-2　装船通知实例

二、装船通知的主要内容与缮制要求

（1）单证名称。主要体现为：Shipping/Shipment Advice，Advice of shipment 等，也有人将其称为 shipping statement/declaration，如信用证有具体要求，从其规定。

（2）通知对象。应按信用证规定，具体可以是开证申请人、申请人的指定人或保险公司等。

（3）通知内容。主要包括所发运货物的合同号或信用证号、品名、数量、金额、运输工具名称、开航日期、启运地和目的地、提运单号码、运输标志等，并且与其他相关单证保持一致。如信用证提出具体项目要求，应严格按规定出单。此外，通知中还可能出现包装说明、ETD（船舶预离港时间）、ETA（船舶预抵港时间）、ETC（预计开始装船时间）等内容。

（4）制作和发出日期。日期不能超过信用证约定的时间，常见的有以小时为准（within 24/48 hours）和以天（within 2 days after shipment date）为准两种情形。信用证没有规定时应在装船后立即发出，如信用证规定"Immediately after shipment"（装船后立即通知），应掌握在提单后三天之内。

（5）签署。一般可以不签署，如信用证要求"certified copy of shipping advice"，通常加盖受益人条形章。

三、信用证中涉及装船通知的相关条款

（1）"ORIGINAL FAX FROM BENEFICIARY TO OUR APPLICANT EVIDENCING B/L NO., NAME OF SHIP, SHIPMENT DATE, QUANTITY AND VALUE OF GOODS."其要求应向申请人提交正本通知一份，通知上列明提单号、船名、装运日期、货物的数量和金额，制作单证时只要按所列项目操作即可。

（2）"SHIPMENT ADVICE WITH FULL DETAILS INCLUDING SHIPPING MARKS, CTN NUMBERS, VESSEL NAME, B/L NUMBER, VALUE AND QUANTITY OF GOODS MUST BE SENT ON THE DATE OF SHIPMENT TO US."该项规定要求装运通知应列明包括运输标志、箱号、船名、提单号、货物金额和数量在内的详细情况，并在货物发运当天寄开证行。

（3）"BENEFICIARY MUST FAX ADVICE TO THE APPLICANT FOR THE PARTICULARS BEFORE SHIPMENT EFFECTED AND A COPY OF THE ADVICE SHOULD BE PRESENTED FOR NEGOTIATION."根据这条规定，受益人发出的装运通知的方式是传真，发出时间是在货物装运前，传真副本作为议付单证提交。

（4）"BENEFICIARY' S CERTIFIED COPY OF FAX SENT TO APPLICANT WITHIN

48 HOURS AFTER SHIPMENT INDICATING CONTRACT NO., L/C NO., GOODS NAME, QUANTITY, INVOICE VALUE, VESSEL'S NAME，PACKAGE/CONTAINER NO., LOADING PORT, SHIPPING DATE AND ETA." 按这条信用证要求，受益人出具的装运通知必须签署，通知应在发货后 48 小时内发出，具体通知内容为合同号、信用证号、品名、数量、发票金额、船名、箱 / 集装箱号、装货港、装运日期和船舶预抵港时间。受益人应严格按所要求的内容缮制。

（5）"SHIPMENT ADVICE QUOTING THE NAME OF THE CARRYING VESSEL, DATE OF SHIPMENT, NUMBER OF PACKAGES, SHIPPING MARKS, AMOUNT, LETTER OF CREDIT NUMBER, POLICY NUMBER MUST BE SENT TO APPLICANT BY FAX, COPIES OF TRANSMITTED SHIPMENT ADVICE ACCOMPANIED BY FAX TRANSMISSION REPORT MUST ACCOMPANY THE DOCUMENTS. " 表明船名、装船日期、包装号、唛头、金额、信用证号、保险单号的装船通知必须由受益人传真给开证人，装船通知和传真副本以及发送传真的电讯报告必须随附议付单证提交。

Summary: Other Documents

Definition of beneficiary's certificate

The beneficiary's certificate, sometimes referred to as the certificate of assurance, is a certification issued by the beneficiary of the letter of credit unless wording is specified in the L/C, the summary of a consignment and declaring (i. e, assuring the consignee) that the shipment in question conforms to the specifications in the sales contract.

The main contents of beneficiary's certificate

◆ The name and address of the beneficiary (the exporter)

◆ The name of the certificate

The name of the certificate can be expressed as beneficiary's certificate/beneficiary's statement/beneficiary's declaration.

◆ Numbers

The covering L/C No. and Invoice No. are usually indicated in the beneficiary's certificate.

◆ Date

It is the date on which the beneficiary issued the certificate. It should not be later than the date stipulated in the covering L/C. It can be the same as the date of B/L.

◆ Details to be certified

Details to be certified should be in conformity with the stipulations in the covering L/C.

◆ Signature

It is common to type the name of the company or firm. Then the beneficiary signs his name below it.

Definition of shipping advice

The shipping advice is a notice to the importer on summary of the shipment.

Under FOB or CFR terms, the seller (or exporter) usually sends a notice to the buyers immediately after the goods are loaded on board the ship enabling the buyer to cover insurance.

Under the CIF terms, the seller is required to give the buyer sufficient notice that the goods have been delivered on board the vessel enabling the buyer to get prepared to take delivery of the goods.

The main contents of shipping advice

◆ Reference numbers

the contract number (S/C No. ...)

the order number (Order No. ...)

the L/C number (L/C No. ...)

the invoice number (INV No. ...)

the bill of lading number (B/L No. ...)

the open policy number (Cover Note No. ...)

◆ Names

the name of commodity

the name of vessel

the name of port of loading

the name of port of destination

the name of port of transshipment

◆ Dates

the date of the bill of lading (the date of B/L)

the sailing date

the estimated time of departure (ETD)

the estimated time of arrival (ETA)

◆ Quantity

quantity of goods

number of packages

A shipping advice generally includes the following: the contract number, the L/C number, the name of the commodity, the quantity loaded, the invoice value, the name of the vessel, the port of loading, the date of the bill of lading, the date of departure and the estimated time of arrival at the port of destination plus your thanks and best regards.

If the shipping advice relates to insurance, the name of the insurance company or insurance agent and the open policy number should be included.

All the above should be written according to the stipulations in the relative L/C.

附录　知识延伸

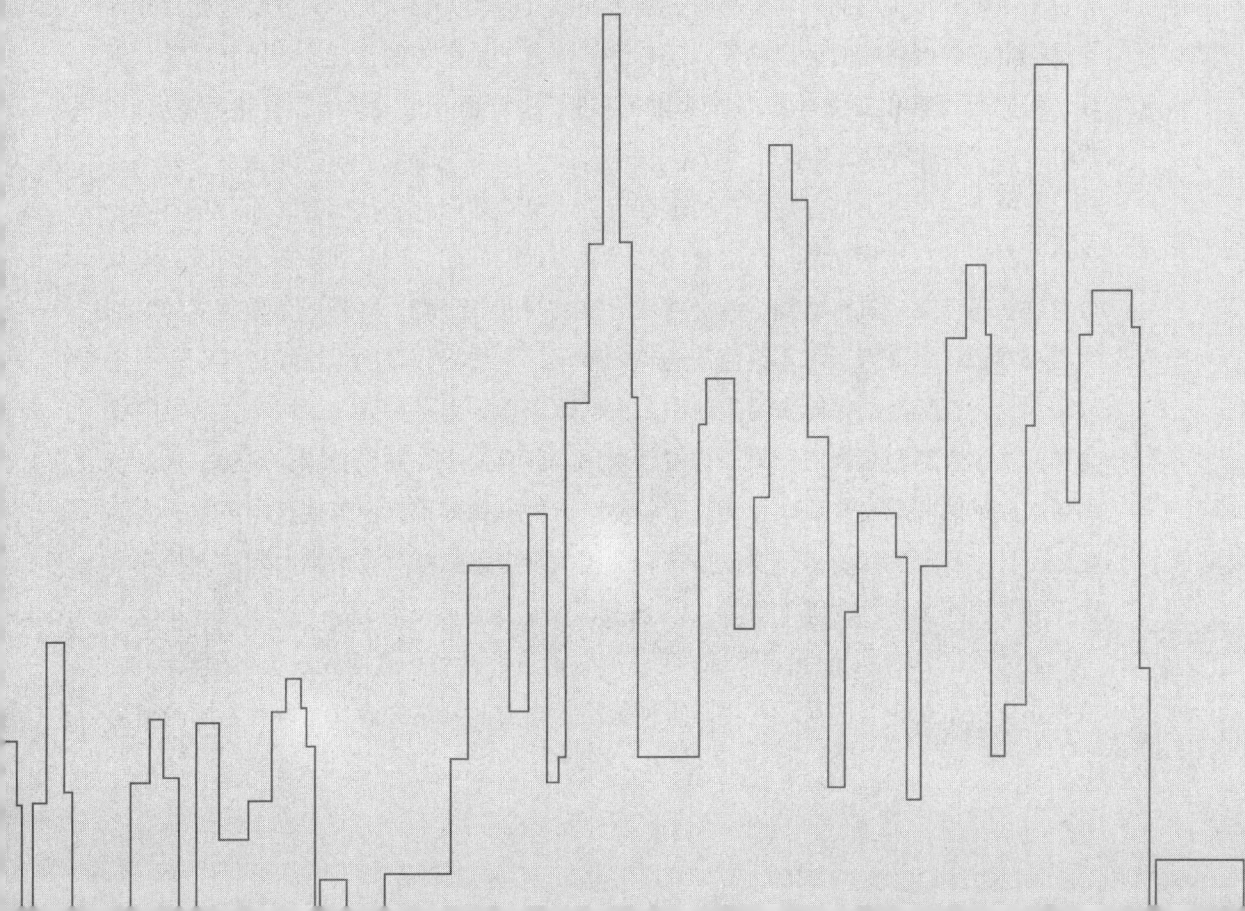

附录一 国际贸易术语

一、贸易术语产生的背景

国际贸易中买卖双方既要享受合同赋予的各种权利，又要承担合同中规定的各种义务。作为卖方，其基本义务是在规定的时间地点提供符合合同规定的货物，而买方则需及时受领货物并支付货款。然而，国际贸易中的交易双方分处两国，相距遥远，所交易的商品在长距离的运输过程中往往需要经过储存、运输、多次装卸等环节，在进出关境时还需要办理进出口清关手续，此外，进出口贸易货物在装、运、卸、贮的整个流转过程中都存在风险，可能遭受自然灾害、意外事故等。因此，国际贸易中商品的价格远比国内市场所述商品的价格要复杂，除了要表明"价格"，买卖双方还要明确货物在交接过程中，有关风险、责任如何划分和费用由谁来承担的问题。交易双方除了在成交时卖方要交货，买方要付款，并各自承担自己控制货物时的风险外，还有许多应该分别承担的责任、费用和风险。例如，租船、订舱和支付运费，办理出口、进口许可证及报关手续，装卸运输出口、进口货物、办理货物运输保险手续等。

扫码学习贸易术语的内涵及作用视频

有关上述手续由谁办理、费用由谁负责、风险如何划分就成为国际贸易实际业务中交易双方在洽谈交易、订立合同时必须明确的问题。但是如果在谈判时买卖双方对这些事项逐一进行磋商，就会耗费大量的时间和经费，既降低交易效率和增加交易成本，还可能因考虑不周而造成疏漏事项，最终导致合同无法履行甚至产生争议和纠纷。在长期的国际贸易实践中，人们逐渐摸索出一种办法，用一些简短的概念和外文字母缩写来代表贸易双方责任费用及各自义务，并划分相关风险。这就节约了磋商的时间和交易成本，提高了贸易双方的磋商效率，不但使合同条款大大简化，而且一旦产生纠纷，只要依据合同中相关规定条款就可有清晰的判定，从而大大促进了国际贸易的顺利开展。

贸易术语具有两重性，即一方面表示交货条件，另一方面表示价格构成因素，特别是货价中所包含的从属费用。每种贸易术语有其特定的含义，各种不同的贸易术语，表示其具有不同的交货条件和不同的价格构成因素，因而买卖双方各自承担的责任、费用与风险，也互不相同。一般地说，卖方承担的责任、费用与风险小，其售价就低；反之，其售价就高。正因为贸易术语有表示价格构成因素的一面，所以人们有时只从价格的角度片面地称之为"价格术语"（Price Terms）。

二、有关贸易术语的国际惯例

国际贸易术语是在贸易实践中逐渐形成的，早在19世纪初，人们就开始在国际贸易中使用贸易术语。但是，贸易双方地处不同的国家，在不同的法律规定及不同的风俗习惯、文化传统背景下，往往对贸易术语的解释不一致，从而很容易引起双方当事人的误解、争议甚至是诉讼。为了预防并解决上述问题，一些商业团体、国际组织或学术机构陆续制定颁布了一些解释规则，就贸易中普遍存在的若干重大问题做出通则性的解释、规定。一些解释规则逐渐被越来越多的国家的商人所认可，开始在国际贸易中使用，从而成为国际贸易惯例。国际贸易惯例就是在国际贸易中逐渐形成的被人们承认的具有普遍意义的一些习惯做法和规则。在长期的贸易实践中，国际贸易术语随着贸易发展的需要而不断发展变化，更适应新形势下贸易实践的术语相继产生，那些已经过时的术语被逐渐淘汰，国际贸易惯例的内容也与此相适应不断修订。以下就目前国际上影响较大的三种国际惯例及其发展做一下介绍。

（一）《华沙—牛津规则》

《1932华沙—牛津规则》（*Warsaw-Oxford Rules 1932*）是国际法协会专门为解释CIF合同而制定的，是比较早的关于贸易术语的国际贸易惯例。19世纪中叶，CIF贸易术语开始在国际贸易中得到广泛采用，然而在该术语下，买卖双方各自的义务并没有统一的规定和解释。因此，1928年国际法协会在波兰召开了华沙会议，指定了CIF方面的惯例，称为《华沙》规则；后经1932年牛津会议完成了比较完整的修订工作，改称《华沙—牛津规则》。该规则的序言中写道："本规则是为了对那些愿按CIF条款进行货物买卖但目前缺乏标准合同格式或共同交易条件的人们提供一套可在CIF合同中易于使用的统一规则。"该规则全文共分21条，对CIF的性质、买卖双方所承担的风险、责任和费用的划分以及所有权转移的方式等问题都做了较为详尽的解释。后来，国际商会将其内容引入了《国际贸易术语解释通则》（以下简称《通则》），随着《通则》的不断修订，其对CIF的解释也不断完善，所以目前大家普遍选用《通则》对CIF的解释，《华沙—牛津规则》实际上已经较少使用。

（二）《美国对外贸易定义（修订本）》

《1941年美国对外贸易定义（修订本）》（*Revised American Foreign Trade Definitions*

1941）是由美国几个商业团体制定的。1919 年，美国的九大商务团体制定了《美国出口报价及其缩写条例》，对一些贸易术语的定义做了统一解释。随着贸易习惯和经营做法的演变，其在 1940 年举行的美国第 27 届全国对外贸易会议上对原有定义作了修改。1941 年 7 月 30 日，美国商会、美国进口商全国理事会和全国对外贸易理事会所组成的联合委员会正式通过并采用了此项定义，并将其命名为 *Revised American Foreign Trade Definitions 1941*，由全国对外贸易理事会发行。它所解释的贸易术语共有六种，分别为：Ex（Point of Origin）（产地交货）、FOB（Free on Board）（在运输工具上交货）、FAS（Free Along Side）（在运输工具旁边交货）、C&F（Co. Ltd. Freight）（成本加运费）、CIF（Cost, Insurance and Freight）（成本加保险费、运费）、Ex Dock（Named Port of Importation）（目的港码头交货），分别叙述了在该种报价下买卖双方的责任范围。

1990 年将 1941 年版本进行修订，并将其命名为《1990 年美国对外贸易定义（修订本）》（以下简称《定义》），新的修订本里收录了 6 种贸易术语，具体包括：原产地交货——EXW（Ex Works）、运输工具上交货——FOB（Free On Board）、运输工具旁边交货——FAS（Free Along Side）、成本加运费——CFR（Cost and Freight）、成本保险费运费——CIF（Cost, Insurance, Freight）、目的港码头交货——DEQ（Delivered Ex Quay），其中 FOB 术语又细分为 6 种，因此该惯例实际上有 11 种贸易术语。新修订版本中的术语在形式上和后文提到的《国际贸易术语解释通则》中的术语很接近，不过其各术语的定义和《通则》差距甚大，需要在使用中予以注意。

1.《定义》项下的 FOB

《定义》中"Free on Board"译为"运输工具上交货"术语，这里的运输工具泛指一切运输工具。在《定义》里的 FOB 术语中，由卖方负责承担货物装上运输工具的费用。《定义》中的 FOB 术语划分为 6 种不同的类型，不同类型在交货地点和合同性质上有很大的差别，因此，这里的 FOB 术语实际上是 6 种 FOB 术语的总称，也就是说，美国的 FOB 术语实际上不是单指一种术语，而是代表 6 种不同的贸易术语，具体是：

（1）指定启运地交货（FOB, named inland carrier at named inland point of departure）。

（2）在内陆指定的启运地的指定内陆运输工具上交货，运费预付到指定的出口地点（FOB, named inland carrier at named inland point of departure, freight prepaid to, named point of exportation）。

（3）指定内陆启运工具上交货，并扣除至指定地点的运费（FOB, named inland carrier at named inland point of departure, freight allowed to, named point）。

（4）在指定出口地点的指定内陆运输工具上交货（FOB，named inland carrier at named point of exportation）。

（5）指定装运港船上交货（FOB，vessel，named port of shipment）。

（6）进口国指定内陆地点交货（FOB，named inland point in country of importation）。

2. 对《定义》FOB 的理解

（1）美国习惯把 FOB 笼统地解释为在某处某种运输工具上交货，其适用范围很广，因此，在同美国、加拿大等国的商人按 FOB 订立合同时，除必须标明装运港名称外，还必须在 FOB 后加上"船舶"（Vessel）字样，否则，卖方不负责将货物运到港口并交到船上。

（2）在风险划分上，不是以装运港船舷为界，而是以船舱为界，即卖方负担货物装到船舱为止所发生的一切丢失与损坏。

（3）在费用负担上，规定买方要支付卖方协助提供出口单证的费用以及出口税和因出口而产生的其他费用。

3.《定义》项下的 FAS

FAS 为"Free Along Side"，应译为"运输工具边交货"，在实际应用时，只有 FAS Vessel（...named port of shipment）术语一种，称为"船边交货"术语。《2010 通则》（《2010 年国际贸易术语解释通则》）中的 FAS 为"Free Alongside Ship"的缩写，就指"船边交货"。"FAS Vessel"术语与《2010 通则》下的 FAS 虽然很接近，但仍有区别：

（1）风险与费用分界点不同。按《定义》，其风险与费用承担分界点为船边（船已到港时）或码头仓库（船已靠港时），视具体情形而定，而《2000 通则》中 FAS 的风险与费用承担分界点为船边，因此，按 FAS Vessel 交易时，买方所购买的保险应订明货物存入码头仓库时起投保，它在仓库保管中的风险也由保险公司承保。

（2）《2000 通则》中要求在 FAS 下，卖方负责通关手续并支付与此相关的费用。而《定义》中 FAS 则规定，由买方负责此项义务，当然如果应买方要求，卖方也可协助办理但费用仍由买方负担。

4.《定义》目前的应用

《定义》对明确买卖双方权利与义务、简化贸易手续和便利合同的签订与履行等方面，具有积极意义，它曾在南北美洲各国有很大的影响。现在则主要为北美国家如美国、加拿大以及其他一些美洲国家所采用。但是由于它对贸易术语的解释与国际商会的《通则》有明显的差异，所以，在同北美国家进行交易时应加以注意，双方应在合同中予以注明所选贸易术语依据的具体惯例。

由于《定义》内容与一般解释相距较远，国际间很少采用。随着国际商会制定的《通则》在国际上的影响越来越大，绝大多数国际贸易从业人员接受了《通则》的解释，美国制定《定义》的团体已同意不再继续使用该项定义，将尽量采用国际商会制定的《通则》。2004年，美国对其《美国统一商法典》（UCC）第2篇中涉及贸易术语部分引入更为通用的《通则》，以替代其本国定义的贸易术语，其用意在于逐渐统一使用《通则》。

（三）《国际贸易术语解释通则》

《国际贸易术语解释通则》的宗旨是为国际贸易中最普遍使用的贸易术语提供一套解释的国际规则，以避免因各国不同解释而出现的不确定性，或至少在相当程度上减少这种不确定性。贸易术语虽然可以使国际贸易磋商更加便捷简化，但是因不同国家对贸易术语的解释不同，合同双方当事人之间互不了解对方国家的贸易习惯，由此引起的误解和纠纷乃至诉讼时有出现，严重阻碍着国际贸易的发展。

有鉴于此，国际商会于1921年在伦敦举行第一次大会时就授权搜集各国所理解的贸易术语的摘要。准备摘要的工作是在一个叫作贸易术语委员会的主持下进行的，并且得到各国家委员会的积极协助，同时广泛征求了出口商、进口商、代理人、船东、保险公司和银行等各行各业的意见，以便对主要贸易术语作出合理的解释，使各方能够共同适用。摘要的第一版于1923年出版，内容包括几个国家对下列6种术语的定义：FOB、FAS、FOT或FOR、Free Delivered、CIF以及C&F。摘要的第二版于1929年出版，内容有了充实，摘录了35个国家对上述6种术语的解释，并予以整理。经过十几年的磋商和研讨，终于在1936年制定了具有历史性意义的贸易条件解释规则，定名为 *INCOTERMS 1936*，副标题为 *International Rules for the Interpretation of Trade Terms*（国际贸易术语解释通则）。规则中言明本规则是参照各国委员的意见加以充实或修订的。且此次修订是根据以下3大原则进行的：旨在尽可能清楚而精确地界定买卖双方当事人的义务；为期获得商业界广泛采用本规则，以现行国际贸易实务上最普遍的做法为基础而修订；所规定卖方义务系最低限度的义务，因此，当事人在其个别契约中可以本规则为基础，增加或变更有关条件，加重卖方义务，以适宜其个别贸易情况的特别需要。由于 *INCOTERMS 1936* 提供了一个可以供各国商人贸易中普遍使用的统一的术语解释，其使用范围日益广泛。

随着新的运输方式和技术不断运用于国家贸易和货物运输，为适应国际贸易实践发展的需要，国际商会先后进行过多次修订和补充。如1980年修订本引入了货交承运人（现在为 FCA）术语，其目的是适应在海上运输中经常出现的情况，即交货点不再是传统的 FOB 点（货物越过船舷），而是在将货物装船之前运到陆地上的某一点，在那里将货物装入集装箱，以便经由海运或其他运输方式（即所谓的联合或多式运输）继续运输。在 1990 年的修订本中，涉及卖方提供交货凭证义务的条款在当事方同意使用电子方式通信时，允许用电子数据交换（EDI）讯息替代纸面单据。

　　1999 年，国际商会广泛征求世界各国从事国际贸易的各方面人士和有关专家的意见，通过调查、研究和讨论，对实行 60 多年的《通则》进行了全面的回顾与总结。为使贸易术语更进一步适应世界上无关税区的发展、交易中使用电子信息的增多以及运输方式的变化，国际商会再次对《通则》进行修订，并于 1999 年 7 月公布《2000 年国际贸易术语解释通则》（以下简称《2020 通则》），于 2000 年 1 月 1 日起生效。《2000 通则》随之成为包括的内容最多，在国际上应用的范围最广、影响最大的国际贸易术语解释通则。

　　之后，国际商会重新编写的《2010 年国际贸易术语解释通则》（以下简称《2010 通则》），是国际商会根据国际货物贸易的发展对《2000 通则》的修订，于 2010 年 9 月 27 日公布，并于 2011 年 1 月 1 日开始全球实施。第一，《2010 通则》较《2000 通则》更准确地标明了各方承担货物运输风险和费用的责任条款，令船舶管理公司更易理解货物买卖双方支付各种收费时的角色，有助于避免现时经常出现的码头处理费（THC）纠纷。第二，《2010 通则》考虑到了全球范围内免税区的扩展、商业交往中电子通信运用的增多、货物运输中安保问题关注度的提高以及运输实践中的其他许多变化。第三，《2010 通则》增加了大量的指导性贸易解释和图示，以及电子交易程序的适用方式。第四，《2010 通则》更新并加强了"交货规则"——规则的总数从 13 降到 11，并为每一规则提供了更为简洁和清晰的解释。《2010 通则》同时也是第一部使所有解释对买方与卖方呈现中立的贸易解释版本。

　　需要注意的是，国际商会是国际非政府组织，其成员为不同国家的公司或非政府组织，没有立法权，故其制定的规则没有一般法律具有的强制性特点。其他国际贸易惯例本身也并无法律约束力，只有当买卖双方将其作为买卖合同的一个组成部分时，它才对各有关当事人产生约束力。也就是在国际货物买卖中，如果双方当事人在合同中规定采用某项惯例，它对双方当事人就具有约束力。在发生争议时，法院和仲裁机构也可以参照国际贸易惯例来确定当事人的权利与义务。总之，在订立一份国际货物贸易合同时，双方当事人可以充分协商，选择适用国际惯例并写入合同。国际惯例一旦被写入合同即对双方当事人有约束力。

此外,《2010 通则》的生效并非意味着《2000 通则》自动作废。国际贸易惯例在适用的时间效力上并不存在"新法取代旧法"的说法,当事人在订立贸易合同时仍然可以选择适用《2000 通则》甚至其他版本。

三、《2010 通则》贸易术语分类

国际商会《2010 通则》中包括 11 个贸易术语,并分为两类,如附表 1。

附表1 《2010通则贸易术语》

第一类 (适用于任一或多种运输方式的规则)	第二类 (只适用于海运及内河运输的规则)
EWX 工厂交货	
FCA 货交承运人	FAS 船边交货
CPT 运费付至	FOB 船上交货
CIP 运费及保险费付至	CFR 成本加运费
DAT 终点站交货	CIF 成本、保险费加运费
DAP 目的地交货	
DDP 完税后交货	

第一类所包含的 7 个术语——EWX、FCA、CPT、CIP、DAT、DAP 和 DDP,适用于特定的运输方式,也可适用于一种或同时适用于多种运输方式,甚至可适用于非海事运输的情形。但是需要注意,以上这些规则仅适用于存在船舶作为运输工具之一的情形。

在第二类术语中,交货点和把货物送达买方的地点都是港口,所以只适用于"海上或内陆水上运输"。FAS、FOB、CFR 和 CIF 都属于这一类。这 4 个术语,删除了以越过船舷为交货标准而代之以将货物装运上船。这更贴切地反映了现代商业实际且避免了风险在臆想垂线上来回摇摆这一颇为陈旧的观念。

知识链接

《2010通则》的新变化

1. 术语结构的变化

《2010 通则》将贸易术语按照开头字母划分为 E、F、C 和 D 组,共 13 种,且按卖方对买方的责任大小依次排列。此次修订后整合为 11 种贸易术语,且按照所使用的运输方式划分为两大类,即适用于任何运输方式的 7 种(EXW、FCA、CPT、CIP、DAT、DAP、DDP)以及适用于水上运输方式的4种(FAS、FOB、CFR、CIF)。

2. 术语义务项目的变化

每种术语项下买卖双方各自的义务虽然仍列出 10 个项目,但与《2000 通则》不

同之处是，卖方的每一项目中的具体义务不再"对应"买方在同一项目中相应的义务，而是改为分别描述，并且个别项目内容也有所调整。第1项和第10项改动比《2000通则》明显，尤其是第10项要求卖方和买方分别要帮助对方提供包括与安全有关的信息和单据，并因此而向受助方索偿因此而发生的费用。如在EXW项下，卖方协助买方办理出口清关及在DDP项下，买方协助卖方办理进口报关等事宜，也包括为另一方清关而获得必要单据所涉及的费用。在第2项中还增加了与安全有关的清关手续，这主要是考虑到美国"9·11"事件后对安全措施的加强。为与此配合，进出口商在某些情形下必须提前提供货物接受安全扫描和检验的信息，这一要求体现在A2/B2和A10/B10中。

3. 新增DAT和DAP两个术语

《2010通则》增加了DAT和DAP两个全新的术语。DAT（Delivered at Terminal）是指在目的地或目的港的集散站交货，"Terminal"可以是任何地点，如码头、仓库、集装箱堆场或铁路、公路或航空货运站等。DAP（Delivered at Place）是指在指定目的地交货。两者的主要差别是，DAT下卖方需承担将货物在目的地或目的港运输工具上卸下的费用；而DAP下卖方只需在指定目的地将货物置于买方控制之下，而无须承担卸货费。

此次增加的DAP取代了先前的DAF、DES和DDU三个术语，而DAT取代了先前的DEQ，且扩展至适用于一切运输方式。

4. "船舷"的变化

《2000通则》主要是针对传统的适用于水上运输的贸易术语，如FOB、CFR和CIF均规定卖方承担货物一切风险的界限，以在指定装运港越过"船舷"时为止；买方承担货物一切风险的界限，自指定装运港越过"船舷"时起。

《2010通则》为了与这三种术语中所涉及的风险、费用以及"On Board"（在船上）术语相对称，不再强调"船舷"的界限，只强调卖方承担货物装上船为止的一切风险，买方承担货物于装运港装上船开始起的一切风险。

5. "STRING SALES"（连环贸易）

《2010通则》在指导性说明中，首次提及连环贸易，在CPT和CIP的A3项中也有提及。在大宗货物买卖中，货物常在一笔连环贸易下的运输期间被多次买卖。在连环贸易中，货物由第一个卖方运输，作为中间的卖方则无须装运货物。因此，《2010通则》对连环贸易下卖方的交货义务做了细化，也弥补了以前版本中在此问题上的不足。

四、《2010通则》第一类术语

（一）EXW

1.EXW术语的含义

EXW，即"EX WORKS"，意为"工厂交货"，是指当卖方在其所在地或其他指定的地点[如工场（强调生产制造场所）、工厂（制造场所）或仓库等]将货物交给买方处置时，即完成交货。卖方不需要将货物装上任何运输工具，在需要办理出口清关手续时，卖方也不必为货物办理出口清关手续。

2.买卖双方的责任义务

（1）卖方义务。

①在规定的时间、地点，交付货物。

②承担货物交给买方处置之前的一切费用和风险。

③提交商业发票或电子数据信息。

（2）买方义务。

①在规定的时间、地点，受领货物、支付货款。

②必须承担在双方约定的地点或在指定地受领货物的全部费用和风险。

③自负费用和风险，取得出口和进口许可证或其他官方批准证件，并办理出口、进口的一切海关手续。

3.EXW贸易术语注意问题

（1）本条规则与（当事人）所选择的运输模式无关，即便（当事人）选择多种运输模式，亦可适用该规则。本规则较适用于国内交易，对于国际交易，则应选FCA规则为佳。

（2）双方都应该尽可能明确地指定货物交付地点，因为此时（交付前的）费用与风险由卖方承担。EXW是卖方承担责任最小的术语。

（3）卖方没有义务为买方装载货物，即使在实际中由卖方装载货物可能更方便。若由卖方装载货物，相关风险和费用亦由买方承担。如果卖方在装载货物中处于优势地位，则使用由卖方承担装载费用与风险的FCA术语通常更合适。

（4）买方在与卖方使用EXW术语时应知晓，卖方仅在买方要求办理出口手续时负有协助义务，但是卖方并无义务主动(更强调最小义务)办理出口清关手续。因此，如果买方不能直接或间接地办理出口清关手续，建议买方不要使用EXW术语。

（5）买方承担向卖方提供关于货物出口之信息的有限义务。卖方可能需要这些用作诸如纳税（申报税款）、报关等目的的信息。

【案例分析】

某公司按 EXW 条件出口一批电缆，但在交货时，买方以电缆的包装不适宜出口运输为由，拒绝提货和付款，问：买方的行为是否合理？

（1）买方的行为是不合理的，我方应拒绝。

（2）本案例涉及 EXW 条件下的交货问题，根据《2000 通则》的规定：在 EXW 术语中，除非合同中有相反规定，卖方一般无义务提供出口包装，如果签约时已明确该货物是供出口的，并对包装的要求作出了规定，卖方则应按规定提供符合出口需要的包装。

（3）结合本案例，卖方在交货时以电缆的包装不适宜出口运输为由拒绝提货和付款，并没有说不符合合同规定，由此说明，在合同中并无有关货物包装的规定。根据惯例，买方以此借口拒付货款和提货，其理由是不充分的。

（二）FCA

1. FCA 术语的含义

FCA，即 "Free Carrier"，意为 "货交承运人"，是指卖方于其所在地或其他指定地点将货物交付给承运人或买方指定人。建议当事人尽可能清楚地明确说明指定交货的具体点，风险将在此点转移至买方。该项规则可以适用于各种运输方式（单独使用的情况），也可以适用于多种运输方式同时使用的情况。

扫码学习 FCA、CPT、CIP 贸易术语视频

2. 买卖双方的责任义务

（1）卖方义务。

①在指定的时间、地点，将符合合同规定的货物置于买方指定的承运人控制下，并通知买方。

②承担货物交至承运人控制之前的一切费用和风险。

③自担风险和费用，取得出口许可证或其他官方许可，并在需要办理海关手续时，办理与货物出口有关的一切海关手续。

④提交商业发票或具有同等作用的电子信息，并且自担费用提供通常的交货凭证。

（2）买方义务。

①签订从指定地点承运货物的合同，支付运费，并给予卖方有关承运人名称及

交货日期和地点的充分通知。

②根据买卖合同的规定受领货物，并按买卖合同规定支付货款。

③承担受领货物后所发生的一切风险和费用。

④自担风险和费用，取得进口许可证或其他官方许可，并在需要办理海关手续时，办理与货物进口有关的一切海关手续。

3. FCA 贸易术语注意问题

（1）若当事人意图在卖方所在地交付货物，则应当确定该所在地的地址，即指定交货地点；若当事人意图在其他地点交付货物，则应当明确确定一个不同的具体交货地点。

（2）FCA 要求卖方在需要时办理出口清关手续。但是，卖方没有办理进口清关手续的义务，也无需缴纳任何进口关税或者办理其他进口海关手续。

（3）在需要办理海关手续时（在必要时/适当时），DAP 规则要求应由卖方办理货物的出口清关手续，但卖方没有义务办理货物的进口清关手续、支付任何进口税或者办理任何进口海关手续，而当事人希望卖方办理货物的进口清关手续、支付任何进口税和办理任何进口海关手续，则应适用 DDP 规则。

【案例分析】

某公司按 FCA 条件出口一批钢材，合同规定是 4 月装运，但到了 4 月 30 日，仍旧未见买方关于承运人名称及有关事项的通知。在此期间，备作出口的货物因火灾而焚毁。问：此项货损应由谁负担？为何？

（1）此项货损应由卖方负责。

（2）此案例涉及 FCA 术语，根据《2010 通则》，在 FCA 术语条件下，买卖双方的风险界点在指定地点货交承运人控制，卖方承担货物交给承运人控制之前的风险，买方承担将货物交给承运人控制之后的风险。该批货物因买方迟迟未订立运输契约指定承运人，故在合同规定的装运期满后仍未能交于承运人处置，风险尚未转移给买方。

（3）结合本案例，火灾是合同规定的交付货物的约定日期或期限届满后发生的，而非装运期满后发生的，因此，买方不应承担此项货损，此项货损理应由卖方自己承担。

（三）CPT

1. CPT 术语的含义

CPT，即 "Carriage paid to"，意为 "运费付至" 指卖方在指定交货地向承运人或由其（卖方）指定的其他人交货并且其（卖方）须与承运人订立运输合同，载明并实际承担将货物运送至指定目的地的所产生的必要费用。这一术语适用于所选择的任何一种运输方式以及运用多种运输方式的情况。

2. 买卖双方的责任义务

（1）卖方义务。

①自费订立按通常条件、通常路线及习惯方式将货物运至指定目的地约定地点的运输合同，并支付有关运费。

②在约定的日期或期限内，将合同规定的货物置于买方指定的第一承运人的控制下，并于交货后充分通知买方。

③承担自货物交到承运人控制之前的一切风险和费用。

④自担风险和费用，取得出口许可证或其他官方许可，并在需要办理海关手续时，办理货物出口所需的一切海关手续。

⑤提交商业发票，自费向买方提供在目的地提货所用的通常的运输单据，或具有同等作用的电子信息。

（2）买方义务。

①按照销售合同的规定接受单据、受领货物并支付货款。

②承担自货物交至承运人控制之后的一切风险和费用。

③自担风险和费用，取得进口许可证或其他官方许可，并在需要办理海关手续时，办理货物进口所需的一切海关手续。

3. CPT 贸易术语注意问题

此规则有两个关键点，因为风险和成本在不同的地方发生转移。买卖双方当事人应在买卖合同中尽可能准确地确定以下两个点：发生转移至买方的交货地点，在其须订立的运输合同中载明的指定目的地。如果使用多个承运人将货物运至指定目的地，且买卖双方并未对具体交货地点有所约定，则合同默认风险自货物由买方交给第一承运人时转移，卖方对这一交货地点的选取具有排除买方控制的绝对选择权。如果当事方希望风险转移推迟至稍后的地点发生（如某海港或机场），那么他们需要在买卖合同中明确约定这一点。

由于将货物运至指定目的地的费用由卖方承担，因而当事人应尽可能准确地确定目的地中的具体地点，且卖方须在运输合同中载明这一具体的交货地点。卖方基于其运输合同中在指定目的地卸货时，如果产生了相关费用，卖方无权向买方索要，除非双方有其他约定。CPT 贸易术语要求卖方在需要办理货物出口海关手续时，办理货物出口清关手续。但是，卖方没有义务办理货物进口清关手续、支付进口关税以及办理进口所需的任何海关手续。

（四）CIP

1. CIP 术语的含义

CIP，即"Carriage Insurance Paid to"，意为"运费和保险费付至"，其含义是在约定的地方（如果该地在双方间达成一致）卖方向承运人或是卖方指定的另一个人发货，以及卖方必须签订合同和支付将货物运至目的地的运费。卖方还必须订立保险合同以防买方货物在运输途中灭失或损坏风险。该术语适用于各种运输方式，也适用于使用两种以上运输方式的情形。

2. 买卖双方的责任义务

与 CPT 相比，采用 CIP 术语时，卖方还要订立保险，支付保险费，其他与 CPT 相同。

3. CIP 贸易术语注意问题

（1）买方应注意到 CIP 术语只要求卖方投保最低限度的保险险别。如买方需要更多的保险保障，则需要与卖方明确地达成协议，或者自行作出额外的保险安排。

（2）在 CPT、CIP、CFR 和 CIF 这些术语下，当卖方将货物交付于承运人时而不是货物到达目的地时，卖方已经完成其交货义务。

（3）由于风险和费用因地点不同而转移，买卖双方最好在合同中尽可能精确地确认交货地点、风险转移至买方地，以及卖方必须订立运输合同规定所到达的指定目的地。若将货物运输至约定目的地用到若干承运人而买卖双方未就具体交货点达成一致，则默认为风险自货物于某一交货点被交付至第一承运人时转移，该交货点完全由卖方选择而买方无权控制。如果买卖双方希望风险在之后的某一阶段转移（如在一个海港或一个机场），则需要在其买卖合同中明确。

（4）将货物运输至具体交货地点的费用由卖方承担，因此双方最好尽可能地明确约定目的地的具体交货地点。卖方最好制定与此次交易精确匹配的运输合同。如果卖方按照运输合同在指定的目的地卸货而支付费用，除非双方另有约定，卖方无权向买方追讨费用。

（5）CIP 术语要求卖方在必要时办理货物出口清关手续。但是卖方不承担办理货物进口清关手续、支付任何进口关税或者履行任何进口报关手续的义务。

【案例分析】

某年 6 月，美国 AG 公司与我方 BF 公司签订瓷具进口合同，价格条件为 CIF

San Francisco，支付条件为不可撤销跟单信用证。我方需提供已装船提单等有效单据。之后，BF公司与某运输公司（承运人）签订了运输合同。9月初，我方将货物备妥并装上承运人派来的货车。由于装运港离内陆较远，途中驾驶员因疲劳发生了意外，错过了信用证规定的装船日期。得到此消息后，BF公司即刻与AG公司洽商，要求将信用证的有效期和装船期延展半个月，并本着诚信原则告知AG公司有两箱瓷具可能受损。AG公司回电称同意延期，但要求货价降6%。我方回电据理力争，同意受震荡的两箱瓷具降价2%，但认为其余货物并未损坏，不能降价。但AG公司坚持要求全部降价。最终还是我方作出让步，受震荡的两箱降价3%，其余降价2%，为此受到货价、利息等有关损失共计9万多美元。事后，我方作为托运人又向承运人就有关损失提出索赔。对此，承运人同意承担两箱震荡货物的损失，但利息损失只赔40%，理由是我方修改单证耽误了时间；而且对于货价损失不予理赔，认为这是我方单方面与AG公司的协定所致，与其无关。而BF公司则坚持认为货物降价及利息损失的根本原因都在于承运人的过失，其应该全部赔偿。经多方协商，4个月后，承运人最终赔偿各方面损失共计4万美元。我方实际损失7万美元。问：本案采用CIF合同合理吗？倘若该案例中的合同双方当事人采用CIP术语，结果会怎样？

（1）CIF术语应用于内陆地区出口的局限性：其一，风险与控制权相分离。卖方向承运人交付货物后，其仍需要承担货物在越过船舷之前的一切风险，而此时货物的保管、配载、装运等都由承运人来操作，出口方只是对此进行监督，倘若承运人出了差错，即便出口方可以索赔，也非常麻烦。所以说，在这种情况下使用CIF术语存在一定的不合理性。其二，运输单据的限制使内陆出口方无法在当地交单结汇。已装船提单仅适用于水上运输方式，这在沿海地区的交易中不会有任何问题，然而在内陆地区，若需要走陆路，则此时承运人会签发陆运单或陆海联运提单，而不是CIF所要求的已装船提单。这样，只有当货物运至装运港装船后，卖方才能拿到已装船提单再进行结汇，这就影响了结汇速度，增加了利息负担。在本案例中，倘若可以凭承运人内地接货后签发的单据在当地交单结汇，就可以避免利息损失。由此可见，CIF术语并不适用于内陆，尤其不适用于那些距离港口较远的内陆地区。

（2）事实上，若本案采用CIP条件，结果就会大有不同。这是因为CIP适用于任何运输方式，卖方可以在出口国境内的任意约定地点交货；交货时出口方风险与货物的实际控制权同步转移，即风险在交货地点完成交货时即转移给买方；另外，CIP术语下还可以在当地交单结汇，从而缩短结汇时间，提高出口方的资金周转率。

（五）DAT

1. DAT 术语的含义

DAT，即"Delivered at Terminal"，意为"终点站交货"，是指卖方在指定目的港或目的地的指定终点站卸货后将货物交给买方处置即完成交货。"终点站"包括任何地方，无论约定或者不约定，都包括码头、仓库、集装箱堆场或公路、铁路或空运货站。卖方应承担将货物运至指定目的地和卸货所产生的一切风险和费用，此规则可用于选择的各种运输方式，也适用于选择一个以上的运输方式。

2. 买卖双方的责任义务

（1）卖方责任。

①卖方必须在约定的日期或期限内，在目的港或目的地中所指定的终点站，将货物从交货的运输工具上卸下，并交给买方处置，完成交货。

②卖方必须自付费用订立运输合同，并将货物运至指定目的港或目的地的指定终点站。

③在必要的情况下，卖方必须自担风险和费用，在交货前取得任何出口许可证或其他官方许可并且在需要办理海关手续时办理货物出口和从他国过境所需的一切海关手续。

④卖方必须提供符合销售合同规定的货物和商业发票以及合同可能要求的证明货物符合合同规定的其他凭证。

（2）买方责任。

①买方必须根据买卖合同中规定的货物价格履行付款义务。

②买方必须自担风险和费用，取得所需的进口许可证或其他官方许可证，并办理货物进口所需的一切海关手续。

③自货物已按卖方规定交付时起，买方必须承担货物灭失或损坏的一切风险。

3. DAT 贸易术语注意问题

（1）建议当事人尽量明确地指定终点站，如果可能，指定在约定的目的港或目的地的终点站内的一个特定地点，因为货物到达这一地点的风险是由卖方承担。建议卖方签订一份与这种选择准确契合的运输合同。

此外，若当事人希望卖方承担从终点站到另一地点的运输及管理货物所产生的风险和费用，那么此时 DAP（目的地交货）或 DDP（完税后交货）规则应该是适用的。

（2）在必要的情况下，DAT 规则要求卖方办理货物出口清关手续。但是，卖方没有义务办理货物进口清关手续并支付任何进口税或办理任何进口报关手续。

（六）DAP

DAP 是《2010 通则》新添加的术语，取代了 DAF（边境交货）、DES（目的港船上交货）和 DDU（未完税交货）三个术语。

1. DAP 术语的含义

DAP，即"Delivered at Place"，意为"目的地交货"，指卖方在指定的交货地点，将仍处于交货的运输工具上尚未卸下的货物交给买方处置，即完成交货。卖方须承担货物运至指定目的地的一切风险。该规则适用不考虑所选用的运输方式的种类，而且在选用的运输方式不止一种的情形下也能适用。

2. 买卖双方的责任与义务

DAP 卖方是不承担卸货费的，其他与 DAT 相同。

3. DAP 贸易术语注意问题

（1）尽管卖方承担货物到达目的地前的风险，但仍建议双方将合意交货目的地尽量指定明确。建议卖方签订恰好匹配该种选择的运输合同，如果卖方按照运输合同承受了货物在目的地的卸货费用，那么除非双方达成一致，卖方无权向买方追讨该笔费用。

（2）在需要办理海关手续时（在必要时/适当时），DAP 规则要求应由卖方办理货物的出口清关手续，但卖方没有义务办理货物的进口清关手续、支付任何进口税或者办理任何进口海关手续，如果当事人希望卖方办理货物的进口清关手续、支付任何进口税和办理任何进口海关手续，则应适用 DDP 规则。

（七）DDP

1. DDP 术语的含义

DDP，即"Delivered Duty Paid"，意为"完税后交货"，是指卖方在指定的目的地将货物交给买方处置，并办理进口清关手续，准备好将在交货运输工具上的货物卸下交与买方，完成交货。卖方承担将货物运至指定的目的地的一切风险和费用，并有义务办理出口清关手续与进口清关手续，对进出口活动负责，并办理一切海关手续。这条规则适用于任何一种运输方式，也适用于同时采用多种运输方式的情况。DDP 术语是卖方承担最大责任的术语。

2. 买卖双方的责任与义务

相比 DAP，DDP 是目的地指定地点交货并由卖方办理进口清关手续，缴进口关税。

3. DDP 贸易术语注意问题

（1）因为到达指定地点过程中的费用和风险都由卖方承担，建议当事人尽可能明确地指定目的地。建议卖方在签订的运输合同中指定上述选择的地点。如果卖方在目的地卸载货物的成本低于运输合同的约定，卖方无权收回成本，当事人之间另有约定的除外。

（2）如果卖方不能直接或间接地取得进口许可，不建议当事人使用 DDP 术语。

（3）如果当事方希望买方承担进口的所有风险和费用，应使用 DAP 术语。

（4）任何增值税或其他进口时需要支付的税项由卖方承担，合同另有约定的除外。

五、《2010 通则》第二类术语

（一）FAS

1. FAS 术语的含义

FAS，即 "Free Alongside Ship"，意为"船边交货"，指卖方在指定装运港将货物交到买方指定的船边（如码头上或驳船上），即完成交货。从那时起，货物灭失或损坏的风险发生转移，并且由买方承担所有费用。这项规则仅适用于海运和内河运输。

2. 买卖双方的责任与义务

（1）卖方义务。

①在指定的装运港、装货地点，在约定日期或期限内，将符合合同规定的货物交至买方指定的船边，并充分通知买方。

②承担货物交至装运港船边的一切费用和风险。

③自担风险和费用，取得出口许可证或其他官方许可，并在需要办理海关手续时，办理与货物出口有关的一切海关手续。

④提交商业发票或具有同等作用的电子信息，并且自担费用提供通常的交货凭证。

（2）买方义务。

①签订从指定装运港口运输货物的合同，支付运费，并充分通知卖方有关船名、装运地点和要求交货的时间等信息。

②在合同规定的时间、地点，受领卖方提供的货物，并按买卖合同规定支付货款。

③承担受领货物后所发生的一切风险和费用。

④自担风险和费用，取得进口许可证或其他官方许可，并在需要办理海关手续时，办理与货物进口有关的一切海关手续。

3. FAS 贸易术语注意问题

（1）当事方应当尽可能明确地指定出在指定装运港的装货地点，这是因为到这一地点的费用与风险由卖方承担，并且根据港口交付惯例，不同的地点，这些费用及相关手续费可能会发生变化。

（2）卖方在船边交付货物或者获得已经交付装运的货物。这里所谓的"获得"迎合了链式销售，在商品贸易中十分普遍。

（3）当货物通过集装箱运输时，卖方通常在终点站将货物交给承运人，而不是在船边。在这种情况下，船边交货规则不适用，而应当适用货交承运人（FCA）规则。

（4）FAS 规则要求卖方在需要时办理货物出口清关手续。但是，卖方没有任何义务办理货物进口清关、支付任何进口税或者办理任何进口海关手续。

【案例分析】

某公司（我方）按照 FAS 条件进口一批木材，在装运完成后，卖方来电要求我方支付货款，并要求支付装船时的驳船费。问：对卖方的要求我方应如何处理？

（1）我方对于卖方支付装船时的驳船费的要求可以拒绝。

（2）按照《2000 通则》的解释，采用 FAS 术语成交时，买卖双方承担的风险和费用均以船边为界，即买方所指派的船的旁边，在买方所派船只不能靠岸的情况下，卖方应负责用驳船将货物运至船边，驳船费用是在风险费用转移以前发生的，理应由卖方承担。

（3）在本案例中，国外卖方要求我方承担驳船费用是不合理的，我方有权拒绝。

（二）FOB

1. FOB 术语的含义

FOB，即"Free on Board"，意为"船上交货"，指卖方在指定的装运港，将货物交至买方指定的船只上，或者指（中间销售商）设法获取这样交付的货物。一旦装船，买方将承担货物灭失或损坏造成的所有风险。本规则只适用于海运或内河运输。

扫码学习 FOB 贸易术语视频

2. 买卖双方的责任与义务

（1）卖方义务。

①卖方必须提供符合销售合同规定的货物和商业发票，以及合同可能要求的、

证明货物符合合同规定的其他任何凭证。

②卖方必须将货物运到买方所指定的船只上，若有的话，就送到买方的指定装运港或由中间商获取这样的货物。在这两种情况下，卖方必须按约定的日期或在期限内按照该港习惯方式运输到港口。如果买方没有明确装运地，卖方可以在指定的装运港中选择最合目的的装运点。

③承担装船前的一切风险和费用。

④在条约适用的情况下，卖方必须自担风险和费用，取得任何出口许可证或其他官方许可，并办理货物出口所需的一切海关手续。

（2）买方义务。

①买方签订从指定装运港运输货物的合同，支付运费，通知卖方。

②承担货物装船后一切风险和费用。

③需要办理进口海关手续，交纳的进口关税、税款和其他费用。

④受领货物、支付货款。

3. FOB 贸易术语注意问题

（1）在以 FOB 条件成交的交易中，买方往往要求卖方代办运输事宜，此时，卖方仅提供服务，其风险和费用仍然由买方承担。

（2）FOB 不适用于货物在装船前移交给承运人的情形。比如，货物通过集装箱运输，并通常在目的地交付。在此情形下，适用 FCA 规则。

（3）在适用 FOB 时，卖方负责办理货物出口清关手续。但卖方无义务办理货物进口清关手续、缴纳进口关税或是办理任何进口报关手续。

（4）卖方在交货后应及时给予买方充分装船通知，以便买方安排投保、通关、接货。若卖方怠于此项通知，致使买方无法投保，即使货物已在装运港装上船舶，有关货物在此情况下的风险并不被认为已由卖方转移给买方。

（5）在该术语下，买方有义务安排运输事宜，并将相关的船名、装货地、交货地及交货时间等信息及时通知卖方。若买方怠于此项通知，或所指定船舶未按时抵达，或不能装运货物，或提前截止装货，货物的风险和费用可提前转移，只要货物已经特定化。

（6）为防止货物因意外事故致损，而买方又拒绝付款，卖方最好投保"出口信用保险"或"卖方利益险"；为防止货物在装运前的内陆运输风险，卖方应投保"陆运险"。

信用证结算下FOB贸易术语应用的卖方风险与防范

1. 信用证结算下 FOB 贸易术语应用的卖方风险

（2）卖方无法获得提单的风险。信用证结算一般要求的最重要单据是代表物权的海运提单。FOB 贸易术语下，由买方承担租船订舱的义务，因而，买方是与承运人订立海洋货运运输合同的当事人。如果买方作为运输合同当事人，并支付海运费用，承运人可能会直接将提单签发给买方而不是卖方。此时，卖方因得不到信用证规定的结算单据而无法进行结算收汇，可能造成钱货两空。

（2）海运费追索风险。根据 FOB 贸易术语的解释，买方应负责租船订舱，但 FOB 贸易术语的有关约定是调整国际货物买卖合同双方的，仅适用于销售合同，而决不适用于海洋运输合同，但并没有绝对排斥国际货物买卖合同的卖方办理海上运输。虽然卖方可以事先约定由买方承担海运费，在海运提单上标明："FREIGHT COLLECTF"（运费到付），但这只能表明买方最后承担运费，并不能完全解除卖方对海运费用的支付责任。

（3）运输延迟的风险。FOB 贸易术语下，买方负责租船订舱，运输的时间就由买方掌握，如果装运时间延迟，可能使信用证过期失效。此时，卖方只能用风险远大于信用结算方式的其他结算方法进行结算，还要面对买方可能的压价行为而造成的损失。虽然卖方可因此据合同进行仲裁或诉讼，但这种跨国行为成本太高，除非合同金额巨大，否则并非是一个现实选择。

2. 信用证结算下 FOB 贸易术语应用的风险防范

（1）使用适当的结算单据。以信用证方式结算且使用 FOB 贸易术语时，在合同和信用证中规定的有关交货结算凭证，可以买方指定的承运人的收货证明为凭。即卖方将货物交由买方指定的承运人。

（2）谨慎承担海洋运输责任。首先，卖方尽量不要超越 FOB 的国际惯例而成为运输合同当事人。卖方与承运人签订运输协议的行为，将使自己暴露在承担海洋运输费用和相关费用的风险之下。其次，卖方如果答应买方租船订舱，在提单上最好不要使自己变成"SHIPPER"，可以用"CONSIGNOR"来代替，以有效降低法律的不确定性。并且，卖方应争取与承运人签订排除承运人追索任何海运及相关费用权利的协议，以规避海运费用追索风险。在 FOB 贸易术语和信用证结算方式下，卖方面临的风险可能是偶然发生的，也有可能是买方恶意制造的。无论是什么原因，只要我们能充分认识并根据不同的情况积极采取应对措施进行规避和防范，就能消除风险和减少损失。

4. FOB 的变形

大宗商品按 FOB 条件成交时，买方通常采用租船运输。由于船方通常多按不负担装卸条件出租船舶，故买卖双方易在装货费由谁负担问题上引起争议。为此，买卖双方订立合同时，应在 FOB 后另列有关装货费由谁负担的具体条件，以明确责任，这就导致 FOB 的变形。常见的有下列五种情形。

（1）FOB 班轮条件（FOB Liner Terms），指装货费按班轮办法处理，即卖方不负担。

（2）FOB 吊钩下交货(FOB under Tackle)，指卖方将货物交到船舶吊钩所及之处，即卖方不负担装货费用。

（3）FOB 包括理舱（FOB Stowed），指卖方负担货物装船和理舱的费用。

（4）FOB 包括平舱（FOB Trimmed），指卖方负担货物装船和平舱的费用。

（5）FOB 包括理舱和平舱（FOB Stowed and Trimmed），指卖方负担货物装船、理舱和平舱的费用。按一般惯例，凡 FOB 后未加"理舱"或"平舱"字样，卖方不负担理舱或平舱的费用。

上述 FOB 后加列各种条件，只是为了明确装货费由谁负担，并不影响风险转移的界限。

5. 美国 FOB 与《2010 通则》中 FOB 的差异

《1941 年美国对外贸易定义（修订本）》关于 FOB 的解释与上述分析有所不同，两者的差别表现在以下三个方面：

（1）两者的适用范围不同。

（2）两者的风险、费用和责任的划分界限不同。

（3）两者办理出口手续的责任不同。

【案例分析】

有一份出售一级大米 300 吨的合同，按 FOB 条件成交。装船时经公证人检验，符合合同规定的品质条件。卖方在装船后已及时发出装船通知，但航行途中，由于海浪过大，大米被海水浸泡，品质受到影响，当货物到达目的港时，只能按三级大米的价格出售，因而买方要求卖方赔偿损失。问：在上述情况下，卖方对该项损失应不应该负责?

（1）在上述情况下，卖方对该项损失不需要负责。

（2）这个案例涉及 FOB 术语问题。根据 FOB 术语，买卖双方的风险界点在装运港的船舷，货物在装运港越过船舷以前的风险由卖方承担，越过船舷以后的风险由买方承担。在本案例中，卖方已完全履行了自己的义务，在货在装运港装船后及时发出了装船通知。

（3）本案例中，这批一级大米在装运港已经公证人检验，品质合格，说明卖方交货时，货物的品质是良好的。大米之所以发生变化，完全是由于运输途中被海水浸泡，而这个风险已经越过装运港的船舷，应该由买方自己承担，卖方对该项损失不需负责。

（三）CFR

1. CFR 术语的含义

CFR，即"Cost and Freight"，意为"成本加运费"，指卖方交付货物于船舶之上或采购已如此交付的货物，而货物损毁或灭失之风险从货物转移至船舶之上起转移，卖方应当承担并支付必要的成本加运费以使货物运送至目的港。本规定只适用于海路及内陆水运。

扫码学习 CFR 贸易
术语视频

2. 买卖双方的责任与义务

与 FOB 相比，卖方负责运输、支付运费。其他双方义务与 FOB 相同。

3. CFR 贸易术语注意问题

（1）装船通知的重要性：按 CFR 条件成交时，卖方负责运输，买方负责办理保险，货物装船后，卖方必须及时向买方发出装船通知，以便买方办理投保手续。如果货物在运输途中遭受损失或灭失，由于卖方未发出通知而使买方漏保，那么卖方就不能以风险在船舷转移为由免除责任。即若未及时通知，会导致风险推迟转移。尽管在 FOB 和 CIF 条件下，卖方装船后也应向买方发出通知，但 CFR 条件下的装船通知具有更为重要的意义。

（2）卖方的装运义务：卖方要承担将货物由装运港运往目的港的义务，卖方延迟装运或提前装运都是违反合同的。

（3）在进口业务中，按 CFR 条件成交时，鉴于由外商安排装运，由我方负责保险，故应选择资信好的国外客户成交，并对船舶提出适当要求，以防外商与船方勾结，出具假提单、租用不适航船舶，或伪造品质证书与产地证明。

（4）CFR 对于货物在装到船舶之上前即已交给（原为交付）承运人的情形可能不适用，如通常在终点站（即抵达港、卸货点，区别于"port of destination"）交付的集装箱货物。在这种情况下，宜使用 CPT 规则（如当事各方无意越过船舷交货）。

（5）CFR 原则要求卖方办理出口清关手续，但是，卖方无义务为货物办理进口清关、支付进口关税或者完成任何进口地海关的报关手续。

对出口商而言，最好（尽可能）采用 CFR 或 CIF，其便于安排装运，可适当提高报价，便于处理货物（当进口商不付货款时）。对进口商而言，最好避免使用 CFR（CIF），而采用 FOB，以减少出口商与船方勾结，共同欺诈进口商的可能，如出口商与船方勾结，使用不适航的船舶运货、造假单据、发假通知，然后再通知进口商出事，实际可能并没有装运或人为凿船，以致造成进口商或保险人损失。因此，若不得不使用 CFR，进口商须在合同中对船级、船龄等加以特别规定。另外，使用 FOB 报价低、易比较。

4. CFR 的变形

凡大宗商品按 CFR 条件成交，容易在卸货问题上引起争议。故卸货费究竟由何方负担，买卖双方应在合同中订明，可在 CFR 后附加下列有关卸货费由谁负担的具体条件。

（1）CFR Liner Terms（CFR 班轮条件），这一变形是指卸货费用按班轮条件办理，也就是在目的港的卸货费由卖方承担。

（2）CFR Landed（CFR 卸至码头），这一变形是指由卖方负担将货物卸至目的港码头的费用，包括可能产生的驳船费用。

（3）CFR Ex Tackle（CFR 吊钩下交货），这一变形是指卖方负责将货物从船舱吊起直至卸至吊钩所及之处（码头或驳船上）的费用。如果船舶不能靠岸，驳船费用由买方承担。

（4）CFR Ex Ship's Hold（CFR 舱底交货），这一变形是指载货船舶到达目的港后，双方在船上办理交接手续后，由买方自行启舱，并负担货物由舱底卸至码头的费用。

（5）CFR Free Out（CFR FO）（CFR 卖方不负责卸货费），这一变形是指卖方虽承担运费但不承担在卸货港口的卸货费用，卸货费用由买方承担。

同 FOB 术语的变形一样，CFR 术语的上述变形也只是为了解决卸货费用的负担问题，不改变术语的性质，即交货地点和风险划分的界限仍然以装货港的船舷为划分界限。

【案例分析】

某公司（我方）以 CFR 术语出口一批瓷器，我方按期在装运港装船后，立即将有关单据寄交买方，要求买方支付货款。过后，业务人员才发现忘记向买方发出装船通知。此时，买方已来函向我方提出索赔，因为货物在运输途中遭受海上风险而损毁。问：我方能否以货物运输风险由买方承担为由拒绝买方的索赔？

（1）我方不能以风险界点在装运港船舷为由拒绝买方的索赔要求。

（2）这个案例涉及 CFR 术语，根据 CFR 术语，买卖双方的风险界点在装运港船舷，货物在装运港越过船舷以前的风险由卖方承担，货物越过船舷以后的风险由买方承担。鉴于此，卖方为了保证自己在遭到风险时能够将损失减低，可以通过向保险公司办理货运保险手续将风险转嫁给保险公司，但是买方能否及时办理保险取决于卖方在装运港装船后是否即时向买方发出装船通知。根据 CFR 术语，卖方在货物装船后及时向买方发出装船通知是其重要义务，如果卖方未及时向买方发出装船通知导致买方未能及时办理保险手续，由此引起的损失由卖方负担。

（3）就本案例而言，很显然，卖方没有及时向买方发出装船通知，结果买方未办理货物保险，而货物却因海上风险而损毁，故此我方理应对该项货物损失负责，而不能以风险已转移给买方为由拒绝卖方的索赔。

（四）CIF

1. CIF 术语的含义

CTF，即"Cost Insurance and Freight"，意为"成本、保险费加运费"，指卖方将货物装上船或指中间销售商设法获取这样交付的商品。货物灭失或损坏的风险在货物于装运港装船时转移向买方。卖方须自行订立运输合同，支付将货物装运至指定目的港所需的运费和其他费用。该术语仅适用于海运和内河运输。卖方须订立货物在运输途中由买方承担的货物灭失或损坏风险的保险合同。买方须知晓，在 CIF 规则下，卖方有义务投保的险别仅是最低保险险别。如买方希望得到更为充分的保险保障，则需与卖方明确地达成协议或者自行做出额外的保险安排。

扫码学习 CIF 贸易术语视频

2. 买卖双方的责任与义务

与 CFR 相比，卖方需要办理保险、支付保险费。其他双方义务与 CFR 相同。

3. CIF 贸易术语注意问题

（1）此规则因风险和费用分别于不同地点转移而具有以下两个关键点。第一，合同一般会指定相应的目的港，但可能不会进一步详细指明装运港，即风险向买方转移的地点。如买方对装运港尤为关注，那么合同双方最好在合同中尽可能精确地确定装运港。第二，当事人最好明确在约定的目的港内的交货地点，卖方承担至交货地点的费用。当事人应当在约定的目的地港口尽可能精准地检验，而由卖方承担检验费用。卖方应当签订确切适合的运输合同。如果卖方发生了运输合同之下的发生于指定目的港的卸货费用，则卖方无须为买方支付该费用，除非当事人之间另有约定。注意：当 CPT、CIP、CFR 或者 CIF 术语被适用时，卖方须在向承运方移交货物之时而非在货物抵达目的地时，履行已选择的术语相应规范的运输义务。

（2）卖方必须将货物送至船上或者由中间销售商承接已经交付的货物并运送到目的地。除此之外，卖方必须签订一个运输合同或者提供这类的协议。这里的"提供"是为一系列的多项贸易过程（连锁贸易）服务，尤其在商品贸易中很普遍。

（3）CIF 术语并不适用于货物在装上船以前就转交给承运人的情况，如通常运到终点站交货的集装箱货物。在这样的情况下，适用 CIP 术语。

（4）CTF 术语要求卖方在适用的情况下办理货物出口清关手续。然而，卖方没有义务办理货物进口清关手续、缴纳任何进口关税或办理进口海关手续。

知识链接

卖方如何履行投保义务

CIF 之下，卖方必须办理货运保险并支付保险费。这也是 CIF 与 CFR 之间最大的区别。换言之，CIF 价格中还包含了保险费。

卖方办理货运保险对买方而言至关重要。因为 CIF 之下，货物在装运港越过船舷之后，其灭失或损坏的风险从卖方转给了买方。保险单转让给买方或其他任何合法持有保险单的人后，根据保险单转让原则，买方或持有保险单的人在货损后可向保险人行使索赔权。因此，卖方的投保实际上直接关系到买方或货物买受人的利益。为此，《2010通则》对卖方应如何履行投保义务做出了明确规定。

（1）保险性质。按 CIF 条件成交，虽然货物在运输途中的灭失和损坏的风险由买方负担，但由于货价构成因素中包括保险费，故卖方必须负责签订保险合同，按约定的险别投保货物运输险，并支付保险费和提交保险单。卖方负责保险，具有替保性质，如果事后发生承保范围内的损失，由买方凭保险单直接向保险公司索赔，能否索赔成功，卖方不负责任。

（2）保险人的选择。卖方必须向信誉良好的承保人或保险公司投保。

（3）保险险别。在 CIF 条件下，为了自身的利益，买方可以根据货物的性质和特点向卖方提出投保适合货物的保险险别的要求，卖方按买方要求投保适当的险别。若买方在订立买卖合同时没有向卖方提出险别要求，根据 CIF 的规定，卖方只需投保 ICC 或类似保险条款的最低险别，如 ICC（C）或 CIC 的平安险等，而没有义务投保责任范围更大的险别。当然，险别不同，保费高低就不同。

（4）保险期限。保险期限又称保险责任起讫，是保险人承担保险责任的起止期限。根据保险惯例，海上保险中，保险人责任期限一般采用"仓至仓条款"原则，即保险人可以从货物从卖方存放货物的仓库起运开始承担责任，直到货物到达目的地存入买方指定的仓库为止。若买方没有在买卖合同中提出保险期限要求，在 CIF 条件下，卖方投保的责任起讫必须与货物运输期间相符，并且必须最迟自买方承担货物灭失或损坏的风险（即自货物在装运港越过船舷）时起对买方的保障开始生效，该保险责任期限还必须至货物到达规定的目的地为止。

（5）保险金额。该金额是保险人的最高赔偿金额，它的高低直接关系着被保险人的权益保障问题。由于卖方是为买方的利益投保的，因而保险金额的多少与买方的利益直接相关。若买方在订立买卖合同时没有提出保险应加成多少，则卖方必须在 CIF 价值基础上加成 10% 投保，即保险金额应为 CIF×110%。当然，买方可以提出高于 10% 的加成，但以保险人接受为限。

（6）特殊险别。在保险中，除基本险之外，某些特殊风险，如战争等也是被保险人在特定时期需要获得的保障，但这些特殊风险一般在投保了基本险别之后才可加保。按 CIF 规定，卖方无义务投保特殊附加险，但在买方提出加保特殊附加险，并由买方承担保险费的情况下，卖方在可能的条件下，可以适当地接受并给予加保。

（7）投保的货币。根据保险的原则，投保时使用何种货币，保险人赔偿时一般也以该货币作为赔偿的计算货币。因此，在 CIF 条件下，若买方没有提出要求，卖方投保时应采用合同的计价货币投保。若计价货币是可兑换的货币，卖方则必须采用可兑换货币投保，以确保买方的利益。为了避免争议，买方最好在合同中对有关保险问题做出明确约定。

【案例分析】

有一份 CIF 合同，日本公司出售 450 公吨洋葱给澳大利亚公司，洋葱在日本港口装船时，经公证行验明完全符合商销品质，并出具了合格证明。但该批货物运抵澳大利亚时，洋葱已全部腐烂变质，不适合人类食用，买方因此拒绝收货，并要求卖方退回已付清的货款。问：在上述情况下，买方有无拒收货物和要求卖方退回货款的权利？

（1）在上述情况下，买方无拒收货物和要求卖方退回货款的权利。

（2）此案例涉及 CIF 术语。CIF 术语条件下成交时，买卖双方的风险界点在装运港船舷，货物在装运港越过船舷以前的风险由卖方承担，货物越过船舷以后的风险由买方承担。CIF 合同是典型的象征性交货，即卖方凭单交货，买方凭单付款，只要卖方所提交的单据是齐全的、正确的，即使货物在运输途中灭失，买方仍需付款，不得拒付。

（3）本案例中，这批洋葱在装运港装船时，经公证行验证符合商销品质，很显然洋葱的腐烂变质完全发生在货物装船的运输途中，而这个风险已经越过装运港船舷，理应由买方承担，此为其一；其二，CIF 合同为象征性交货，现日本方提供的单据齐全、正确，买方仍需付款。故买方是无拒收货物和要求卖方退回货款的权利的。

六、2020 年《国际贸易术语解释通则》的变化说明

国际商会于 2019 年 9 月 10 日公布了《国际贸易术语解释通则 2020》（INCOTERMS 2020），简称《2020 通则》，于 2020 年 1 月 1 日在全球范围内实施。《2020 通则》在《2010 通则》的基础上进一步明确了国际贸易体系下买卖双方的责任，其生效后对贸易实务、国际结算和贸易融资实务等产生了重要的影响。国际贸易术语不存在"新法取代旧法"之说，买卖双方仍可根据实际情况选择适用新贸易术语或者 2010 年贸易术语。《2020 通则》相比《2010 通则》有如下新变化：

1. DAT（运输终端交货）变成了 DPU（卸货地交货）

在《2010 通则》中，DAT（运输终端交货）指货物在商定的目的地卸货后即视为交货。在国际商会收集的反馈中，用户要求《国际贸易术语解释通则》涵盖在其他地点交货的情形，例如厂房。这就是现在使用更通用的措辞 DPU（卸货地交货）来替换 DAT（运输终端交货）的原因。

2. 增加 CIP（运费和保险费付至）的保险范围

CIP（运费和保险费付至）是指卖方将货物交付承运人，但支付包括保险费在内的直至目的地的运输费用。同样的规则也适用于 CIF（成本加保险费、运费），然而，《2010 通则》只适用于海运费。根据《2010 通则》，在这两种情况下，卖方都有义务

提供与第 C 条（货物协会条款）相对应的最低保险范围。这是一种基本的保险形式，只包括明确界定的损害赔偿。

随着《2020 通则》发布，CIP（运费和保险费付至）的最低保险范围延伸到第 A 条，涵盖了所有风险的最高保险级别。其背后的原因是，CIF（成本加保险费、运费）通常用于大宗商品，而 CIP（运费和保险费付至）更常用于制成品。

3. 货交承运人（FCA）提单

如果买卖双方已就《2010 通则》中的 FCA（货交承运人）达成一致，则卖方应将货物交付至买方指定的地点和人员。此时，风险和成本转移给买方。这一方式通常是由买方选择的，他们希望避免承担货物在交付到目的地后可能受到损害的风险。其缺点是卖方不能收到提单，因此没有信用证可以保证货物的付款。为此，《2020 通则》提出了一个务实的解决方案，即如果双方同意卖方按照 FCA（货交承运人）要求将货物交付集装箱码头，买方可以指示承运人在卸货时向卖方签发已装船提单。这样，卖方就可以更好地防范风险。

4. 自定义运输方式的承运

《2010 通则》假设，当适用《国际贸易术语解释通则》中的货交承运人（FCA）、目的地交货（DAP）、DPU（卸货地交货）或完税后交货（DDP）时，卖方和买方之间的货物运输由第三方进行。在《2020 通则》中，这一定义已经扩展到包括卖方或买方自定义运输方式的承运。

5. 对担保义务的更清晰的分配

《2020 通则》还对买卖双方之间的相关担保要求（包括相关费用）进行了更为精确的分配。一方面，这一步骤可视为对国际贸易中加强担保监管的反应。另一方面，它的目的在于防范可能产生的费用纠纷，特别是在港口或交货地点。

附录二 《跟单信用证统一惯例》
第600号出版物（*UCP 600*）节选

Article 1 Application of *UCP* 第一条 *UCP* 的适用范围

The Uniform Customs and Practice for Documentary Credits, 2007 Revision, ICC Publication no. 600 *UCP* are rules that apply to any documentary credit ("credit") (including, to the extent to which they may be applicable, any standby letter of credit) when the text of the credit expressly indicates that it is subject to these rules. They are binding on all parties thereto unless expressly modified or excluded by the credit.

《跟单信用证统一惯例》，2007 年修订本，国际商会第 600 号出版物，适用于所有在正文中标明按本惯例办理的跟单信用证（包括本惯例适用范围内的备用信用证）。除非信用证中另有规定，本惯例对一切有关当事人均具有约束力。

Article 2 Definitions 第二条 定义

For the purpose of these rules

就本惯例而言：

Advising bank means the bank that advises the credit at the request of the issuing bank.

通知行意指应开证行要求通知信用证的银行。

Applicant means the party on whose request the credit is issued.

申请人意指发出开立信用证申请的一方。

Banking day means a day on which a bank is regularly open at the place at which an act subject to these rules is to be performed.

银行日意指银行在其营业地正常营业，按照本惯例行事的行为得以在银行履行的日子。

Beneficiary means the party in whose favour a credit is issued.

受益人意指信用证中受益的一方。

Complying presentation means a presentation that is in accordance with the terms and conditions of the credit, the applicable provisions of these rules and international standard banking practice.

相符提示意指与信用证中的条款及条件、本惯例中所适用的规定及国际标准银行实务相一致的提示。

Article 3 Interpretations 第三条 释义

A credit is irrevocable even if there is no indication to that effect.

信用证是不可撤销的，即使信用证中对此未作指示也是如此。

A document may be signed by handwriting, facsimile signature, perforated signature, stamp, symbol or any other mechanical or electronic method of authentication.

单据可以通过手签、签样印制、穿孔签字、盖章、符号表示的方式签署，也可以通过其他任何机械或电子证实的方法签署。

A requirement for a document to be legalized, visaed, certified or similar will be satisfied by any signature, mark, stamp or label on the document which appears to satisfy that requirement.

当信用证含有要求使单据合法、签证、证实或对单据有类似要求的条件时，这些条件可由在单据上签字、标注、盖章或标签来满足，只要单据表面已满足上述条件即可。

Unless required to be used in a document, words such as "prompt", "immediately"or "as soon as possible" will be disregarded.

除非要求在单据中使用，诸如"迅速""立即""尽快"之类词语将被忽略。

The expression "on or about" or similar will be interpreted as a stipulation that an event is to occur during a period of five calendar days before until five calendar days after the specified date, both start and end dates included.

"于或约于"或类似措辞将被理解为一项约定，按此约定，某项事件将在所述日期前后各五天内发生，起迄日均包括在内。

The words "to", "until", "till", "from" and "between" when used to determine a period of shipment include the date or dates mentioned, and the words "before" and "after" exclude the date mentioned.

词语"×月×日止"（to）、"至×月×日"（until）、"直至×月×日"（till）、"从×月×日"（from）及"在×月×日至×月×日之间"（between）用于确定装运期限时，包括所述日期。词语"×月×日之前"（before）及"×月×日之后"（after）

不包括所述日期。

The words "from" and "after" when used to determine a maturity date exclude the date mentioned.

词语"从 × 月 × 日"（from）以及"× 月 × 日之后"（after）用于确定到期日时不包括所述日期。

The terms "first half" and "second half" of a month shall be construed respectively as the 1st to the 15th and the 16th to the last day of the month, all dates inclusive.

术语"上半月"和"下半月"应分别理解为自每月"1 日至 15 日"和"16 日至月末最后一天"，包括起迄日期。

The terms "beginning", "middle" and "end" of a month shall be construed respectively as the 1st to the 10th, the 11th to the 20th and the 21st to the last day of the month, all dates inclusive.

术语"月初""月中"和"月末"应分别理解为每月 1 日至 10 日、11 日至 20 日和 21 日至月末最后一天，包括起迄日期。

Article 4 Credits v. Contracts　第四条　信用证与合同

a. A credit by its nature is a separate transaction from the sale or other contract on which it may be based. Banks are in no way concerned with or bound by such contract, even if any reference whatsoever to it is included in the credit. Consequently, the undertaking of a bank to honour, to negotiate or to fulfil any other obligation under the credit is not subject to claims or defences by the applicant resulting from its relationships with the issuing bank or the beneficiary. A beneficiary can in no case avail itself of the contractual relationships existing between banks or between the applicant and the issuing bank.

a. 就性质而言，信用证与可能作为其依据的销售合同或其他合同，是相互独立的交易。即使信用证中提及该合同，银行亦与该合同完全无关或不受其约束。因此，一家银行作出兑付、议付或履行信用证项下其他义务的承诺，并不受申请人与开证行之间或与受益人之间在已有关系下产生的索偿或抗辩的制约。受益人在任何情况下，不得利用银行之间或申请人与开证行之间的契约关系。

b. An issuing bank should discourage any attempt by the applicant to include, as an integral part of the credit, copies of the underlying contract, proforma invoice and the like.

b. 开证行应劝阻申请人将基础合同、形式发票和其他类似文件的副本作为信用证整体组成部分的做法。

Article 5 Documents v. Goods, Services or Performance　第五条　单据与货物／服务／行为

Banks deal with documents and not with goods, services or performance to which the documents may relate.

银行处理的是单据，而不是单据所涉及的货物、服务或其他行为。

Article 6 Availability, Expiry Date and Place for Presentation　第六条　有效性、有效期限及提示地点

a. A credit must state the bank with which it is available or whether it is available with any bank. A credit available with a nominated bank is also available with the issuing bank.

a. 信用证必须规定可以有效使用信用证的银行，或者信用证是否对任何银行均为有效。对被指定银行有效的信用证同样也对开证行有效。

b. A credit must state whether it is available by sight payment, deferred payment, acceptance or negotiation.

b. 信用证必须规定它是否适用于即期付款、延期付款、承兑抑或议付。

c. A credit must not be issued available by a draft drawn on the applicant.

c. 不得开立含有以申请人为汇票付款人条款的信用证。

d. i. A credit must state an expiry date for presentation. An expiry date stated for honour or negotiation will be deemed to be an expiry date for presentation.

d.i 信用证必须规定提示单据的有效期限。规定的用于兑付或者议付的有效期限将被认为是提示单据的有效期限。

ii. The place of the bank with which the credit is available is the place for presentation. The place for presentation under a credit available with any bank is that of any bank. A place for presentation other than that of the issuing bank is in addition to the place of the issuing bank.

ii. 可以有效使用信用证的银行所在的地点是提示单据的地点。对任何银行均为有效的信用证项下单据提示的地点是任何银行所在的地点。不同于开证行地点的提示单据的地点是开证行地点之外提交单据的地点。

e. Except as provided in sub-article 29 (a), a presentation by or on behalf of the beneficiary must be made on or before the expiry date.

e. 除非如 29（a）中规定，由受益人或代表受益人提示的单据必须在到期日当日或在此之前提交。

Article 14 Standard for Examination of Documents 第十四条 审核单据的标准

a. A nominated bank acting on its nomination, a confirming bank, if any, and the issuing bank must examine a presentation to determine, on the basis of the documents alone, whether or not the documents appear on their face to constitute a complying presentation.

a. 按照指定行事的被指定银行、保兑行（如有）以及开证行必须对提示的单据进行审核，并仅以单据为基础，以决定单据在表面上看来是否构成相符提示。

b. A nominated bank acting on its nomination, a confirming bank, if any, and the issuing bank shall each have a maximum of five banking days following the day of presentation to determine if a presentation is complying. This period is not curtailed or otherwise affected by the occurrence on or after the date of presentation of any expiry date or last day for presentation.

b. 按照指定行事的被指定银行、保兑行（如有）以及开证行，自其收到提示单据的翌日起算，应各自拥有最多不超过五个银行工作日的时间以决定提示是否相符。该期限不因单据提示日适逢信用证有效期或最迟提示期或在其之后而被缩减或受到其他影响。

c. A presentation including one or more original transport documents subject to articles 19, 20, 21, 22, 23, 24 or 25 must be made by or on behalf of the beneficiary not later than 21 calendar days after the date of shipment as described in these rules, but in any event not later than the expiry date of the credit.

c. 提示若包含一份或多份按照本惯例第 19 条、20 条、21 条、22 条、23 条、24 条或 25 条出具的正本运输单据，则必须由受益人或其代表按照相关条款在不迟于装运日后的 21 个公历日内提交，但无论如何不得迟于信用证的到期日。

d. Data in a document, when read in context with the credit, the document itself and international standard banking practice, need not be identical to, but must not conflict with, data in that document, any other stipulated document or the credit.

d. 单据中的数据，在与信用证、单据本身的内容及国际标准银行实务进行参照解读时，不必与该单据中的内容、其他要求的单据或信用证中的数据完全一致，但不得与其矛盾。

e. In documents other than the commercial invoice, the description of the goods, services or performance, if stated, may be in general terms not conflicting with their description in the credit.

e. 除商业发票外，其他单据中的货物、服务或行为描述若须规定，可使用统称，但不得与信用证规定的描述相矛盾。

f. If a credit requires presentation of a document other than a transport document, insurance document or commercial invoice, without stipulating by whom the document is to be issued or its data content, banks will accept the document as presented if its content appears to fulfil the function of the required document and otherwise complies with sub-article 14 (d).

f. 如果信用证要求提交运输单据、保险单据和商业发票以外的单据，但未规定该单据由何人出具或单据的内容，只要所提交单据的内容看来满足其功能需要且其他方面与十四条（d）款相符，银行将对提示的单据予以接受。

g. A document presented but not required by the credit will be disregarded and may be returned to the presenter.

g. 提示信用证中未要求提交的单据将不予理会，并可能被退还给提示人。

h. If a credit contains a condition without stipulating the document to indicate compliance with the condition, banks will deem such condition as not stated and will disregard it.

h. 如果信用证中包含某项条件而未规定与之相符的单据，银行将认为未列明此条件，并对此不予理会。

i. A document may be dated prior to the issuance date of the credit, but must not be dated later than its date of presentation.

i. 单据的出单日期可以早于信用证开立日期，但不得迟于交单日期。

j. When the addresses of the beneficiary and the applicant appear in any stipulated document, they need not be the same as those stated in the credit or in any other stipulated document, but must be within the same country as the respective addresses mentioned in the credit. Contact details (telefax, telephone, email and the like) stated as part of the beneficiary's and the applicant's address will be disregarded. However, when the address and contact details of the applicant appear as part of the consignee or notify party details on a transport document subject to articles 19, 20, 21, 22, 23, 24 or 25, they must be as stated in the credit.

j. 当受益人和申请人的地址显示在任何规定的单据上时，不必与信用证或其他规定单据中显示的地址相同，但必须与信用证中述及的相应地址处于同一国家。用于联系的资料（电传、电话、电子邮箱及类似方式）如作为受益人和申请人地址的组成部分将不予理会。然而，当申请人的地址及联系信息作为按照19条、20条、21条、22条、23条、24条或25条出具的运输单据中收货人或通知方详址的组成部分时，则必须按照信用证规定予以显示。

k. The shipper or consignor of the goods indicated on any document need not be the beneficiary of the credit.

k. 显示在任何单据中的货物的托运人或发货人不必是信用证的受益人。

l. A transport document may be issued by any party other than a carrier, owner, master or charterer provided that the transport document meets the requirements of articles 19, 20, 21, 22, 23 or 24 of these rules.

l. 假如运输单据能够满足本惯例第 19 条、20 条、21 条、22 条、23 条或 24 条的要求，则运输单据可以由承运人、船东、船长或租船人以外的任何一方出具。

Article 15 Complying Presentation　第十五条　相符交单

a. When an issuing bank determines that a presentation is complying, it must honour.

a. 当开证行确定交单相符时，必须予以兑付。

b. When a confirming bank determines that a presentation is complying, it must honour or negotiate and forward the documents to the issuing bank.

b. 当保兑行确定交单相符时，必须予以兑付或议付并将单据转递给开证行。

c. When a nominated bank determines that a presentation is complying and honours or negotiates, it must forward the documents to the confirming bank or issuing bank.

c. 当被指定银行确定交单相符并予以兑付或议付时，必须将单据转递给保兑行或开证行。

Article 16 Discrepant Documents, Waiver and Notice　第十六条　不符单据及不符点的放弃与通知

When a nominated bank acting on its nomination, a confirming bank, if any, or the issuing bank determines that a presentation does not comply, it may refuse to honour or negotiate.

当按照指定行事的被指定银行、保兑行（如有）或开证行确定交单不符时，可以拒绝兑付或议付。

Article 17 Original Documents and Copies　第十七条　正本单据和副本单据

a. At least one original of each document stipulated in the credit must be presented.

a. 信用证中规定的各种单据必须至少提供一份正本。

b. A bank shall treat as an original any document bearing an apparently original signature, mark, stamp, or label of the issuer of the document, unless the document itself indicates that it is not an original.

b. 除非单据本身表明其不是正本，银行将视任何单据表面上具有单据出具人正本签字、标志、图章或标签的单据为正本单据。

Article 18 Commercial Invoice　第十八条　商业发票

c. The description of the goods, services or performance in a commercial invoice must correspond with that appearing in the credit.

c. 商业发票中货物、服务或行为的描述必须与信用证中显示的内容相符。

Article 20 Bill of Lading　第二十条　提单

The date of issuance of the bill of lading will be deemed to be the date of shipment unless the bill of lading contains an on board notation indicating the date of shipment, in which case the date stated in the on board notation will be deemed to be the date of shipment.

提单的出具日期将被视为装运日期，除非提单包含注明装运日期的装船批注，在此情况下，装船批注中显示的日期将被视为装运日期。

Article 28 Insurance Document and Coverage　第二十八条　保险单据及保险范围

A requirement in the credit for insurance coverage to be for a percentage of the value of the goods, of the invoice value or similar is deemed to be the minimum amount of coverage required.

信用证对于投保金额为货物价值、发票金额或类似金额的某一比例的要求，将被视为对最低保额的要求。

If there is no indication in the credit of the insurance coverage required, the amount of insurance coverage must be at least 110% of the CIF or CIP value of the goods.

如果信用证对投保金额未作规定，投保金额须至少为货物的 CIF 或 CIP 价格的 110%。

Article 30 Tolerance in Credit Amount, Quantity and Unit Prices　第三十条　信用证金额、数量与单价的增减幅度

a. The words "about" or "approximately" used in connection with the amount of the credit or the quantity or the unit price stated in the credit are to be construed as allowing a tolerance not to exceed 10% more or 10% less than the amount, the quantity or the unit price to which they refer.

a. "约"或"大约"用于信用证金额或信用证规定的数量或单价时，应解释为允许有关金额或数量或单价有不超过 10% 的增减幅度。

b. A tolerance not to exceed 5% more or 5% less than the quantity of the goods is allowed, provided the credit does not state the quantity in terms of a stipulated number of packing units or individual items and the total amount of the drawings does not exceed the amount of the credit.

b. 在信用证未以包装单位件数或货物自身件数的方式规定货物数量时，货物数量允许有 5% 的增减幅度，只要总支取金额不超过信用证金额。

Article 31 Partial Drawings or Shipments 第三十一条 分批支款或分批装运

a. Partial drawings or shipments are allowed.

a. 允许分批支款或分批装运

b. A presentation consisting of more than one set of transport documents evidencing shipment commencing on the same means of conveyance and for the same journey, provided they indicate the same destination, will not be regarded as covering a partial shipment, even if they indicate different dates of shipment or different ports of loading, places of taking in charge or dispatch. If the presentation consists of more than one set of transport documents, the latest date of shipment as evidenced on any of the sets of transport documents will be regarded as the date of shipment.

b. 表明使用同一运输工具并经由同次航程运输的数套运输单据在同一次提交时，只要显示相同目的地，将不视为部分发运，即使运输单据上标明的发运日期不同或装卸港、接管地或发送地点不同。如果交单由数套运输单据构成，其中最晚的一个发运日将被视为发运日。

A presentation consisting of one or more sets of transport documents evidencing shipment on more than one means of conveyance within the same mode of transport will be regarded as covering a partial shipment, even if the means of conveyance leave on the same day for the same destination.

含有一套或数套运输单据的交单，如果表明在同一种运输方式下经由数件运输工具运输，即使运输工具在同一天出发运往同一目的地，仍将被视为部分发运。

Article 32 Instalment Drawings or Shipments 第三十二条 分期支款或分期发运

If a drawing or shipment by instalments within given periods is stipulated in the credit and any instalment is not drawn or shipped within the period allowed for that instalment, the credit ceases to be available for that and any subsequent instalment.

如信用证规定在指定的时间段内分期支款或分期发运，任何一期未按信用证规定期限支款或发运时，信用证对该期及以后各期均告失效。

246

附录三　综合实训

实训一

一、单项选择（共 15 小题，每小题 2 分，总计 30 分）

1.《1932 年华沙—牛津规则》是专门解释（　　）价格术语的。

A. FOB　　　　　B. CFR　　　　　C. CIF　　　　　D. FCA

2.《1941 年美国对外贸易定义（修订本）》对 FOB 价格术语有六种解释，其中（　　）与《2010 通则》中的 FOB 价格术语在交货地点方面是相同的。

A. FOB Under Tackle　　　　　　B. FOB Vessel

C. FOB　　　　　　　　　　　　D. FOB liner Terms

3. 上海某进出口公司以 CFR 价格术语对外报价，如果进口商要求采用多式联运，我方应改为（　　）价格术语为宜。

A. FCA　　　　　B. CIP　　　　　C. DDP　　　　　D. CPT

4. 在下列价格术语中，卖方不负责办理出口手续及支付相关费用的是（　　）。

A. EXW　　　　　B. FAS　　　　　C. FOB　　　　　D. FCA

5. 所谓象征性交货是指卖方的交货义务为（　　）。

A. 不交货　　　B. 既交单又实际交货　　C. 凭单交货　　D. 实际性交货

6. 根据 *UCP 500* 的规定，海运提单中货物的描述，以下说法正确的是（　　）。

A. 必须与信用证完全一致

B. 必须与商业发票的填写完全一致

C. 只要不与信用证的描述相抵触，可使用货物的统称

D. 必须使用货物的全称

7. 我方按 CIF 条件成交出口一批罐头食品，卖方投保时，按（　　）投保是正确的。

A. 平安险 + 水渍险　　　　　　B. 一切险 + 偷窃提货不着险

C. 平安险 + 一切险　　　　　　D. 水渍险 + 偷窃提货不着险

8. 过期提单是指（　　）的提单。

A. 提单的倒签　　　　　　　　B. 货物已遗失

C. 装运日过后 21 天签发　　　　　　　　D. 交单时间超过提单签发日 21 天的提单

9. "At × × days after sight" 的远期汇票的付款日是根据（　　　）确定的。

A. 见票的第二天　　　　B. 见票的当天　　C. 出票日　　　D. 承兑的当天

10. 以 CIF 价格术语成交的合同，货物运输保险由卖方办理，所以货物在装运前所产生的损坏应由（　　）承担。

A. 卖方和买方　　　　　　B. 卖方　　　　　　C. 买方　　　　　　D. 保险公司

11. 下面的海运提单，收货人填写不同，需要托运人背书的是（　　　　）。

A. "To Order"　　　　　　　　　　B. "Pay' to ABC Co., Ltd."

C. "To Order of issuing bank"　　　　D. "To Order 0f Applicant"

12. 正确表明汇票的流通性由强至弱程度的排列是（　　　　）。

A. 限制性抬头 – 指示性抬头 – 持票人抬头

B. 持票人抬头 – 指示性抬头 – 限制性抬头

C. 指示性抬头 – 持票人抬头 – 限制性抬头

D. 持票人抬头 – 限制性抬头 – 指示性抬头

13. 使用 "Freight Prepaid" 的方式支付运费的是（　　　　）。

A.FCA　　　　　　　　B.FOB　　　　　　　C.CIF　　　　　　　D.FAS

14. 发票的日期在结汇单据中应（　　　　）。

A. 早于汇票的签发日期　　　　　　B. 早于提单的签发日期

C. 早于保险单的签发日期　　　　　D. 是最早签发的日期

15. 汇票是一种代替现金的支付工具，有两张正本（即 "First Exchange" 和 "Second Exchange"），其效力是（　　　　）。

A. 付款人付一不付二　　　　　　　B. 付二不付一

C. 先到先付，后到无效　　　　　　D. 具有同等效力

二、多项选择（共 5 小题，每小题 2 分，总计 10 分）

1. 根据《2000 通则》中，FOB、CFR、CIF 术语仅适应于海运或内河运输，如果双方当事人无意以船舷为界交货，则应改用（　　）术语。

A. FAS　　　　　　　　B. FCA　　　　　　C. CPT　　　　　　D. CIP

2. 在国际货物买卖过程中，商品价格通常包括的内容是（　　　　）。

A. 计价货币　　　　B. 计量单位　　C. 单位金额　　D. 国际贸易术语

3. 商业发票的作用主要有（　　　　）。

A. 进出口报关完税必不可少的单据　　　B. 是全套单据的中心

C. 是结算货款的依据 D. 是物权凭证

4. 装运期的规定办法通常有（ ）。

A. 规定某月内装运 B. 规定在收到信用证后若干天

C. 规定在某一天装运完毕 D. 规定跨月装运

5. 银行处理信用证业务，是以单证表面相符原则来决定是否付款，而不管实际货物如何，因此出口方必须做到（ ），开证行才承担付款责任。

A. 单证一致 B. 单单一致 C. 单同一致 D. 单货一致

三、判断题（共 10 小题，每小题 1 分，总计 10 分）

1. 装箱单、重量单应等于或迟于发票日，也可早于发票签发日。（ ）

2. 汇票日期应晚于发票日期，且不能先于提单日期。（ ）

3. 信用证是一种银行开立的无条件付款的承诺文件。（ ）

4. 提单签发日不得超过信用证规定的装运日，并需在信用证的有效期内。（ ）

5. 承运人一般签发提单正本两份，也可应收货人的要求签发两份以上，每份正本提单的效力不同，其中只有一份可提货。（ ）

6. 在信用证条件下，应按来证要求表明单据名称。（ ）

7. 保险单的保险货物名称一栏应按发票品名填写，如发票品种名称繁多，不可填其统称。（ ）

8. 保险单的赔付地一般为装运港（地），如有特殊要求可事先说明。（ ）

9. 发票总额可以超过信用证金额，对佣金和折扣应按信用证规定处理。（ ）

10. 在审核信用证中，对信用证的附加条款一般可以不审核。（ ）

四、操作题：根据信用证填制商业发票、汇票（共 50 分）

资料：

1. 信用证

SEQUENCE OF TOTAL	*27	: 1 / 1
FORM OF DOC, CREDIT	*40 A	: IRREVOCABLE
DOC. CREDIT NUMBER	*20	: 33416852
DATE OF ISSUE	31 C	: 050112
DATE AND PLACE OF EXPIRY	*31 D	: DATE 050317 PLACE IN THE COUNTRY OF BENEFICIARY
APPLICANT	*50	: TKAMLA CORPORATION

6-7,KAWARA MACH

OSAKA,JAPAN

ISSUING BANK   52A：FUJI BANK LTD
1013,SAKULA OTOLIKINGZA MACHI
TOKYO, JAPAN
BENEFICIARY   *59：SHANGHAI TOOL IMPORT & EXPORT CO., LTD
31,GANXIANG ROAD
SHANGHAI, CHINA
AMOUNT   *32 B：CURRENCY USD AMOUNT 12 500.00
AVAILABLE WITH / BY   *41 D：ANY BANK IN CHINA
                              BY NEGOTIATION

DRAFTS AT...   42 C：DRAFTS AT SIGHT
                              FOR FULL INVOICE COST

DRAWEE   42 A：FUJI BANK LTD
PARTIAL SHIPMENTS   43 P：PROHIBITED
TRANSSHIPMENT   43 T：PROHIBITED
LOADING ON BOARD   44 A：SHANGHAI
FOR TRANSPORTATION TO ...   44 B：OSAKA PORT
LATEST DATE OF SHIPMENT   44 C：050316
DESCRIPT OF GOODS   45 A：COTTON BLANKET
ART NO.H666   500 PCS   USD 5.50/PC
ART NO.HX88   500 PCS   USD 4.50/PC
ART NO.HE21   500 PCS   USD 4.80/PC
ART NO.HA56   500 PCS   USD 5.20/PC
ART NO.HH46   500 PCS   USD 5.00/PC
CIF OSAKA
DOCUMENTS REQUIRED   46 A：

        + 3/2 SET OF CLEAN ON BOARD
        OCEAN BILLS OF LADING, MADE OUT
        TO ORDER OF SHIPPER AND BLANK
        ENDORSED AND MARKED "FREIGHT
        PREPAID " AND NOTIFY APPLICANT.
        + FULL SET OF NEGOTIABLE
        INSURANCE POLICY OR CERTIFICATE

BLANK ENDORSED FOR 110 PCT OF INVOICE VALUE COVERING ALL RISKS PERIOD FOR PRESENTATION

48：DOCUMENTS MUST BE PRESENTED WITHIN 15 DAYS AFTER THE DATE OF SHIPMENT BUT WITHIN THE VALIDITY OF THE CREDIT.

2. 补充资料

（1）INVOICE NO: XH056671

（2）INVOICE DATE: FEB 01,2005

（3）PACKING

G.W: 20.5KGS/CTN   N.W: 20KGS/CTN   MEAS: 0.2CBM/CTN   PACKED IN 250 CARTONS

PACKED IN TWO 20'CONTAINER（集装箱号：TEXU2263999；TEXU2264000）

（4）REFERENCE NO: 20050819

现需填制商业发票、汇票。

1. 商业发票

上海进出口贸易公司
SHANGHAI IMPORT & EXPORT TRADE CORPORATION.

1321ZHONGSHAN ROAD SHANGHAI, CHINA

COMMERCIAL INVOICE

TEL:021-65788877
FAX:021-65788876

INVNO: ___（1）___
DATE: ___（2）___
S/C NO: ___（3）___
L/C NO: ___（4）___

TO:（5）

FROM ___（6）___ TO ___（7）___

MARKS & NO	DESCRIPTIONS OF GOODS	QUANTITY	Unit PRICE	AMOUNT
（8）	（9）	（10）	（11）	（12）
				（13）

TOTAL AMOUNT:（14）

WE HEREBY CERTIFY THAT THE CONTENTS OF INVOICE HEREIN ARE TRUE AND CORRECT.

SHANGHAI IMPORT & EXPORT TRADE CORPORATION

2. 汇票

No. ____（1）____

For ____（2）____   **BILL OF EXCHANG** ____（3）____

                    Date

At ____（4）____ sight of this SECOND BILL of EXCHANGE(first of the same tenor

and date unpaid) pay to the order of ____（5）____ the sum of

____（6）____

Drawn under ____（7）____

L/C No. ____（8）____   Dated ____（9）____

To. ____（10）____

         （11）____

实训一答案

一、单项选择题（每题2分，共30分）

1.C 2.B 3.D 4.A 5.C 6.C 7.D 8.D 9.A 10.B 11.A 12.B 13.C 14.D 15.A

二、多项选择题（每题2分，共10分）

1.BCD 2.ABCD 3.ABC 4.ABD 5.ABC

三、判断题（每题1分，共10分）

1. × 2. √ 3. × 4. √ 5. × 6. √ 7. × 8. × 9. × 10. ×

四、操作题：根据信用证填制商业发票、汇票。（共50分）

1. 商业发票（共14空，每空2分，总计28分）

上海进出口贸易公司
SHANGHAI IMPORT & EXPORT TRADE CORPORATION.
1321ZHONGSHAN ROAD SHANGHAI, CHINA
COMMERCIAL INVOICE

TEL:021-65788877   （1）INV NO: XH056671
FAX:021-65788876   （2）DATE: FEB.01,2005
TO（5）   （3）S/C NO:HX050264
 TKAMLA CORPORATION   （4）L/C NO:33416852
 6-7,KAWARA MACH
 OSAKA,JAPAN
FROM（6）SHANGHAI TO （7）OSAKA PORT

MARKS & NO	DESCRIPTIONS OF GOODS	QUANTITY	U/PRICE	AMOUNT
（8） T.C OSAKA C/NO.1-250	（9） COTTON BLANKET ARTNO.H666 ARTNO.HX88 ARTNO.HE21 ARTNO.HA56 ARTNO.HE46 Packed in 250 cartons	（10） 500PCS 500PCS 500PCS 500PCS 500PCS	（11） CIF OSAKA USD5.50 USD4.50 USD4.80 USD5.20 USD5.00	（12） USD2 750.00 USD2 250.00 USD2 400.00 USD2 600.00 USD2 500.00 （13）USD12 500.00

TOTAL AMOUNT:（14）SAYU.S.DOLLARS TWELVE THOUSAND FIVE HUNDRED ONLY.
WE HEREBY CERTIFY THAT THE CONTENTS OF INVOICE HEREIN ARE TRUE
AND CORRECT.
    SHANGHAI IMPORT   TION

2. 汇票（共 11 空，每空 2 分，总计 22 分）

NO. （1）XH056671
For （2）12 500.00　　　　**BILL OF EXCHANG**　　　（3）SHANGHAI. FEB.26.2005
　　　　　　　　　　　　　　　　　　　　　　　　　　　　　　Date

At （4）____***____ sight of this SECOND BILL of EXCHANGE(first of the same tenor and date unpaid) pay to the order of　　（5）BANK OF CHINA

the sum of　　（6）SAYU.S.DOLLARS TWELVE THOUSAND FIVE HUNDED ONLY

Drawn under　　（7）FUJI BANK LTD

L/C No. （8）33416852　　　　Dated　　（9）JAN. 12,2005

To.　　（10）FUJI BANK LTD
　　1013, SAKULA OTOLIKINGZA MACHI TOKYO JAPAN
　　　　　　　　　　（11）SHANGHAI IMPORT & EXPORT TRADE CORPORATIO
　　　　　　　　　　　　　　　　TONG LI

实训二

一、单项选择（共 15 小题，每小题 2 分，总计 30 分）

1. 信用证是进口商根据买卖合同规定的业务向银行申请开立的，信用证的第一付款人是（　　　）。

　A．进口商　　　　B．议付行　　　C．视信用证的具体规定而定　　D．开证银行

2. 海运提单的抬头是指提单的（　　　）。

　A．Shipper　　　　B．Consignee　　　C．Notify Party　　　　D．Voyage No.

3. 在进出口业务中，能够作为物权凭证的运输单据有（　　　）。

　A．铁路运单　　　B．海运提单　　　C．航空运单　　　　D．邮包收据

4. 受益人超过提单签发日后 21 天才交到银行议付的提单称为（　　　）。

　A．过期提单　　　B．倒签提单　　　C．预借提单　　　　D．转船提单

5. 以下出口单价只有（　　　）是正确的。

　A．USD350.00/drum　　　　　　　　　B．USD350.00/drum CIF New York

　C．USD350.00/drum CIF Guangzhou　　　D．USD350.00/drum CFR Germany

6. 在托收项下，单据的缮制通常以（　　　）为依据。

　A 信用证　　　　B．发票　　　　C．合同　　　　D．提单

7. 信用证中货物的数量规定有"约""大约""近似"或类似意义的词语时，应理解为其有关数量增减幅度不超过（　　　）。

　A．3%　　　　　B.5%　　　　　C.10%　　　　　D.15%

8. 最早出据的商业单据是（　　　）。

　A．商业发票　　　B．海关发票　　　C．海运提单　　　　D．保险单

9. 信用证里不涉及的日期是（　　　）。

　A．信用证开证日　B．信用证到期日　C．装运期　　　　D．投保时间

10. 提单日期为 7 月 15 日，信用证的有效期为 8 月 15 日，按 *UCP* 规定，受益

人向银行交单的最迟日期为（   ）。

    A．7月15日   B.8月5日   C．8月15日   D.7月13日

11.各种进出口单证，原则上应该做到（   ）。

    A．完整、及时、无差错   B.完整、简洁、清晰

    C．正确、完整、及时、简洁、清晰   D.及时、正确、完整、无差错、清晰

12.根据《2000通则》,CIF贸易术语条件下，卖方最低应负责投保的险种是（   ）。

    A．水渍险   B.平安险   C．一切险   D.一切险及战争险

13.出口合同规定付款方式为50% By L/C、50% By D/P，为安全收汇起见，应在合同中规定（   ）。

    A.开两张汇票，各随附一套等价的货运单据

    B.开两张汇票，信用证项下采用光票，全套货运单据随附在托收的汇票项下

    C.开两张汇票，托收项下光票，全套货运单据随附在信用证的汇票项下

    D.不使用汇票，全套单据直接寄给开证申请人

14.卖方还盘限3日前复到有效，4日下午收到买方复电要求修改交货期，正准备答复时，次日上午又收到买方来电接受发盘，此时（   ）。

    A.已按卖方发盘条件达成合同   B.合同尚未达成

    C.已按买方发盘条件达成合同   D.合同是否达成无法判断

15.汇票收款人又称抬头人，我国实际业务中多以（   ）为收款人。

    A．议付行   B.受益人   C．开证人   D.付款行

二、多项选择（共5小题，每小题4分，总计20分）

1.根据《2010通则》，以下贸易术语适用于多种运输方式的是（   ）。

    A．FAS   B．FCA   C．CPT   D．CIP

2.下面托运单栏目中，须由船公司填写的是（   ）。

    A．提单编号   B．船名   C.船期   D．托运单编号

3.我国海运货物保险条款将海运货物保险险别分别为（   ）两类。

    A.基本险   B.附加险   C.平安险   D.水渍险

4.普惠制产地证是指受惠国有关机构就本国出口商向给惠国出口受惠商品而签发的用以证明原产地的证明文件，主要有（   ）三种。

    A.普惠制产地证明书A   B.普惠制产地证明格式59A

    C.普惠制产地证书格式APR   D.普惠制产地证明书

5. 以下单证中作为发票的附属单证，对发票起着补充说明作用的是（　　　　）。

A. 运输单证　　　　　B. 保险单证　　　C. 装箱单　　　D. 重量单

三、操作题：根据信用证填制汇票（每空 2 分，共 22 分）

资料：

Dalian E. T. D. Z. Yuxi Trading Co., Ltd.（Red Villa Liaohe East Road, Dalian Dvlp Zone, Dalian, China）与韩国 Daiwan Art and Crafts Co., Ltd.（No. 5001 Seocho-Dong Seocho-gu, Seoul, Korea）于 2023 年 6 月 6 日签订一份出口玻璃器皿（Glass Ware）的合同，合同号：RS303/008。2003 年月 13 日开来信用证，号码是：MO389701NU30057。信用证的最晚装运日期是 2023 年 7 月 30 日，有效期至 2023 年 8 月 13 日。发票号：RS303-01，卖方于 7 月 28 日装船完毕，取得提单。与汇票有关的信用证条款如下：

: 32B/AMOUNT:USD3857.28

: 41D/AVAILABLE WITH/BY : ANY BANK　BY NEGOTIATION

: 42C/DRAFTS AT: SIGHT　FOR 100 PCT　INVOICE　VALUE

:42D/DRAWEE : INDUSTRIAL BANK OF KOREA

　　　　　　　(HEAD OFFICE SEOUL) SEOUL 50,

　　　　　　　ULCHIRO2-GA，CHUNG-GU

　　　　　　　SEOUL, KOREA, REPULBLC OF

现需缮制汇票。

No. ＿＿（1）＿＿

For ＿＿（2）＿＿　　　　　　**BILL OF EXCHANG**　　　　　　＿＿（3）＿＿

　　　　　　　　　　　　　　　　　　　　　　　　　　　　　Date

At ＿＿＿＿＿（4）＿＿＿＿＿　sight of this SECOND BILL of EXCHANGE（first of the same tenor

and date unpaid）pay to the orde of ＿＿＿＿＿（5）＿＿＿＿＿ the sum of

＿＿＿＿（6）＿＿＿＿＿＿＿＿＿＿＿＿＿＿＿＿＿＿＿＿＿＿＿＿

Drawn under ＿＿＿（7）＿＿＿＿＿＿＿＿＿＿＿＿＿＿＿＿

L/C No. ＿＿（8）＿＿＿＿＿　　　Dated ＿＿＿（9）＿＿＿＿＿

To. ＿＿（10）＿＿＿＿＿＿＿＿＿

　　　　　　　　　　　　　　　（11）＿＿＿＿＿＿＿

四、分析与简答（每题 7 分，共 28 分）

1. 什么是贸易术语？（3 分)国际贸易中的商品单价应包括哪些必不可少的内容？（4 分）

2. 我国出口公司甲公司与加拿大乙公司签订合同、出口面料，贸易术语为 CFR

（《2000 通则》）。甲公司未及时向乙公司发出装运通知，导致乙公司未能对货物进行即时的投保，装载货物的船在 5 月 8 号遇到海上飓风沉没，请问应该如何承担责任？（2分）说明理由？（5分）

3. 什么是海运提单？（4分）它具有什么特征？（3分）

4. 翻译：

（1）信用证条款：+3/3 SET OF ORIGINAL CLEAN ON BOARD OCEAN BILLS OF LADING MADE OUT TO ORDER OF SHIPPER AND BLANK ENDORSED AND MARKED "FREIGHT COLLECT" NOTIFY APPLICANT (WITH FULL NAME AND ADDRESS).（5分）

（2）合同条款：By 100% Confirmed Irrevocable Sight Letter of Credit opened by the buyer to reach the Seller not later than Oct.31th.2007 and to be available for negotiation in China until the 15th day after the date of shipment.（2分）

实训二答案

一、单项选择题（每题2分，共30分）

1. D 2. B 3. A 4. A 5. B 6. C 7. C 8. A 9. D 10. B 11. C 12. B 13. B 14. B 15. A

二、多项选择题（每题4分，共20分）

1.BCD 2.ABC 3.AB 4.ABC 5.CD

三、操作题：根据信用证填制汇票。（每空2分，共22分）

NO. RS303-01（1）
For USD3 857.28 （2）　　**BILL OF EXCHANG**　　Dalian China,1AUG.,2023（3）
　　　　　　　　　　　　　　　　　　　　　　　　　　Date
At （4）　***　sight of this SECOND BILL of EXCHANGE(first of the same tenor and date unpaid) pay to the order of 　　（5）BANK OF CHINA　 the sum of
（6）SAY USDOLLARS THREE THOUSAND EIGHT HUNDRED AND FIFIY SEVEN AND CENTS TWENTY EIGHT ONLY
Drawn under 　INDUSTRAL BANK OF KOREA, SEOUL （7）
L/C No. MO389701NU30057（8）　　　　Dated 　JUN,13,2023（9）
To. 　　（10）INDUSTRIAL BANK OF KOREA
　(HEAD OFFICE SEOUL) SEOUL 50,
　　ULCHIRO2-GA, CHUNG-GU
　　SEOUL, KOREA, REPULBLC OF

　　　　　　　　（11）Dalian E. T. D. Z. Yuxi Trading Co., Ltd.

四、分析与简答（每题7分，共28分）

1. 答：贸易术语是在长期贸易实践中形成的，以英文缩写表示商品价格构成，说明交货地点，确定买卖双方的责任、费用、风险划分等问题的专门用语。（3分）国际贸易中的商品单价是指单位商品的价格。单价包括四项必不可少的内容：计价货币名称、单价金额、计量单位、贸易术语。（每点1分，四点4分）

2. 答：甲公司应承担货物损失的责任。（2 分）因为根据《2000 通则》，CFR 术语情况下，卖方负责办理租船订舱，买方负责办理投保手续，（2 分）同时，卖方负有在装船完毕后必须及时向买方发出装运通知以便买方办理保险的责任，否则，卖方应承担应因其延误通知而产生的风险。（2 分）此案中，甲公司未及时发出装运通知，导致乙公司无法及时办理投保手续，未能将风险及时转移给保险公司，所以风险应由甲公司承担。（1 分）

3. 答：海运提单是船方或其代理人在收到其承运的货物时签发给托运人的货物收据，也是承运人与托运人之间的运输契约的证明，在法律上具有物权证书的作用。（4 分）基本特征：物权凭证、运输契约的证明、货物收据。（每点 1 分，共 3 分。）

4. 翻译：

（1）信用证条款：须提供 3 份正本、3 份副本已装船海运清洁提单，（1 分）制成托运人抬头（1 分），空白背书（1 分），标注运费未付（1 分），通知申请人，并注明姓名与地址。（1 分）

（2）合同条款：买方须在 2007 年 11 月 31 日前向卖方开立百分之百不可撤销的即期信用证。（1 分）此信用证在装运后 15 天内在中国议付有效。（1 分）

实训三

一、单项选择（每题 2 分，共 30 分）

1. 交易磋商的两个基本环节是（　　）。

A. 询盘、接受　　　　　　　　　　B. 发盘、签合同

C. 接受、签合同　　　　　　　　　D. 发盘、接受

2. 某发盘人在其订约建议中加有"仅供参考"字样，则这一订约建议为（　　）。

A. 发盘　　　　　　　　　　　　　B. 递盘

C. 邀请发盘　　　　　　　　　　　D. 还盘

3. 我国某公司向德国出口货物 3000 公吨，一般采用的贸易术语为（　　）好。

A. FOB 汉堡　　　　　　　　　　　B. FOB 青岛

C. FOB 北京机场　　　　　　　　　D. CIF 汉堡

4. 根据《2010 通则》的解释，FOB 条件和 CFR 条件下卖方均应负担（　　）。

A. 提交商业发票及海运提单　　　　B. 租船订舱并支付运费

C. 货物于装运港装上船以后的一切风险　　D. 办理出口通关手续

5. 我国甲公司欲与比利时乙公司签订销售合同以出口服装到比利时，拟采用海陆联运方式，甲公司将货物运至目的地并支付运费和保险费，根据《2010 通则》，应

采用的贸易术语是（　　）。

    A.FOB　　　　　　　B.CIF　　　　　　　C.EXW　　　　　　　D.CIP

6. 上海甲公司向美国纽约乙公司报价，出口货物从上海运至纽约，单价的正确表示方法应为（　　）。

    A. USD100.00 PER CARTON

    B. USD100.00 PER CARTON CIF NEW YORK

    C. USD100.00 PER CARTON FOB NEW YORK

    D. USD100.00 PER CARTON CIF SHANGHAI

7. 贸易术语 CIFC 代表的是（　　）。

    A. 含定金价　　　B. 含预付款价　　　C. 含折扣价　　　D. 含佣金价

8. 信用证付款方式下，银行付款的原则是出口商提交的单证（　　）。

    A. 与买卖合同的规定相符

    B. 与信用证的规定相符

    C. 与信用证规定和买卖合同的规定同时相符

    D. 与合同规定或信用证的规定相符

9. 信用证上如未明确付款人，则制作汇票时，受票人应为（　　）。

    A. 开始申请人　　　　B. 开证银行　　　　C. 议付行　　　D. 任何人

10. 合同中支付条款: THE BUYER SHALL OPEN THROUGH A BANK ACCEPTABLE TO THE SELLER AN IRREVOCABLE SIGHT LETTER OF CREDIT TO REACH THE SELLER 30 DAYS BEFORE THE MONTH OF SHIPMENT AND TO REMAIN VALID FOR NEGOTIATION IN CHINA UNTIL THE 15th DAY AFTER THE FORESAID TIME OF SHIPMENT. 合同中运输条款 : DURING AUG. 2009 BY SEA，请问最早开证时间与信用证的失效时间最合理的是（　　）。

    A.7.28 , 8.31　　　　B. 7.2 , 9.1　　　　C. 8.1 , 9.15　　　D.7.2 , 9.15

11. 汇票中 "Pay to the order of" 后面填（　　）。

    A. 通知行　　　　　　B. 开证银行　　　　　C. 议付行　　　D. 出口商

12. 信用证规定有效期为 2018 年 11 月 30 日，而未规定装运期，则可理解为（　　）。

    A. 最迟装运期为 2018 年 11 月 1 日　　　B. 最迟装运期为 2018 年 11 月 15 日

    C. 最迟装运期为 2018 年 11 月 30 日　　　D. 最迟装运期为 2018 年 12 月 15 日

13. 海运提单收货人栏内显示 "TO ORDER" 表示该提单（　　）。

    A. 不可转让　　　　　　　　　　　　　　B. 经背书后，可以转让

C. 不经背书即可转让　　　　　　　　D. 可以由持有人提货

14. 受益人证明的作用（　　　）。

A. 证明已开船　　　　　　　　　　　B. 证明履行某种义务

C. 证明已付款　　　　　　　　　　　D. 证明品质

15. 根据我国海洋货物运输保险条款规定，"一切险"包括（　　　）。

A. 平安险加 11 种一般附加险　　　　B. 一切险加 11 种一般附加险

C. 水渍险加 11 种一般附加险　　　　D. 11 种一般附加险加特殊附加险

二、多项选择（每题 2 分，共 10 分）

1. 构成一项有效接受必须具备的条件是（　　　）。

A. 接受必须由合法的受盘人作　　　　B. 接受必须是无条件地接受

C. 接受必须在发盘有效期内作　　　　D. 接受的传递方式应符合发盘的要求

2. 我国外贸企业所使用的买卖合同包括（　　　）。

A. 正式书面合同　　B. 确认书　　　　C. 协议书　　　　　　D. 口头协议

E. 商品目录

3. 以下适用于江海运输方式的术语是（　　　）。

A. FOB　　　　　　B. CIF　　　　　　C. DEQ　　　　　　　D. CIP

4. 以下关于 FCA 与 CPT 术语是正确的是（　　　）。

A. FCA 术语仅适用于海运运输方式，而 CPT 术语可适用于任何运输方式

B. FCA 与 CPT 术语可适用于任何运输方式

C. FCA 术语下以装运港船舷为界划分风险，CPT 术语下以货交承运人为界划分风险

D. FCA 与 CPT 术语均以货交承运人为界划分风险

5. 由出口商签发的汇票可能是（　　　）

A. 即期汇票　　　　B. 远期汇票　　　　C. 商业汇票　　　　D. 银行汇票

三、判断题（每题 1 分，共 10 分）

1. 按我国保险条款的规定，三种基本险和战争险均适用"仓至仓条款"。（　　　）

2. 产地证明书是由出口国政府有关机构签发的一种证明货物原产地或制造地的证明文件。（　　　）

3. 在国际货物运输保险中，被保险人必须对保险标的物拥有可保利益，方可在保险标的物遭受承保范围内的损失时向保险人索赔。（　　　）

4. 淡水雨淋险属于平安险中的一种类别。（　　　）

5. GSP 产地证表示欧共体纺织品专用产地证。（　　　）

6. 提单要求空白背书，那么提单背书位置留白即可。（　　　）

7. 汇付有电汇、信汇、票汇三种形式。（　　　）

8. CIF、CIP、CPT、FOB 这四种贸易术语适用于江海运输。（　　　）

9. 单证制作要及时，这里的及时就是要求出口商按时提交单据。（　　　）

10. 汇票的受款人是议付银行、付款人是开证银行。（　　　）

四、根据信用证的内容缮制商业发票和提单。（每空 2 分，共 50 分）

信用证资料：

FORM OF DOC. CREDIT	*40A : IRREVOCABLE
DOC. CREDIT NUMBER	*20 : 128833416852
APPLICANT	*50 : TKAMLA CORPORATION
	6–7,KAWARA MACH
	OSAKA,JAPAN
BENEFICIARY	*59 : SHANGHAI TOOL IMPORT & EXPORT CO., LTD
	31,GANXIANG ROAD
	SHANGHAI, CHINA
AMOUNT	*32B : CURRENCY USD AMOUNT 12500.00
AVAILABLE WITH /BY	*41D : ANY BANKIN CHINA
	BYNEGOTIATION
DRAWEE	42A : FUJIBANK LTD
LOADING ON BOARD	44A : SHANGHAI
FOR TRANSPORTATION TO ...	44B : OSAKA PORT
DESCRIPT OF GOODS	45A : COTTON BLANKET

ART NO.HX288　　500 PCS　　USD4. 50/PC

ART NO.HE321　　500PCS　　USD 4.80/PC

ART NO.HH546　　500PCS　　USD 5.00/PC

ART NO.HW666　　500 PCS　　USD5.50/PC

ART NO.HA656　　500PCS　　USD 5.20/PC

补充资料：

1. INVOICE NO: XH056671

2. INVOICE DATE: 2015 年 2 月 1 日

3. PACKING

G.W: 20.5KGS/CTN

N.W: 20KGS CTN

MEAS: 0 2CBM/CTN

PACKED IN 250 CARTONS

4. H・S. CODE: 5802.3090

5. VESSEL: NANGXING V.086

6. B/L NO: COCS330511861

7. B/L DATE: 2015 年 2 月 27 日

8. REFERENCE NO: 20050819

9. MARKS & NO: 出口商刷唛

现需根据信用证资料缮制商业发票。

上海进出口贸易公司
SHANGHAI IMPORT & EXPORT TRADE CORPORATION.
1321ZHONGSHAN ROAD SHANGHAI, CHINA
COMMERCIAL INVOICE

TEL:021-65788877
FAX:021-65788876

INVNO: XH056671
DATE:（1）_____
S/C NO:（2）_____
L/C NO:（3）_____

TO:（4）

FROM ____（5）____ TO ____（6）____

MARKS & NO	DESCRIPTIONS OF GOODS	QUANTITY	UNIT PRICE	AMOUNT
（7）	（8）	（9）	（10）	（11）
				（12）Amount

TOTAL AMOUNT: （13）
WE HEREBY CERTIFY THATTHE CONTENTS OF INVOICE HEREIN ARE TRUE AND CORRECT.

上海进出口贸易公司
SHANGHAI IMPORT & EXPORT TRADE CORPORATION.

现场根据信用证资料缮制提单。

Shipper（1）		B/L NO.
Consignee or order（2）		中国对外贸易运输总公司 CHINA NATIONAL FOREIGN TRADE TRANSPORT CORPORATION 直运或转船提单 BILL OF LADING DIRECT OR WITH TRANSHIPMENT
Notify address（3）		SHIPPED on board in apparent good order and condition (unless otherwise indicated) the goods or packages specified herein and to be discharged or the mentioned port of discharge of as near there as the vessel may safely get and be always afloat.
Pre-carriage by	Port of loading（4）	THE WEIGHT, measure, marks and numbers quality, contents and value, being particulars furnished by the Shipper, are not checked by the Carrier on loading.
Vessel	Port of transshipment	THE SHIPPER, Consignee and the Holder of this Bill of Lading hereby expressly accept and agree to all printed, written or stamped provisions, exceptions and conditions of this Bill of Loading, including those on the back hereof.
Port of discharge（5）	Frail destination	IN WITNESS where of the number of original Bill of Loading stated below have been signed, one of which being accomplished, the other(s) to be void.

Container Seal No. or marks and Nos.	Number and kind of packages Designation of goods	Gross weight (kgs.)	Measurement (m³)
（6）	（7）	（8）	（9）
		ON BOARD	

REGARDING TRANSHIPMENT INFORMATION PLEASE CONTACT	Freight and charge（10）

Ex. rate	Prepaid at	Fright payable at（11）	Place and date of issue（12）
	Total Prepaid	Number of original B/L THREE	Signed for or on behalf of the Master CHINA NATIONAL FOREIGN TRADE TRANSPORT CORPORATION as Agent

实训三答案

一、单项选择（每题2分，共30分）

1.D　2. C　3. D　4. D　5. D　6. B　7. D　8. B　9. A　10. C　11. C　12. C
13. B　14. B　15. C

二、多项选择（每题2分，共10分）

1.ABCD　2.AB　3.ABC　4. BD　5.ABC

三、判断题（每题1分，共10分）

1. ×　2. √　3. √　4. ×　5. ×　6. ×　7. √　8. ×　9. ×　10. ×

四、根据信用证的内容缮制商业发票和提单。（每空 2 分，共 50 分）
商业发票：

上海进出口贸易公司
SHANGHAI IMPORT & EXPORT TRADE CORPORATION.
1321ZHONGSHAN ROAD SHANGHAI, CHINA
COMMERCIAL INVOICE

TEL:021-65788877
FAX:021-65788876

INVNO: XH056671
DATE: （1） FEB2,2015
S/C NO: （2） 20050819
L/C NO: （3） 128833416852

TO: （4） TKAMLA CORPORATION

FROM 　（5）　SHANGHAI　　　 TO 　（6）OSAKAPORT

MARKS & NO	DESCRIPTIONS OF GOODS	QUANTITY	UNITE PRICE	AMOUNT
（7） TKAMLA 20050819 OSAKA N.O.1-250	（8） ART NO. HX288 ART NO. HE321 ART NO. HH546 ART NO. HW666 RTONS ART NO. HA656	（9） 500 PCS 500 PCS 500 PCS 500 PCS 500 PCS	（10）CIF OSAKA USD4.50/PC USD4.80/PC USD5.00/PC USD5.50/PC USD5.20/PC	（11） 2 250.00USD 2 400.00USD 2 500.00USD 2 750.00USD 2 600.00USD （12）Amount 12 500.00USD

TOTAL AMOUNT: （13）SYA US DOLLARS TWELVE THOUSAND FIVE HUNDRED ONLY
WE HEREBY CERTIFY THAT THE CONTENTS OF INVOICE HEREIN ARE TRUE AND CORRECT.

上海进出口贸易公司
SHANGHAI IMPORT & EXPORT TRADE CORPORATION.

提单：

Shipper （1） SHANGHAI TOOL IMPORT & EX PORT CO., LTD		B/L NO.
Consignee or order （2） TKAMLA CORPORATION		中国对外贸易运输总公司 CHINA NATIONAL FOREIGN TRADE TRANSPORT CORPORATION 直运或转船提单 BILL OF LADING DIRECT OR WITH TRANSHIPMENT
Notify address （3） 　　　TKAMLA CORPORATION 　　　6-7,KAWARA MACH 　　　OSAKA,JAPAN		SHIPPED on board in apparent good order and condition (unless otherwise indicated) the goods or packages specified herein and to be discharged or the mentioned port of discharge of as near there as the vessel may safely get and be always afloat.
Pre-carriage by	Port of loading （4） SHANGHAI	THE WEIGHT, measure, marks and numbers quality, contents and value, being particulars furnished by the Shipper, are not checked by the Carrier on loading.
Vessel NANGXING V.086	Port of transshipment	THE SHIPPER, Consignee and the Holder of this Bill of Lading hereby expressly accept and agree to all printed, written or stamped provisions, exceptions and conditions of this Bill of Loading, including those on the back hereof.
Port of discharge （5）OSAKA	Frail destination	IN WITNESS where of the number of original Bill of Loading stated below have been signed, one of which being accomplished, the other(s) to be void.
Container Seal No. or marks and Nos.	Number and kind of packages Designation of goods	Gross weight (kgs.)	Measurement (m^3)

续表

(6) TKAMLA 20050819 OSAKA N.O.1–250	(7) COTTON BLANKET ART NO. HX288 ART NO. HE321 ART NO. HH546 ART NO. HW666 ART NO. HA656 PACKED IN 250 CARTONS	(8) 5125 ON BOARD	(9) 50

REGARDING TRANSHIPMENT INFORMATION PLEASE CONTACT		Freight and charge FRDIGHT PREPAID (10)	
Ex. rate	Prepaid at	Fright payable at (11) SHANGHAI	Place and date of issue (12) SHANGHAI FEB,27,2015
	Total Prepaid	Number of original B/L THREE	Signed for or on behalf of the Master CHINA NATIONAL FOREIGN TRADE TRANSPORT CORPORATION as Agent